梧桐树下的历史足音
民盟与上海老建筑

Historic Traces of China Democratic League
in the Old Mansions in Shanghai

中国民主同盟上海市委员会　主编

上海文化出版社

"老建筑是有精神的。"

2011 年民盟成立 70 周年之际，
时任民盟中央主席蒋树声来沪参加纪念活动，
当他走进民盟一届二中全会旧址时，
曾动情地说："老建筑是有精神的。"

目录

序　言

　　城市的老建筑见证了历史的变迁和岁月的更替。上海素有"万国建筑博览"的美誉，世界各国的建筑风格几乎都能在这里找到。上海又是一座有着优良革命传统的城市，还一度成为民盟政治活动中心。上海的老建筑里曾留下民盟先贤等许多仁人志士的活动足迹。民盟诞生于抗日战争最危急的时刻，成长于追求民族解放的风雨岁月，发展于社会主义建设和改革开放的伟大历程，与中国共产党亲密合作、肝胆相照，具有悠久和光荣的历史传统。1946年，民盟中央委派黄炎培、沈志远、黄竞武等来沪筹备民盟上海市支部，是年8月，民盟上海市支部正式宣告成立。随后，张澜、沈钧儒、罗隆基、梁漱溟、史良等一大批民盟的开创者和领导人陆续来沪，在这里留下了生活和工作的足迹，更留下了"以天下为己任""奔走国事、关注民生"的优良传统。民盟一届二中全会旧址、虹桥疗养院、南海花园、集益里等历史建筑，见证了民盟反抗国民党独裁统治的光荣历史，记录了民盟前辈为争取国家解放与和平民主的奋斗历程。

　　2021年正值中国共产党成立100周年，民盟成立80周年和上海民盟地方组织建立75周年之际，在这一特殊的年份里，出版《梧桐树下的历史足音——民盟与上海老建筑》一书，追寻民盟先贤在上海老建筑里的奋斗足迹，回望那段激荡人心的峥嵘岁月，既是对民盟和中国共产党肝胆相照、荣辱与共光辉历程的纪念与献礼，也是对"立盟为公，以天下为己任"民盟精神的传承与弘扬。

期望《梧桐树下的历史足音——民盟与上海老建筑》的读者们在阅读本书后能够有所收获，能够从老建筑所承载的民盟故事中，感悟到民盟前辈的家国情怀和为民精神，从他们身上汲取到为国为民、不懈奋斗的精神力量。也希望这本书的出版，能够激励广大盟员将民盟的光荣传统内化为坚定的理想信念，始终不渝地坚持走中国特色社会主义道路，把民盟前辈开创的事业发扬光大，切实履行好参政党职能，在新时代奋发有为、不懈进取，为实现中华民族伟大复兴的中国梦做出新的更大贡献！

民盟中央副主席、上海市副市长、民盟上海市委主委　陈群

2021 年 6 月

楼影觅迹

南京西路 **860** 弄 **1** 号
南海花园饭店旧址
——民盟上海市组织筹备处

南京西路八六〇弄一号，解放前的地址为静安寺路八三〇号，原为一座由当时上海房地产大亨「地皮大王」周纯卿投资的三层洋房，又称「南海花园饭店」。一九四六年八月，中国民主同盟上海市支部成立后，作为民盟上海市的机关所在地的南海花园饭店，也同时成为民盟在上海与国民党反动派进行斗争的一个基地。

在老上海人的观念中，房屋、地产和住家是最讲究"地段"的。这个"地段"指东西南北通达的枢纽便利之处，也指环境优美、商铺林立的宜居热闹之所。如你遇到一个上海人，说你住在静安寺、徐家汇、南京路、城隍庙，对方就会跷起大拇指说："侬住的地段真好啊！"其实，地段好的房子，不仅要交通便利、街区繁华，最好的"好地段"是指——闹中取静、隐于街市的幽静之所。现在的南京西路860弄1号（近石门二路）的上海评弹团，就是这样一处"身"在好地段又安静优美的处所。

从南京西路的陕西南路往东到石门二路这一段，是南京西路最繁华热闹的地方。一路上排列着儿童食品公司、世界名牌钟表商店等。这里多姿多彩的民国和现代建筑混搭，车水马龙，人流攒动，真是让刚来上海的人或者从远郊来市区的人感受到大都会的眼花缭乱。但是，顺着南京西路走到860弄，遥望里面却是一条幽静深邃的弄堂，给人颇多的神秘感。顺着860弄走进去，就像一个迷宫，走到弄堂尽头，突然弄堂向右一拐到了头，却是"山重水复疑无路，柳暗花明又一村"，眼前出现一栋三层欧陆式新古典主义白色大厦。

整座建筑设计风格典雅、庄重、和谐。一楼门厅和门廊的轮廓仿造古典罗马式门廊的大气和优雅。建筑外形立面设计工整简洁，线条流畅笔直，而二层以上的窗型设计则吸收了英美20世纪初现代主义城市建筑的美观、紧凑、和谐、统一的装饰之风。大厦的一楼门厅上方书有"上海评弹团"几个大字。围绕三层主体大厦的是一个幽静美丽的东亚式庭院和草坪，其间的园林布置又体现了日式园林的紧凑和小巧。

在白色主楼的三楼会议室，听说笔者是民盟盟员，著名评弹艺术家——上海评弹团高博文团长热情接待了笔者。"上海民盟是我们上海评弹团的联谊单位。2008年，我们评弹团办公楼就作为上海民盟的传统教育基地啊。"在高博文团长的介绍和安排下，笔者参观了整幢建筑的上上下下、里里外外。目前的评弹团一楼，是个占地有四五百平方米、可以容纳三四百人的评弹书院，这里有固定的评弹演出。二楼，是评弹团的办公室和排练室。三楼，是评弹团的会议室。问起上海评弹团和上海民盟的关系，高博文团长笑着说："虽然现在这栋楼是2000年后在原址上推倒重建的，据说民盟的一些老前辈，就是在这里工作和活动过的。"

翻看史料，就可以一目了然。

南京西路860弄1号，解放前的地址为静安寺路830号，原为一座由当时上海房地产大亨"地皮大王"周纯卿投资的三层洋房，又称"南海花园饭店"。这里原来就是目前的布局，一栋三层主楼为"川菜"饭店——南海花园饭店，周围有花园，夏季这里可以提供室外的纳凉、售酒和演出活动。在1945—1948年期间，"南海花园饭店"经常出现在上海的报纸上，主要消息是，这里的夏季纳凉晚会非常热闹，可以听歌、纳凉、喝汽水和洋酒，饭店还提供夏威夷草裙舞、放烟火和中外伶人唱歌的表演。在一段时间内，南海花园饭店门口也是兜售当时美军剩余物资的一个交易市场。当然，南海花园饭店还有一个重要功能——大家坐在花园里或饭店里，召开新闻发布会。

在1946年第17期《周播》周刊的头版头条上有一则新闻，标题是《罗隆基不想上庐山却在南海饭店发空论》。可以看出，这是份国民党控制的小报，字里行间对民盟和罗隆基充斥着嘲讽和污蔑，他们抨击民盟是"共产党的应声虫"、罗隆基是"共产党的玻璃袜子"，却反证了当时民盟与中共血浓于水、肝胆相照的关系。而且在这则通讯中，还可以看到这次新闻发布会上，作为中国民主同盟的新闻发言人——罗隆基先生在国统区白色恐怖之下，面对国民党控制的反动报刊提出的各种刁钻提问做了机智、勇敢、不卑不亢、坚持立场的回答。

报道原文是这样说的:"罗隆基……在静安寺路南海饭店二楼招待全市各报、各通讯社记者……约莫有四十人的样子。会上,各路记者追问罗隆基为何不去庐山和国民党一起开'调停协商会'?"罗隆基机智地回答:"我们没有那个好心情去避暑,况且也过惯了穷生活。"罗隆基先生直接表态,不想和国民党为伍,也不想去高攀国民党权贵,民盟只做坚持自己立场的事情。当罗先生被问及民盟对国民党军队进攻苏北解放区的态度时,罗隆基先生发怒了,他大声地说,"中国各地的政治情形到处是一团糟",国民党和蒋介石政府不顾民生问题整天要打内战,制造出了"三千万的难民",流离失所。虽然这张报纸通篇都在造谣、抹黑民盟和罗隆基,但是也让我们看到,民盟先贤在当时的上海国统区南海花园饭店内坚持着坚定的舆论和政治斗争立场。

另据民盟史料记载,1945年12月初,民盟中央委员沈志远、中央组织委员会委员黄竞武来上海筹建民盟上海地方组织,沈志远与肖秉钺取得联系,请他为民盟在上海工作协助租借一所办公用房,并筹措部分民盟的活动经费。肖秉钺因与江西同乡罗家衡、谢仿林等集资办了一家江西建业公司,又投资办了一个南海花园饭店(地址在今南京西路上海评弹团),饭店三楼屋顶有大小两间房,原作为股东俱乐部,因很少使用,于是便和股东们商量,免费借用给民盟。沈志远、黄竞武在南海花园饭店三楼设立临时筹备处,开展民盟的活动,并开始吸收新盟员。当时的南海花园饭店,顶楼是民盟上海市支部的临时办公处,底楼大厅则成了民主人士的活动场所。沈钧儒、黄炎培、梁漱溟、马叙伦、沈志远、孙晓村、沙彦楷等纷纷来此,他们或聚餐商议时局,或招待有关人士,回答记者们的提问。

为了制止全面内战的爆发,中国共产党于1946年5月3日派出了以周恩来为首的代表团,到南京与国民党当局举行和平谈判。这次谈判,关系到中国的前途和命运，全国人民非常关心。5月15日，民盟旧政协代表黄炎培在上海南海花园饭店招待马叙伦、林汉达、章乃器、沙千里、许广平、王绍鏊等人，通报民盟调解东北内战的情况，商讨时局。25日，黄炎培等在南海花园饭店举行茶话会，与马叙伦、郑振铎、孙晓村、严景耀等讨论东北问题。26日，民盟等党派组织与上海人民团体联合会招待重庆来沪的民主人士，出席者有郭沫若、茅盾、沈钧儒、柳亚子、陶行知、沙千里、马寅初、黄炎培、李公朴、阎宝航、梁漱溟、胡厥文、吴耀宗、施复亮、章伯钧、章乃器、马叙伦、王绍鏊、严景耀等。会上大家讨论了如何发动群众力量以制止全面内战爆发的问题。一致认为，目前时局紧急，"非立即停止内战实不足以救中国于水深火热之中"，于是当场决定联合沪地爱国民主力量，组织举行上海人民反战运动大会，并推举马叙伦等九人负责筹备。与会民主人士还认为，由于国民党政府已经还都南京，爱国民主运动的中心也应由重庆东移。上海爱国民主力量基础雄厚，条件好，以后反对国民党政权的民主运动应以上海为基地，"然后向全国各地推进，共策于成"。至5月底召开第三次筹备会议时，反战运动大会的联络工作已大致完成，"惟因开会觉慢不济急"，有人提出"当先有所表示"，于是会议决定"先致书各政党及马歇尔"，呼吁和平，同时提出"必要时当推代表赴京"。6月6日，由马叙伦、陶行知、王绍鏊等164人联名呼吁和平的信发出。但是，除了中国共产党立即复函表示坚决支持外，国民党蒋介石政府和美国政府都置之不理，这充分表明蒋介石已决定一意孤行了。

1946年8月，中国民主同盟上海市支部成立后，作为民盟上海市的机关所在地的南海花园饭店，也同时成为民盟在上海与国民党反动派进行斗争的一个基地。1947年，南海花园饭店的业主周纯卿因心脏病突然发作死亡，民盟中央常委史良承办了周的遗产案。根据当时上海律师公会章程规定，律师可取当事人所得财产的5‰作为公费，赢下官司后，还可随意另给酬金。周的亲属因无现款，便将这座三层楼房送给了史良。上海解放后，史良即将这座楼房拨给民盟上海市支部（1956年改称民盟上海市委）。1961年，上海评弹团从延安中路搬到南京西路860弄1号内至今。2008年9月，民盟上海市组织筹备处被民盟市委列入"中国民主同盟（上海）传统教育基地"。

原来的老楼由于年久失修，上海评弹团对主楼进行了重建，但是原先南海花园饭店的格局并未有大的改变。这里依旧是新古典主义的白色大楼，旁边是舒适清凉的花园、草坪和凉亭。原先作为民盟与国民党做政治和舆论斗争的革命基地的南海花园饭店，解放后终于回到了人民的手中，重获新生。现在南海花园饭店成了上海人民欣赏评弹艺术的休闲场所。每周都有从全市各处赶来的市民和评弹爱好者，在一楼欣赏评弹艺术家的演出。今天，作为民盟普通一员的笔者，也有幸再次到这里来驻足和追忆民盟先辈的足迹，感慨民盟先辈立盟和斗争的不易。

| 现上海评弹团所在地

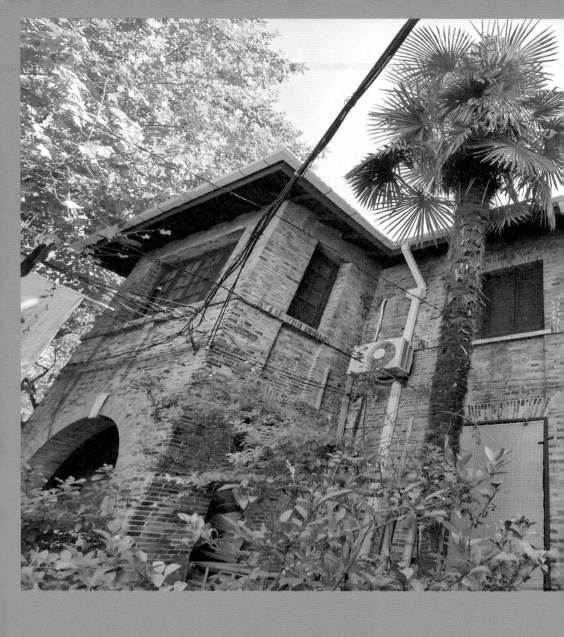

愚园路 *749* 弄 *31* 号
民盟上海市支部筹委会
成立旧址
——上海民盟从这里肇始

愚园路七四九弄三一号住宅，建于一九二一年，由法国天主教耶稣会所属的徐家汇上海土山湾工艺所设计，这是一幢二层现代砖木结构独立花园住宅。一九四五年十二月，民盟中央委员沈志远和民盟中央组织委员会委员黄竞武，受民盟总部委托来沪筹建民盟上海市组织。一九四六年二月二十日，中国民主同盟在沪的中央委员和部分盟员三十余人，齐聚于这幢独立洋房内举行茶会，黄炎培正式宣布成立民盟上海市支部筹备委员会。

| 上海民盟创始人之一沈志远先生雕像

风起云涌的新民主主义革命时期，因为上海五方杂处、一地三治(华界、公共租界、法租界)的多元政治格局，遂使这座号称"东方的巴黎""东方的纽约"的国际大都市成为各方政治势力长期活动和角逐之地，包括国民党、共产党、民盟在内的百余个政党都在这里留下了浓墨重彩的一笔。

在浦江西岸的大街小巷，各个政党有时通过举办会议宣告成立并设立总部或分部，有时发表施政纲领和重要宣告，有时又会筹备各种政治活动，在有"国中之国"之称的租界内，更是设立了自己的办事机构，民盟当然也不例外。

空谷回响，岁月留痕，作为中西方文化交融的产物，老洋房是有生命的，见证并记叙了很多改变历史进程的大事变，又从中走出了社会各界很多的仁人志士。本文所要讲述的就是民盟上海市支部筹委会成立旧址的故事。

俗称沪西六号的神秘弄堂愚园路749弄

愚园路，东起常德路，西至长宁路，1911年由公共租界工部局越界筑路修建，以路东首常德路的著名园林"愚园"命名。沪西的愚园路沿线，在民国时期建成了不少规模较大的新式弄堂，弄堂内间布着带有独立煤卫设施的新式联排石库门建筑和独立式花园洋房组成的老别墅群。在这条闹中取静的愚园路上，寓居了包括沈钧儒、黄炎培、李公朴、沈志远等诸多民盟早期领导人，他们在这里与中共携手合作，为民主鼓呼，为真理忙碌。1947年前后，许多民盟总部的活动都在这里举行。

位于今日静安寺和中山公园两大繁华商圈之间，北邻镇宁路的愚园路749弄就是其中之一。今天的弄堂口散布着超市、银行、家政服务公司等，表象就如一般的老上海市井图景，奔波匆忙的人们或许也无暇细顾。

但若是回溯到七八十年前的民国时期，这里却一度是一条充满神秘和传奇色彩的弄堂。就巷弄空间来看，其组织形式与众不同，甚至有些"诡异"，一条主弄，四到五条支弄都较宽敞，可并行两部小轿车，但走到每条支弄的最末端，看似尽头之处，总有一个暗道，通过那条暗道之后，人们不无惊奇地发现，眼前又闪现出一条新的主弄堂。主弄—支弄—小支弄—次小支弄—末端暗道—主弄，有些小支弄甚至只能一辆车进出，且紧贴房屋停靠、下车即能回家，遇刺指数基本为零，在汪伪统治时期，那些出卖国家和民族利益惶惶不可终日的汉奸特务，选址在这的最大原因莫过如此。这里居住着汪伪第二号人物周佛海、汪伪"76号"特工总部头子李士群及其干将吴四宝三个大汉奸，他们是臭名昭著的汉奸头子，时刻都有被刺杀的危险，选择这样一个有如迷宫一样的弄堂，就是为了随时可以抽身逃跑，因此整个749弄成为他们横行霸道、为所欲为的巢穴。

749弄的建筑大多建于1935年前后，共有各种风格的两三层花园洋房22幢，它们的规格和档次介于私家豪宅和新式里弄之间，里面也曾经居住过上海滩的一些商贾政要，如国民党中央宣传部长张道藩、南京路扬子饭店老板关玉庭和为蒋介石宋美龄证婚的俞日章牧师等人。其中位于弄内的31号，原为吴四宝办公所用，后来转给了爱国民主人士和教育家黄炎培。随着抗战胜利，民盟早期领导人的到来，上海民盟全新的历史即将在这里拉开序幕。

上海民盟从这里肇始

愚园路749弄31号住宅，建于1921年，由法国天主教耶稣会所属的徐家汇上海土山湾工艺所设计，这是一幢二层现代砖木结构独立花园住宅，机制青平瓦坡屋面，小青砖清水墙面，清水勾缝外墙，青砖门拱、彩绘门廊顶篷和彩色玻璃窗呈现出浓郁的中西结合特点，深咖啡色的门

愚园路749弄31号

窗、地板皆为材质上乘的实木制成。绿色的铁制院门向西而开,甫进院门,迎面是一大圆拱门廊,拾级而上,进入住宅室内,室内走廊的顶篷上粉有彩色欧式古典花饰,上楼梯间的木窗是彩色玻璃镶成的松鹤延年图案,室内底层的大客厅、餐厅、厨房、卫生间齐全。由木楼梯上二楼,有卧室、书房、卫生间,南面系内阳台。据生于斯长于斯的本楼年长居民回忆,这里当年是吴四宝与其夫人佘爱珍办公的地方,汪伪时期汉奸流氓不时出入,小楼东向一墙之隔的65号洋楼即是中国共产党早期成员、中国国民党政府要员,后沦为日伪汉奸的周佛海旧居,他们在这里遥相呼应,狼狈为奸,疯狂迫害爱国进步人士,犯下了罄竹难书的罪行。与之形成强烈反差的是,65号洋房这幢极具艺术美感的上海市优秀历史建筑与31号洋房却是在高低错落间和谐一致,相映成辉,让人流连忘返。

民国时期,31号小楼南面原有一个几百平方米大花园,不设围墙,向南直通至东诸安浜路,园内有假山、水池、名贵树木。解放后花园内南侧方向建了六幢二层房屋,这六幢房屋与小洋楼中间建起了围墙,原来的大花园遂缩小为现在的样子。原有的假山石等搬迁至上海动物园。院子里绿树成荫,加上青砖墙体、凹进的门廊,令人颇感深邃而宁静。这些建筑主题呈现着现代西式风格,但整幢住宅深深地蕴涵着中国传统建筑意韵,特别是花园内曾经布置的假山、水池、名贵树木、小桥流水,采用的均是中国传统的造园手法。

一次不同寻常的会议

1945年10月，中国民主同盟在重庆上清寺特园召开了临时全国代表大会（1956年2月，在民盟第二次全国代表大会上被追认为民盟第一次代表大会）。会议通过了《中央组织委员会工作报告》，概述了民盟成立后地方组织的发展情况，提出了今后发展的方向。会议结束后，民盟中央根据会议决议，在全国范围积极发展组织，民盟的地方组织由西南、西北向全国各地发展，特别是在华东地区发展迅速，并很快成为民盟的活动中心。

1945年12月，民盟中央委员沈志远和民盟中央组织委员会委员黄竞武，受民盟总部委托来沪筹建民盟上海市组织。1946年春，他们在盟员肖秉钺、谢仿林创办的南海花园饭店（今南京西路860弄1号上海评弹团）顶楼设立了临时筹备处，开展盟务活动，吸收新盟员。

1946年2月1日是农历除夕，一天前，旧政协刚刚闭幕。为国是民生而奔波的民盟中央常委黄炎培和沈钧儒，在正月新年暂别阖家团圆、走亲访友的天伦之乐，分别于2月4日和11日从山城重庆来到了上海。2月20日，春寒料峭的一个早春之日，中国民主同盟在沪的中央委员和部分盟员30余人，在黄炎培的召集下，齐聚于749弄31号这幢独立洋房内举行茶会。会议由黄炎培主持，沈钧儒和梁漱溟分别发表讲话，黄炎培正式宣布成立民盟上海市支部筹备委员会，推定沈志远、黄竞武为召集人，推定沈志远、黄竞武、王绍鏊、沙千里、彭文应为筹备委员。

九天前刚刚由渝抵沪、寓居于愚园路愚园新村11号长子沈谦家的沈钧儒先生应邀赴会，愚园新村与愚园路749弄隔愚园路南北相望，从沈谦家至会场步行只要10分钟左右的时间。年逾七旬的沈钧儒不顾劳累，在抵沪数日内马不停蹄地连续参加了数场活动后，又亲临会场。他首先介绍了他亲历的政治协商会议上民盟中央坚决拥护政协五项协议，并与中共取得一致立场的情况；还详细介绍了重庆"较场口血案"，他还转述了刊发于2月14日《文汇报》上的文章，慷慨激昂地指出："现在世界大势所趋，必走民主政治之康庄大道。假使人民得不到自由保障，那么民主基础就不稳固，一切政治基础是要建筑在老百姓身上，无论在政治社会各方面和舆论方面，对于中国民主前途，人民基本自由，大家来推动，才能够得到切实的保障。"

有"中国最后一位大儒家"之称的梁漱溟先生也是参加旧政协的民盟九位代表之一，三个月后即将受张澜重托出任民盟秘书长的他，对国民党在政协会议会前会后的表现义愤填膺，对国民党当局"民有痛痒务掩之，士有气节必摧之"的独裁专制极为不满，深恶痛绝。

与会者也就最新的国内政治形势纷纷发言，强烈谴责国民党打压民主、悖逆民心、一意孤行实行独裁专制统治的无耻罪行。

会议还就成立上海人民团体联合会进行了商议，六天之后的2月26日，上海民盟和民进、民建等12个人民团体在中国科学社社集会，决定成立上海民主运动团体联合会筹备会，发表宣言维护政协决议，要求保障人民自由，要求国民党政府撤销戒严令，停止警管区保甲编制制度，撤销邮电新闻检查。

不久，民盟总部迁到南京，原先在抗战大后方重庆、昆明、成都等地坚持抗战的盟员纷纷来到上海，因为总部负责人实际已集中在上海，故而上海成了民盟中枢的所在地。8月底，民盟上海市支部正式成立。王绍鏊、沙千里、沈志远、施复亮、黄竞武、祝公健、彭文应为执行委员，王绍鏊为主任委员。民盟上海市支部是民盟中央的直属支部，受民盟中央直接领导。这之后，民盟大力开始发展新盟员，和中共并肩作战，携手前进，就"停止内战，实行政协决议"的各项活动轰轰烈烈地拉开了大幕。

南京东路 *328* 号（原劝工大楼）

"二九惨案"发生地

——中间人士的呐喊与觉醒

一九四七年二月九日，『爱用国货抵制美货委员会』成立大会在南京路劝工大楼召开。此地成为『二九惨案』发生地。

│1937年,中华劝工银行(劝工大楼),南京东路328号(现雅戈尔大楼)

　　劝工大楼,位于河南中路以西、山东中路以东的南京东路上,原系一幢坐北朝南的三层钢筋水泥结构的楼房,为"中华劝工银行"的营业大楼,故名"劝工大楼"。

　　中华劝工银行,系旧上海私营银行。由王正廷、穆藕初、黄炎培、楼恂如等发起组织,1921年11月28日正式开业,行址南京东路,内设商业、储蓄、信托三部。董事长王正廷,总经理刘聘三,经理孙同钧。

　　据记载,劝工大楼建成后曾经历改建:

　　　　劝工银行位于南京路繁盛之区,房屋外观,颇为重要。原来形式,在过去固称道一时,在目前未免不合时宜,自应有修改之必要。

　　　　按旧形系一普通建筑,修改要点,当使在最合理经济条件之下,得最庄严伟大之外观。欲求费用之低廉,工程务须减少,故门窗户牖之大小,以及墙面凹凸旧状,仍绝不改动,只将原有阳台三座拆除,在此种限制之下,设计者确属煞费苦心,考虑至再,得成斯观。

　　　　修改费用,共计不过二千余元,似不能谓巨。[①]

　　后此大楼又数易其主,为大庆电讯器材商店时,三楼原会场走道墙

————————

①《中国银行》,1936年第29期。

上设置了陈列"二九惨案"烈士事迹和照片的橱窗。[2]

1985年1月18日，上海市黄浦区人民政府公布该大楼为区级文物保护单位，3月底恢复"劝工大楼"楼名，并在大楼门口墙上嵌碑纪念。

大楼又曾改建为上海电子商厦总公司，碑立于门前。

| 南京东路328号大楼墙上所嵌纪念碑

后又易名为上海"中宝银楼"。上海中宝银楼有限公司是上海新世界（集团）有限公司与中宝科控投资股份有限公司共同出资1亿元人民币于2001年1月18日组建成立的有限责任公司。[3]"中宝银楼"地面八层，地下一层，面积6200平方米。银楼外立面采用铝塑幕墙，绿色的钢化玻璃与金属银光相得益彰，造型独特，熠熠生辉。银楼装进口三菱电梯、美国进口空调，设置4米×6米的日本进口LED电子屏，可以滚动宣传各类品牌商品。当时，银楼引进了近20家知名品牌，如意大利的维玛诗、

② 《二九惨案发生地——劝工大楼》，上海市地方志办公室，2003 年 1 月，http://www.shtong.gov.cn/Newsite/node2/node2245/node4471/node56388/node56422/node56427/userobject1ai43135.html
③ 《公司介绍：上海中宝银楼有限公司》http://shzbyl.800400.net/introduce/

欧罗普,中国香港的中汇万雅和内地的亚一、东华、瑞恩等,是上海市中心集中外珠宝首饰品牌的专业银楼。

2005年12月22日,创建于1979年的宁波企业——雅戈尔集团股份有限公司,出资1.52亿元购买了上海南京东路328号的"中宝银楼"全部股权,并将其更名"雅戈尔大楼",[4] 总建筑面积5970平方米。雅戈尔集团聘请意大利设计师对整栋大楼的外立面及内部进行重新装修。在大量采用落地玻璃的设计中,新大楼显得简洁、亮丽、优雅,与雅戈尔一贯的风格一一对应。雅戈尔旗舰店在寸土寸金的"中华第一街"揭幕,集团由此迈出了打造国际品牌的坚实一步。

| 南京东路328号,雅戈尔大楼

④《雅戈尔收购上海银楼"宁波楼"亮相"中华第一街"》,浙江在线－浙江新闻
http://zjnews.zjol.com.cn/05zjnews/system/2005/12/23/006415644.shtml

"二九惨案"

南京路是解放前上海最繁华的街道，是百货业大公司集中的地区，也是百货业职工中革命力量与反革命势力进行搏斗的重要阵地。

"二九惨案"，即"劝工大楼惨案"，是1947年2月9日发生在上海南京路上的国民党政府镇压百货业职工爱用国货抵制美货运动的流血事件。[⑤]

从历史上看，上海人民的反帝斗争常常是与抵制外国商品联系在一起的。

从1905年为抗议虐待华工、迫害华侨、拒不废除期满的《限制来美华工条约》发起的抵制美货运动，到1919年"五四"运动中的抵制日货、1925年"五卅"运动中的"提倡国货抵制英日货"、1931年"九一八"事变后和"八一三"淞沪抗战时的全面抵制日货等，群众爱国运动从未停止。

1937年"七七"事变以后，上海百货业职工曾在"抗日救国"的口号下，联合商业界爱国人士，以南京路商界联合会名义组织过战时服务团，参加战地慰问、救护伤员、救济难民、广播抗战新闻等工作。1939年底，上海成为孤岛，大新、先施、国货、永安等百货公司职工在中国共产党的领导下，向资本家展开了要求改善生活的斗争。1946年，是民主运动高涨的一年。2月28日，上海23个团体的代表举行各界民主团体代表会议，决定成立联合机构筹备委员会。除了中国民主同盟、中国民主促进会等组织，中国经济事业协进会、中国劳动协会、上海学联、大教联、中教联、小教联等进步组织也参加了筹备活动。5月5日，在中共上海党组织的

---

⑤ 张祺：《上海工运纪事》，中国大百科全书出版社，1991年，第210页。

支持和帮助下，由中国民主促进会发起，中国民主同盟、中国民主建国会和上海纺织业、百货业等工会组织以及妇女、文化、医药、教师、学生各界53个团体（后来扩展为91个单位，代表上海各界群众40余万人），在南京路劝工大楼礼堂召开大会，宣布成立上海人民团体联合会。自1945年9月到1946年3月，上海百货业职工进行了5次要求改善生活的斗争，各公司涌现了大批群众领袖和积极分子。至1946年3月31日，成立"三区百货业职业工会"⑥（全市性的百货业工会）。工会的成立，标志着上海百货业职工进一步团结和组织起来了，标志着群众斗争进入了一个新的阶段。

一、民族工商业受国内外势力双重摧残，各阶层人民生活困苦

1946年7月，国民党政府在美国支持下，悍然撕毁政协决议，向解放军发动全面进攻。同年11月，国民党政府与美国政府签订了《中美友好通商航海条约》（简称"中美商约"）。该条约的签订，像黄河决了口一样，使得美货和美国剩余物资的洪流，排山倒海地涌进了中国市场。花旗蜜橘、克宁奶粉、罐头食品、美国服装、玻璃丝袜……这些数不胜数的奢侈品、消耗品充斥着全上海的大公司大商号。"美国的市场，玻璃的世界"，这是当时上海的写照。⑦

美货已经成为"美祸"，剩余物资已经变成"剩余灾"。在美货涌入和国民党统治区恶性通货膨胀双重摧残下，中国民族工商业奄奄一息，工厂纷纷倒闭，工人大批失业。仅1946年8月到12月，就有30万工人失业，倒闭的工厂则有200多家。1946年11月，上海爆发了摊贩的斗争，12月下旬开始，掀起了全国规模的抗议美军暴行运动，上海学生举行了抗

---

⑥ 赵莱静、辛宪锡：《"墨写的谎言掩盖不了血写的事实"——1947年劝工大楼惨案和百货业职工的斗争》，上海人民出版社，1958年，第4页。
⑦ 同上，第2页。

议美帝暴行的示威游行。

1947年2月5日，上海百货业召开200多人参加的座谈会，成立"爱用国货抵制美货筹备委员会"（简称"爱抵会"）。次日，发表宣言，说明抵制范围只限于奢侈品、消耗品及本国厂商有能力生产的产品和代用品，其他原料、机器、工业品等不在抵制之列。8日，该会发表《告各界人士书》，阐明"爱用国货、抵制美货"的必要性和迫切性，呼吁各界人士团结起来共同行动。

为了扩大影响，教育、发动群众，"爱抵会"向各工会和工厂、商店发出请柬，决定2月9日在新都剧场召开大会，正式成立"爱用国货抵制美货运动委员会"。

因新新分会理事姚卓人向国民党当局密报，迫于军警压力，新新公司资方屈服，通知"爱抵会"会场另有急用，不能出借。针对突然变故，工会党团领导人和"爱抵会"负责人连夜在工会理事长陈施君家里召开紧急会议，讨论对策。经反复讨论，决定会议如期进行，会场改在劝工银行大楼工会会所，同时，增加纠察力量，维持好会场秩序。这，就是劝工大楼事件的由来。

二、"爱用国货抵制美货委员会"成立大会会场惨案

1947年2月9日，"爱用国货抵制美货委员会"成立大会在南京路劝工银行大楼召开，上海各界代表400余人参加，郭沫若、马叙伦、马寅初等民盟中央委员受邀到会演讲。会场气氛庄严热烈，群众情绪昂扬，齐声高唱"赶不走那美军心不甘……""美国货，害人精"等歌曲，充分表现了广大职工群众的爱国热情和团结意志。[8]

---

⑧ 赵莱静、辛宪锡：《"墨写的谎言掩盖不了血写的事实"——1947年劝工大楼惨案和百货业职工的斗争》，上海人民出版社，1958年，第7页。

当歌声暂歇，会议即将开始时，三楼会场门口突然哄闹起来。国民党特务200余人扰乱会场，打人行凶。特务们抢着榔头铁尺，见人即打，见物即毁，一时场内灰沙迷漫，叫喊震耳。职工群众见此暴行，愤怒万分，立即有许多青年职工和会场上的纠察一起，在主席台前排成队列，一面抵抗，一面保护郭沫若和女同志撤退。他们高唱"一个人倒下去，千万人站起来"的歌曲，英勇地向暴徒还击，坚持斗争了20分钟，使特务、打手无法向主席台靠近。最后职工们齐声高呼："冲下去捉特务呀！"军统特务苏麟阁见势不妙，拔出手枪，一面威胁，一面指挥特务打手退出会场。

被捣毁的大会会场

面对特务的暴行，每一个有正义感的爱国者都会激起无比愤怒。永安公司鞋子部职工、平时沉默寡言但富有正义感的青年梁仁达，愤怒地责问特务们："我们爱用国货，你们为什么打我们？"并高呼"打倒特务"等口号。正在向会场外撤退的特务们一拥而上，围住他一个人拳打脚踢，从三楼一直打到楼下，又将他掼到大门口，梁仁达血肉模糊、鲜血淋漓，昏倒在地。后来职工们把梁仁达抬到仁济医院救治，由于颅底骨折断、颅内出血，当天下午4时许辞世，年仅30岁，遗下了一个婶母和已怀孕的妻子。

　　这就是震惊世人的"二九惨案"：会场的全部家具用物被捣毁，永安公司职工梁仁达伤重致死，职工们重伤13人、轻伤数十人。许多到会职工的私人物件，如大衣、围巾、手表、钞票等，也被暴徒们抢走。⑨

| 梁仁达烈士遗像

三、民盟与各界人士的声援

　　2月10日，中国民主同盟发表声明，要求"政府一面制止全面之恐怖压迫，一面严饬出事地点之负责当局。对血案彻底办到惩凶、抚恤等事"⑩。沈钧儒、邓初民等参加上海各界人民团体组织的"二九惨案后援会"，发表《二九惨案后援会宣言》，招待各界人士及新闻记者，抨击国民党的法西斯暴行，并表示要联合日益扩大的民主力量，用行动来抵抗暴行，制裁反动。民盟华北总支部和北平市支部抗议国民党政府蓄意制造"二九惨案"，要求严惩肇事暴徒，追究指使者责任，赔偿受害者之一切

---

⑨ 中国人民政治协商会议上海市委员会文史资料工作委员会编：《文史资料选辑》"上海解放三十周年专辑下"，上海人民出版社，1979年第4辑（总第26辑），第104页。
⑩ 中国民主同盟中央委员会：《中国民主同盟六十年》，群言出版社，2001年，第57页。

损失,并保证今后无此类事件的发生。

各界知名人士柳亚子、周建人、侯外庐、田汉、翦伯赞、艾寒松、楚图南、潘梓年、胡子婴等,在《文汇报》上发表文章,对这次暴行表示抗议。各民主党派和人民团体也在报上发表抗议。每天的《文汇报》和《联合晚报》上刊载全国各地读者的来信,到处是抗议的声浪、愤怒的火焰。

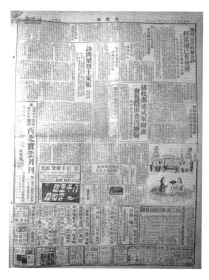

| 《文汇报》,1947年(民国三十六年)2月23日

民盟盟员沈钧儒、史良、沙千里、闵刚侯、林亨元、周新民、林秉奇等10名律师,组成"二九惨案"律师团,声援爱用国货斗争,为烈士鸣冤。国民党当局迫于舆论,对遇难者家属予以抚恤。

2月12日,在永乐殡仪馆为梁仁达烈士举行大殓,百货业职工、各兄弟工会、大中学校、民主党派、群众团体的代表共一千多人前来吊唁。2月17日,复旦缪司社和复旦剧社,为声援正义斗争突击创作了话剧《梁仁达之死》,在复旦小礼堂演出。

围绕"劝工大楼事件"进行的斗争，持续了20多天，彻底揭露了国民党政府为了发动全面内战而出卖中国主权、扼杀民族工商业、制造血腥暴行的狰狞面目，使百货业职工和全市各阶层受到了一次深刻的教育，经受了锻炼和考验，扩大了反对内战、反对独裁卖国、反对特务横行、争取民主自由的斗争，使国民党统治集团更加处于孤立的地位。3月15日，梁仁达烈士治丧会在成都路南弥陀寺（今上海化工设计院）举行公祭，参加公祭的除百货业职工外，还有民主党派、人民团体等各界代表共400余人。

此后，百货业职工在党的领导下，又连续进行了新的斗争，为迎接上海解放，做出了自己的贡献。

1950年2月9日，上海百货业工会为纪念上海"二九惨案"（又称"劝工大楼事件"）三周年和百货业烈士，特别颁发"梁仁达、王守权、赵士云三烈士纪念章"。

王守权，曾任三区百货业工会国货公司分会副理事长。"二九惨案"发生后，因揭露事实真相、抗议特务罪行被捕，被中共保释，在去解放区途中被捕，之后被害。赵士云，曾任职于上海新新公司。因组织工人罢工被捕入狱，出狱后从事民运及征粮工作，1949年牺牲。

| 梁仁达、王守权、赵士云三烈士纪念章

【 参考文献 】

(1)张祺著:《上海工运纪事》,中国大百科全书出版社,1991年。

(2)赵莱静、辛宪锡:《"墨写的谎言掩盖不了血写的事实"——1947年劝工大楼惨案和百货业职工的斗争》,上海人民出版社,1958年。

(3)中国人民政治协商会议上海市委员会文史资料工作委员会编:《文史资料选辑》"上海解放三十周年专辑"下,一九七九年第四辑(总第二十六辑),上海人民出版社,1979年。

(4)中国民主同盟中央委员会编:《中国民主同盟六十年》,群言出版社,2001年。

(5)王海波:《聆听岁月的脚步》,上海三联书店,2015年。

福州路 *701* 号

天蟾舞台

——悼李闻，忆英魂

上海天蟾逸夫舞台地处人民广场历史文化风貌区内，历史上曾以『天蟾舞台』而闻名，是上海历史最久、最具规模、最具影响的戏曲演出场所，曾有『远东第一大剧场』『不进天蟾不成名』之美誉。

很多人可能并不知道，浓缩着百年戏曲史的天蟾舞台，也是红色上海的见证者。

|永安大楼

034

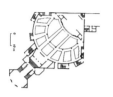

| 舞台首层平面图

| 1930年代中期的天蟾舞台
供图/黄浦区档案馆

远东第一大剧场的前世今生

位于上海人民广场东首的福州路云南中路路口，坐落着上海最富盛名的戏曲演出场所之一——天蟾舞台（已更名为"天蟾逸夫舞台"）。作为风靡一时的"远东第一大剧场"，京、昆、越、沪、淮等各大剧种的名角都曾在这里登台。有意思的是，天蟾舞台一开始并不叫这个名字，也不在如今的这个位置。其前身可追溯到1912年位于九江路湖北路路口的"新新舞台"，后于1925年迁至现址福州路云南中路路口，更名为"大新舞台"。三元公司祥茂洋行取得租赁权建筑舞台（约定租期25年，至1950年期满），由英籍建筑师于1921年7月完成设计图并开始建造，施工方为当时上海滩赫赫有名的地基基础施工公司康益洋行。

整栋建筑坐西南朝东北，处于人民广场历史文化风貌区内的福州路（原四马路）上，建筑为四层钢筋混凝土结构，屋顶呈拱形覆盖整个场内观众厅。观众席分设四层，共有座位3917个。屋顶呈撑开的伞状覆盖着整个场内观众厅。观众厅为沿边挑台柱廊式马蹄形圆形，长32米，宽46.5米，高21米。一至三楼太平门通道各有四处，池座二侧设有外宾接

1926年大新舞台开幕宣言
供图/黄浦区档案馆

待室。舞台口宽14米，高7.5米，深10米，至葡萄架高14.5米，副台面积100平方米，有120回路可控硅调光及灯箱设备。化装间大小有六间，面积共160平方米。后台男女浴室、盥洗室共34平方米。有冷风设备及一吨锅炉一台。观众休息厅面积约300平方米，大厅左右两旁各有2.5米宽楼梯通往楼厅。门厅上有三个楼面，作为办公用房，另外并设有250平方米的演员宿舍。外墙大门立面为米色大石子筑成。

1926年2月7日正式开幕当天盛况空前，上海滩名流云集，南北京剧名角都曾在此登台献艺。

1926年11月17日，梅兰芳、王凤卿、李万春、姜妙香、杨瑞亭、碧琴芳、侯喜瑞等南下在此献艺。当时，卖一场满座收入可购黄金五十两。即便如此，"大新舞台"仍因经营无方几次易主改名，1928年1月23日改名"上海舞台"，1930年10月10日改名"天声舞台"，同年让与开设在现南京路、浙江路转角，前永安公司底层的天蟾舞台的老板顾竹轩接办，最后因永安公司房屋翻建，拆除了其处的剧场，把"天蟾舞台"这块招牌也搬到现今的福州路营业。也就是说，如今的天蟾舞台，沿用了永安公司底层拆除的天蟾舞台的名字。而位于南京路、浙江路口的永安大楼，也是位于转角的建筑，和福州路的天蟾舞台外观格局倒也有几分相似。

为什么叫"天蟾舞台"？"天蟾"取自神话月精蟾蜍折食月中桂枝的典故，蕴含有"压倒丹桂第一台"（当时最有名的剧场之一）的意思。"天蟾"得名以来，南北名伶巨匠对这个魅力无穷的舞台情有独钟，以致梨园有"不进天蟾不成名"之说。

1940年代，天蟾舞台以其独特的魅力，吸引着名伶巨匠。有不少名角，就是在天蟾舞台一炮而红，更有不少名角与天蟾舞台结下不解之缘——

麒麟童周信芳原本就长期驻演天蟾舞台。

"四大名旦"之一的尚小云也是应天蟾舞台之约只身闯进上海，演出的《玉堂春》，被当时报纸评价为："不即不离，如黄庭初拓，恰到好处。"从此走红上海滩。

梅兰芳更是天蟾舞台的常客，他的很多重要剧目都是在这里上演的。1932年，梅兰芳举家迁居上海，天蟾舞台从此成了其演出的一个基地。随着全国抗日浪潮高涨，1933年，梅兰芳在天蟾舞台上演了创编新戏

|四大名旦 左起：程砚秋、尚小云、梅兰芳、荀慧生

|梅兰芳在天蟾舞台表演《抗金兵》 供图/黄浦区档案馆

| 1937年"八一三"以后天蟾舞台曾作
为难民收容所 供图/黄浦区档案馆

《抗金兵》，饰演击鼓抗金的梁红玉，极大鼓舞了观众抗日救亡的热情。

1936年2月，梅兰芳又在天蟾舞台上演创编新戏《生死恨》，反映了沦陷区人民的痛苦生活，在社会上引起极大反响，连演三场，场场爆满。

其后不久，梅兰芳便蓄起胡须，拒绝为日本人表演，直到八年后，抗战胜利，梅兰芳才重新登上天蟾舞台。难能可贵的是，天蟾舞台在那流离失所的动荡年代也曾为众多难民提供避难之所。

1932年"一·二八"事变爆发，住在闸北一带的苏北同乡纷纷涌进租界避难，天蟾舞台老板顾竹轩一度将天蟾舞台停业，作为临时难民收容所。1937年"八一三"淞沪抗战打响，大批难民无家可归，天蟾舞台再次停业，收容难民，供应伙食，直至上海战火熄灭。

解放战争时期，天蟾舞台还是中共地下党借以活动的场所，中共中央上海局下属的帮会工作委员会就秘密设在天蟾舞台的办公室。

值得注意的是，天蟾舞台东侧街面（云南中路）二楼的三间房子，是中国共产党六大后政治局机关的办公旧址，已于1980年8月26日经市府批准为市级文物保护单位。在第二次国内革命战争时期的1928年秋，"中共六大"中央政治局的成员常来此召开会议或研究工作，常来的有周恩来、邓小平、项英、李立三、任弼时、彭湃、李维汉、黄文容等。这个机关由熊瑾玎、朱瑞绶夫妇住守。机关从建立起到1931年六届四中全会以后，长达三年多一直安然无恙。

1949年6月，新上海刚诞生，陈毅市长在这里第一次与上海文艺界人士见面并讲话。由此可见，天蟾舞台不仅在繁荣上海戏曲方面具有重要的地位，而且在社会的政治和文化领域也有一定影响。

上海解放后，天蟾舞台保留下来，全国各地京剧团、名角来沪，也多演于此。除了京剧，沪剧、昆剧、淮剧、滑稽戏等也渐渐登上天蟾舞台。1964年，根据电影《红色娘子军》改编的现代昆剧《琼花》，就首演于此，连演108场，受到市民热烈欢迎。

1966年，天蟾舞台改名劳动剧场，一直演出不断，直到1985年，天蟾舞台恢复原名。1990年，在保留天蟾门面的基础上由上海市政府投资，并接受邵逸夫等热心京剧人士捐款进行改建，四年后落成开幕，之后易名为天蟾京剧中心逸夫舞台。

天蟾舞台在新中国成立后曾几次由国家拨款进行修缮：1953年经市房地局重修，1957年由文化局拨款扩建化装间，1965年改善舞台，1973年再次大修，扩建副台面积，增添冷风装置，改善舞台灯光设备，改善并更新了舞台与观众厅的条件。但由于剧场设施还停留在20世纪20年代水平，而且房屋和大梁已严重倾斜，天蟾舞台于1984年5月11日停场拆建。

2004年和2018年，天蟾舞台又迎来了两次大修，在修旧如旧的同时又配备了专业的舞台设备，让这座近百岁的剧场焕发了全新的生命力。

1946年"李公朴、闻一多追悼大会"举办地

在新中国成立前，由于天蟾舞台场子大、座位多，白天常为各界租场子开会。

1946年10月，以各民主党派、群众团体及社会知名人士发起的"李公朴、闻一多追悼大会"就在天蟾舞台举行。

|天蟾逸夫舞台

|底楼大厅 供图/天蟾逸夫舞台官网

　　1946年6月，国民党反动派在昆明散布谣言，说民盟企图勾结地方势力在云南组织暴动，夺取政权……云南省警备司令部接着就派兵查抄几家进步书店与进步人士住宅，整个昆明风声鹤唳。

　　在这一派白色恐怖气氛下，民盟云南省支部不顾形势险恶，于6月底接连三天召开会议，由李公朴、闻一多和楚图南主持会议，向社会各界说明民盟的政治主张和对时局的态度，揭穿反动派的造谣污蔑。会后，民盟在昆明开展了呼吁和平的"万人签名运动"。昆明形成了一股声势浩大的争取和平民主的群众运动，使国民党反动派恐慌不已。

　　这时蒋介石"特予"昆明警备司令部宪兵十三团对李、闻等人以"于必要时得便宜处置"之权。云南特务机关接到密令后，立即拟定了逮捕民主人士的黑名单。

　　7月11日，李公朴在昆明被国民党特务用无声手枪暗杀。李公朴被害后，民盟中委闻一多冒着生命危险，组织李公朴治丧委员会。7月15日，李公朴治丧委员会在云南大学召开追悼会，为了安全，没有安排闻一多发言。追悼会后，闻一多又出席了民盟在《民主周刊》社为李公朴被暗杀事件举行的记者招待会。回家途中，遭到国民党特务杀害。李、闻被杀害的消息传出后，立即引起了国内外强烈的反响，声援民主战士的唁电如雪片般发来。

　　7月18日，民盟主席张澜致电蒋介石，严厉谴责国民党特务杀害"倡导民主，主张和平"的李公朴、闻一多，"是反民主和平有计划之阴谋"。同时，民盟总部发表书面谈话，严厉谴责国民党的法西斯暴行。

7月22日，民盟旧政协代表抗议国民党政府"以暴力残杀无武力之在野党派"，并要求国民党政府立即派出公正人员，与民盟所推派之人员同赴昆明，调查惨案真相。但国民党政府拒绝民盟的正义要求。

7月25日，民盟中委、著名教育家、民主战士陶行知，因李、闻被害突发脑溢血而逝世，他在遗书中号召："为民主死了一个就要加紧感召一万个人来顶补！"

8月3日，梁漱溟、周新民受民盟总部委托赴昆明调查，并在9月30日发表《李闻案调查报告书》，用铁的事实揭露国民党杀害李、闻的罪行。

中共中央领导人毛泽东、朱德给李公朴、闻一多家属发了唁电，对李、闻遇害表示深切哀悼，表彰李、闻"为民主而奋斗，不屈不挠，可敬可佩"的精神，并希望全国人民继承先烈的遗志，再接再厉，务使民主事业克底于成。中共旧政协代表团向国民党政府提出严正抗议，要求立即撤换昆明警备司令，限拿凶手，保护各民主党派和民主人士的安全；安葬死者，通令全国追悼死难者、抚恤死者家属。

周恩来在上海的记者招待会上发表声明，严正指出国民党反动派制造李、闻血案"完全是有计划的，而且是肆无忌惮的政治暗杀"。

全国各地及海外侨胞隆重集会，悼念李、闻两位烈士——

7月26日，延安和苏皖解放区举行声势浩大的追悼李、闻等烈士与反内战、反特务大会；7月28日，重庆6000余人隆重举行追悼会；8月10日，史良、鲜特生等在重庆发起组织"李、闻案件后援会"；8月18日，成都各界人士举行追悼，张澜在会上愤怒斥责国民党特务的法西斯暴行……

全国人民和海外侨胞隆重追悼李、闻两位烈士，形成了一个控诉国民党坚持内战、独裁和卖国罪行的群众运动。

而10月在天蟾舞台举办的李、闻追悼大会，由上海各界5000余人参加，掀起了悼念两位烈士的高潮。

1946年10月4日上午九时，天蟾舞台上下三层和过道扶梯都站满了悲愤的人群，舞台四壁挂满各界人士致送的挽联，其中有毛泽东、朱德的挽词"为保卫政协争取和平民主而牺牲的斗士精神不死"。

　　这是一次很有特色的大会，参加者中不仅有和民盟风雨同舟、并肩战斗的中共方面的邓颖超、李维汉等同志，以及民盟和上海各界进步朋友，还有国民党中反对蒋介石的一些进步朋友，当时蒋介石营垒中的上海市长吴国桢及潘公展等人也参加了大会。

　　追悼大会由沈钧儒主持，洪深司仪，赵丹朗读祭文后，大会主席吴国桢致词，他承认李、闻被刺是违反法律的事情，接着由史良、楚图南分别报告李、闻生平。

　　第一个登台演说的是潘公展，他承认李、闻被杀是国家民族的损失。接着演讲的是郭沫若，他说："这是光明和黑暗的斗争，这是人民要做主人和做奴隶的斗争！但光明和正义必将胜利，李、闻两先生虽然死了，他们的生命必将永生！"

　　邓颖超代表周恩来宣读周恩来亲笔书写的悼词，当念到"和平可期，民主有望，杀人者终必覆灭"这段掷地有声的誓言时，会场上响起了雷鸣般的掌声。

　　最后登台演讲的是罗隆基，他表示："经过几百年的考验，我们敢于

| 中共代表邓颖超在上海举行的"李、闻两先生追悼大会"上宣读周恩来所写的悼词。中为民盟中央常委史良，右为上海市市长吴国桢

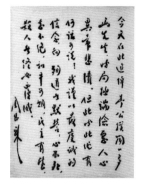

中共对于李、闻二人被害
的唁电

周恩来为李公朴、闻一多所
写的悼词

相信，民主是不怕暗杀的！二次大战中，不管法西斯的飞机坦克多么凶，但是民主终于战胜了法西斯，李、闻两先生虽然被杀死，但是烈士的血不会白流啊！一个人倒下了，但千万个人会站起来的！"现场响起长时间的掌声。

大会结束前，李公朴夫人张曼筠代表烈士家属致词，对各界朋友和来宾深表谢意。

由于众多群众未能参加追悼大会，为此，上海各界又于10月6日至8日，在静安寺举行了三天公祭，黄炎培主祭，周恩来、邓颖超、郭沫若、章伯钧、罗隆基、史良及外国友人参加了公祭。

可以说，在天蟾舞台举办的此次追悼大会，极大地孤立了蒋介石营垒中一小撮最顽固分子。

无论在中国戏曲史还是民盟史上，饱经风霜的天蟾舞台都发挥了举足轻重的作用。

【参考文献】

(1) 中国戏剧志上海卷编辑部：《上海戏曲史料荟萃》，上海艺术研究所，1977—1989年版。

(2) 王海波：《追根寻源话民盟》

(3) 申延宾：《天蟾舞台与那些名角们——洗礼之后,身段依旧》，《新闻晨报》，2013年10月03日，https://news.sina.com.cn/c/2013-10-03/060028353216.shtml

(4) 中国民主同盟中央委员会：《中国民主同盟七十年》，群言出版社，2011年版。

华山路 **1220** 弄 **14** 号楼
第三方面和平调停旧址
——栉风沐雨呼和平

民国时期，位于上海公共租界西区以外的华山路一二二〇弄被称作『范园』，它曾是近代上海最顶级的花园洋房区之一。张君劢参与斡旋国共关系时，就居住在十四号这幢洋房里。这里也成为当时第三方势力议事、聚会的场所。

民国时期，位于上海公共租界西区以外的华山路1220弄被称作"范园"，它曾是近代上海最顶级的花园洋房区之一。《法华乡志》记载的范园景象是"树木郁葱，芳草芊绵，高耸楼台，宛仿泰西风景"。当时居住在这里的人自诩是模范洋房，故得名"范园"。

然而20世纪初，范园还只是英国商人马立斯家族的跑马场。1916年，上海银行界联合抵制袁世凯的金融政策取得胜利后，为纪念这次胜利，上海金融界合伙以每亩三千两白银的价格购买了这块地，在此各自建造洋房。

范园占地5公顷，建有花园洋房12幢。上海解放后，12幢洋房均被军管会接管收归国有，现位于中国人民解放军海军九〇五医院院内，为海军九〇五医院职工宿舍。

1916年上海金融界联合购得此地后，张嘉璈家族在此建造三幢花园洋房。张君劢居住在14号、张嘉璈居住在18号、张幼仪及徐志摩父母共同居住在20号。1946年至1948年，张君劢参与斡旋国共关系时，就居住在华山路1220弄14号这幢洋房里。这幢洋房现居住两户人家，均为海军九〇五医院职工家属。

张君劢故居建成于1920年代初，为带有始于近代上海租界的早期殖民地外廊式特征的住宅建筑，二层、三开间砖木结构，布局对称方整，楼顶四坡顶，覆盖红色机平瓦。住宅主立面一、二层原均为面向花园的宽敞外廊，二层正面是三个三圆心拱券（three-centered arch），分别坐落在有精美柱头的短柱上，东西两侧面是圆拱，拱间墙既是结构柱，但也以浮雕增添了立面的装饰感。现在的拱下木窗以及底层两侧的墙体均为后期加建。走进底层门廊空间，中间正门为红色双开雕花木门，进门后是玄关。玄关铺设彩色六边形瓷砖地面，西式圆形雕花吊顶，中间挂吊灯。玄关左右对开两扇红色木门，左边为小会客厅，右边为餐厅，原来都面向花园。一楼包括玄关、衣帽间和厨房，厨房还装有暖气锅炉、烤炉等。沿楼梯上二楼，二楼楼梯正对盥洗室，走廊左右对开四个房门，每个房门进入后又各分为四个套间，起居室内装有壁炉。三层包括一个阁楼和露台。楼梯及所有房间均铺设木质地板。

张君劢1886年1月出生于嘉定。1903年，进入震旦学院，与马君武同窗。1904年，在湖南明德中学任教，结识黄兴。1906年，公费赴日本早稻田大学政经科留学，其弟张嘉璈进入庆应大学。武昌起义后，曾任宝山县议会议长。1912年赴德国柏林大学攻读政治学。1916年回国后任《上海时事新报》总编辑。1919年与梁启超、蒋百里游历欧洲期间，翻译《苏维埃宪法》，实为"苏维埃"一词的创作者。1941年参与组建中国民主同盟，张君劢任国际关系委员会主任委员。1946年8月15日，中国国家社会党与中国民主宪政党在上海合并，定名"中国民主社会党"，张君劢当选为中国民主社会党主席。

1946年，国民党、共产党、青年党、民社党和无党派社会贤达共同召开政协会议，决议定于5月5日改组国民政府，召集国民大会，审议宪法。后国民党公然违背政协

会议决议，为争取和平促成和谈，政协会议闭幕后，张君劢开始参与斡旋
国共关系，张君劢在上海的这处私宅，也成为当时第三方势力议事、聚会
的场所。

　　1946年4月14日至18日，解放军攻克长春后，马歇尔从华盛顿返回中
国，通过罗隆基给张君劢打了一通电话，张君劢应邀参与商谈如何通过
处理长春战役促成和平统一。4月18日，马歇尔同第三方势力草拟了停战
协议，民主同盟代表第三方势力将这个停战条件交给周恩来，周恩来表

| 建筑内景

示只要国民党当局愿意停战，第三方提出的方案共产党可以接受。然而蒋介石却拒绝了这份方案。

此后，蒋介石便前往长春，指挥军队与解放军交战。6月3日，蒋介石从长春回到南京。6月6日，国共双方同意停战至6月30日。6月27日，共产党表示先解决政治问题，再谈撤军问题，而国民党坚持先调整军队，再谈其他问题。[①] 谈判陷入僵局，9月，周恩来回到上海。当时民主同盟的主要成员都在上海，周恩来回到上海后，他们多与周恩来保持联络。10月12日，黄炎培、沈钧儒、章伯钧、罗隆基等在张君劢寓所紧急集会，一致认为蒋介石在国民党军队攻占张家口的情况下下令召开国民大会，无异对第三方面人士饷以闭门羹与难堪，决定取消赴南京之举。会后他们分访孙科、周恩来。国民党占领张家口后，又决定利用第三方势力来说服共产党和谈。孙科特意打电话给张君劢，希望张君劢出面继续斡旋，并告诉他国民党将派人至上海联络和谈一事。10月15日，国民党代表雷震到上海。雷震一下火车便直奔张君劢家（即本文所指在华山路1220弄14号）商议具体事宜。当日，张君劢召集民盟成员到此聚谈。会上，雷震希望民盟可以劝说共产党代表去南京谈判，张君劢便把劝说一事答应下来。当天下午，张君劢邀黄炎培、沈钧儒、章伯钧、罗隆基、梁漱溟等民盟成员，一同前往思南路中共上海办事处。周恩来向民盟代表声明共

① The China White Paper, P.160-161.

产党在张家口问题的严正立场，历数半年多来中共为争取和平向国民党做出的所有重大让步。周恩来平静地反问："去南京又有何用？"[2] 民盟代表均表示理解也深受感动。

民盟成员从思南路出来后，即回到张君劢家中，与早已等候在此的青年党代表左舜生、李璜和无党派人士胡霖等商谈下一步行动。张君劢认为，周恩来虽然态度严厉也很气愤，但仍然愿意开诚布公地同第三方势力谈，说明共产党并没有完全关闭和谈之门。经过一下午的商议，第三方势力达成两点共识：一、要国民党方面表示永久停战的意思；二、要国民党方面派更负责的代表来上海进一步表明态度。[3]

10月17日，国民党派吴铁成、邵力子到上海。吴铁成、邵力子到上海当日，即与雷震一起到张君劢家同民盟代表座谈。吴、邵都表示希望民盟可以尽力劝说中共代表同意到南京商谈一切。接下来的四天，第三方势力各方在上海活动频繁，各党各派分别与周恩来谈，与吴、邵二人谈，各党派内部谈，第三方势力互相谈。最后第三方势力达成共识，为促成国共和谈，大家都应该陪同共产党代表到南京去。

19日下午，张君劢代表社会党在家（华山路1220弄14号）举行茶会，周恩来、李维汉、吴铁成、邵力子及民盟、无党派人士共19人出席，气氛和谐，一瞬间大家仿佛都看到了和平的微光。10月21日[4]，黄炎培、沈钧儒、张君劢、章伯钧、罗隆基及青年党曾琦等，与周恩来等中共代表同机飞往南京。到南京后，张君劢等民主同盟成员首先与共产党代表在南京交通银行的会议室里，共同研究国民党的八项条件，然后与国民党交涉。到10月25日，情况又紧迫起来，国民党提出八项条件，共产党

---

② 《张君劢先生演讲集》，第 178 页。
③ 郑大华：《张君劢传》，商务印书馆，2002 年，第 340 页。
④ 李璜：《学钝室回忆录》，传记文学出版社，1978 年，第 615 页。

| 1946年民盟代表章伯钧、沈钧儒、罗隆基在上海

提出两项条件，国民党军队仍然向各地共产党军队发动全面进攻。第三方面担心如果不尽快拿出一个双方都可以接受的方案，可能又会不欢而散。梁漱溟提出抛开国共双方，由第三方拿出一个方案。张君劢对这一方案表示赞同。⑤10月28日，第三方势力在交通银行讨论梁漱溟等提出的具体方案，最后获得一致同意，议定将这份折中方案分别送给国共双方。张君劢、左舜生、缪云台，负责送一份方案给孙科，梁漱溟、李璜、莫德惠三人送一份给周恩来。

　　张君劢把方案交给孙科，稍做解释后，孙科表示国民党要就此方案研究两三天。张君劢见国民党没有拒绝后，当晚便返回上海家中静候消息。可是，张君劢刚到家，即接到南京方面的电话要他速回南京。第二天，张君劢回到南京后，为打破僵局，提出"不定方案，双方将意见尽量交换"。周恩来接受了张君劢的这一建议。

---

⑤　李璜：《学钝室回忆录》，传记文学出版社，1978年，第618页。

11月8日晚上,张君劢突然得到消息,蒋介石已经发布停战令,并要求各党答应提出国大代表候选人名单。蒋介石这种武断的行为,让各方代表都很恼火。大家都知道,只要国民党单方面召开国大,国家就不可避免会陷入内战,各党各派之前为争取和平所做的努力也化为泡影。张君劢先尝试去和蒋介石沟通,希望可以延期召开国大。然后建议第三方势力齐心协力劝国民党延期召开国大,张君劢建议将国大延期到12月31日召开。但是蒋介石只同意延期三天。在第三方面最后一次集会上,青年党表示参加国大,大部分无党派人士表示参加,黄炎培、罗隆基代表民盟宣布拒绝参加。张君劢及民社党始终没有明确表态,国民党便加紧拉拢。孙科、雷震数次找张君劢谈话。11月15日,蒋介石将张君劢的胞弟张嘉璈从东北接回上海,做张君劢的工作。当天晚上张嘉璈、张君劢二人谈到凌晨四点。第二天,民社党提出参加国大名单。

1946年,张君劢起初为争取和平,努力斡旋国共关系。遗憾的是在国民党的利诱劝说下,主张有条件地参加国大,可惜他的妥协并没有使中国走上和平之路,也使得他前期的努力前功尽弃,甚至他自己也沦为国民党专政的殉葬品。历史和张君劢开了一个很大的玩笑。

| 第三方面活动旧址——华山路1220弄14号(张君劢住宅)

西藏南路 *123* 号（青年会大厦）

各界人士在此欢迎张澜抵沪
——南极星辉海上来

西藏南路一二三号矗立着一幢中西合璧风格的十层高楼，这就是中国基督教青年会大楼，又称为『八仙桥青年会』。一九四六年十二月，民盟中央主席张澜抵达上海，二十三日下午，十一个民主团体五百余人在此联合举行了盛大的欢迎张澜大会。此次张澜来上海的主要任务，就是召开民盟一届二中全会。

056

上海市西藏南路123号矗立着一幢中西合璧风格的十层高楼，这就是中国基督教青年会大楼，又称为"八仙桥青年会"。该大楼由中国著名建筑师范文照、李锦沛、赵深等设计，于1929年10月动工，1931年建成。

基督教青年会是世界性跨国别、泛宗教的青年组织，分布于世界各地，以通过团结活动和公民训练，发扬青年基督徒高尚品德为宗旨，由英国伦敦商人乔治·威廉斯于1844年发起组成。虽然青年会是宗教组织，但对传教及不信教的青年做了不少德、智、体、群方面的工作，在社会上有一定的影响力。在20世纪三四十年代，青年会还是青年们进行爱国活动和学术讨论及各种集会的场所。

20世纪初叶，上海迅速发展为远东大都市，城市大兴土木频繁，新的建筑类型频出。然而，直至20年代后期，城市里建造的大型建筑都以新古典主义或折衷主义等西方风格为主导。正在成长起来的中国第一代职业建筑师虽然受的是西方建筑学教育，但并不满这种状况，开始探索以吸收中国传统宫殿样式来体现民族特征的现代建筑设计，八仙桥青年会大楼就是这种思潮的产物。

大楼平面呈凹字形，凹处朝南，造型由三大体块组成。沿西藏南路是主体，也是建筑特征最凸显的部分。主立面很宽，上下三段式构图，基座占三层，外墙为仿花岗石墙面，基座上连续五层褐色面砖外墙，统一开窗，形成现代高层办公楼的高耸气势。到了顶上，建筑师非常巧妙地将中国传统建筑的重檐形式结合进来，重檐间就是主楼顶层。屋面蓝色琉璃瓦，飞檐翘脊，檐下有仿斗拱构件、简化的梁枋及彩画，红色立柱与窗间墙对应。大楼顶部有传统宫殿建筑意象，而外观整体又有北京前门城楼般的气势。走近看，大楼的大门也是仿传统宫殿的槅扇，菱花格心，门框饰古典图案。二楼的大礼堂门窗、墙顶部以及顶上天花的五彩油漆彩绘等，也显现出浓厚的传统气息。大楼北面部分较高，与东面的屋面一样，也铺蓝色琉璃瓦，但不起翘，形式与主体呼应，又呈现从属地位。

八仙桥大楼建成后，上海青年会活动场所增多了，尤其是"九一八"事变以后，基督教会的开明人士和社会上的进步人士在这里举办了许多讲座、音乐会、戏剧演出及美术展览，鲁迅曾多次来此演讲。抗日战争时期，上海租界成为孤岛，许多爱国活动受到一定的限制，而这座大楼此时则发挥了更大的作用。青年会出面举办各种文学、社会科学、戏剧讲座、讲习班，而所属学生团体，在教会学校中以一种宗教组织——"团契"的名义出现，通过读书会、歌唱会、剧社、刊物等活动，共同学习。他们还吸收校外青年参加。抗战时期，吴耀宗、胡愈之、王任叔等发起的"星二聚餐会"在八仙桥青年会餐厅举行，郑振铎、许广平、梅益、顾执中、王纪华、赵朴初、陈鹤琴等都参加。名义上聚餐，同时也是座谈会和讲座，曾请安娜·路易斯·斯特朗和爱德加·斯诺来演讲。[1]

当年这座大楼里设有礼堂、九层楼餐厅及图书馆等，到此的会员中很多不是基督教徒，但均可免费入图书馆阅览、借书。新中国成立后，八仙桥青年会一度改为淮海饭店，后来其产权仍交还教会，除中华基督教青年会、上海基督教青年会等在此办公外，大楼的大部分为青年会大酒店。1989年，八仙桥基督教青年会被列为上海市文物保护单位。

1946年，民盟中央主席张澜抵达上海时，上海各界人士就是在青年会举行的欢迎大会。

抗战胜利后，国民党不久便发动内战，变本加厉地实行独裁和专制，使国统区一度出现的一点民主空气荡然无存，民盟也进入了历史上最困难的时期。为了开展民主进步活动，同时筹备召开民盟一届二中全会，重庆、昆明、成都等地的民盟领导人纷纷来沪。到1946年底，民盟总部名义上迁到南京，实际上总部的张澜主席，黄炎培、沈钧儒、史良、章伯钧、陶

---

[1]《西藏南路19号中国宫殿式的建筑——青年会》。http://www.360doc.com/content/21/1005/11/11742065_998331055.shtml

行知、邓初民、张君劢、罗隆基等中常委都陆续集合于上海，因此中常会也常在上海召开，上海成为民盟政治活动的中枢。

1946年5月6日，民盟、民进等53个党派和人民团体组成的"上海人民团体联合会"举行会议，呼吁"立即停止内战、实行政协决议"。

1946年7月11日，国民党特务在昆明暗杀了李公朴、闻一多，制造了震惊中外的"李闻事件"。消息传至上海，民盟同志义愤满腔，悲痛欲绝，民盟中常委陶行知受悲愤刺激，于7月25日突发脑溢血逝世。李、闻被杀害后，毛主席和朱总司令也发来唁电，期望"民盟同志继承先烈遗志，再接再厉，务使民主事业克底于成"。

民盟半年来为维护政协决议，反对内战，争取和平和民主的斗争，赢得了上海人民的赞许。在这一系列的激烈战斗中，民盟上海市支部经筹备于当年8月正式成立，选出了王绍鏊、沙千里、沈志远、施复亮、黄竞武、祝公健、

|张澜乘船到达上海时
受到上海各界欢迎

彭文应等为市支部执行委员，王绍鏊为主任委员，直属民盟总部领导。②

　　1946年12月12日，民盟中央主席张澜离渝东下赴宁、沪。当轮船到达南京时，张澜突然决定不在南京逗留，打乱了国民党想与张澜会晤，进行拉拢，捞取政治资本的如意算盘。12月18日，张澜抵沪，给上海的爱国民主人士极大的鼓舞，各界知名人士李济深、黄炎培、沈钧儒、章伯钧、张申府和中共代表驻沪办事处的钱之光、华岗、潘梓年、陈家康及各报记者约百人登船迎接，到码头热烈欢迎。张澜发表书面谈话，强调民盟不参加国大。在旅邸接见记者时称：民盟中常委会日内即开，并将由中常委会决定民盟二中全会开会日期。③

　　张澜抵达上海后，受到各方面的热烈欢迎和极大关注。当时有一首《迎张澜》的诗写道：

　　　　欢声动处掌如雷，南极星辉海上来；

　　　　赤手撑持民是主，青春活泼老犹孩。

　　　　踏将李闻自由血，扫尽墨希未死灰；

　　　　万众一心争效命，强权终仗我公催！④

---

②《民盟总部在沪活动纪实：患难与共的真实写照》，"浦江同舟"公众号，2019年9月16日。

③《张澜抵沪》，《人民日报》1946年12月22日。

④《张澜主席在上海》，《民主报》1946年12月28日。

12月23日下午，11个民主团体500余人在上海八仙桥基督教青年会大厦联合举行了盛大的欢迎张澜大会。虽然凭请柬入场，还要缴纳5000元（旧币）的茶点费，但人们仍"像潮水般涌来"，表达和平与民主的心愿。张澜入场时，全场爆发出"雷声般的鼓掌"，经久不息。大会主席马叙伦首先讲话，对张澜领导下的民盟始终如一地坚持政协的民主立场表示钦佩和赞赏，称"民盟是民主前线上的领导者。人民对民盟除钦佩外，并极表拥护"。接着张澜发表演讲，会场上再次爆发出热烈的掌声。⑤

张澜在讲话中说："中华民国的招牌，已挂了三十五年，人民却还迫切地要求民主。抗战的胜利，是中国经过八年长时间的艰苦撑持，付了几千万人以上的血换来的。现在抗战胜利已逾一年，而全中国人民却直接间接仍还被逼担负着不光荣的战争的牺牲和痛苦。今天，全中国人民不但并未得到民主，简直更是被逼到死亡线上挣扎，求生不得。回想这三十五年来，尤其是近八年来的历史，岂不令人痛心。"他阐述了民盟"和平、民主、团结、统一"的一贯主张，谴责国民党破坏政协决议及迫害民盟的种种暴行，并说明民盟拒绝参加国民大会的理由："政协的精神，就在这个'协'字。而我们民主同盟，在国共两党之间，我们又是超然独立的第三者的调人身份。所以，凡是片面的，不合政协精神的，无论政府也好，会议也好，参加只有促成分裂。我们抱促成团结的愿望，而又出以促成分裂的行动，这是绝对不应该的。我们坚决相信，人民的希望，国家的前途，只有和平、团结、民主。"他表示民盟虽备受利诱、迫害、分化，但决不因此所动："我们愿意大声疾呼，全中国人民必须自己起来，扩大争取和平民主的阵线。我们愿意联络全中国争取和平民主的每一个人都在同一道路中共同努力。谁要致国家于分裂，我们反对。谁要独裁专政，我们反对。……我们全中国人民表现自己意志，行使自己主权，这就是民主。谁不照着人民的意志做，

---

⑤　余科杰著：《张澜评传》，群言出版社，2002年，第365页。

谁不要人民行使主权，谁就是反民主，谁就是国家的反叛，人民的罪人。"最后，他总结道："联络争取和平民主团体，扩大和平民主的运动，以达成民主统一，和平建国的目的，这是我们今后唯一的希望和任务。"⑥

此次张澜来上海的主要任务，就是召开民盟一届二中全会。在他和其他民盟盟员的积极筹备下，1947年1月6日至10日，一届二中全会在上海愚园路顺利召开，张澜在闭幕词中强调："我们为全中国人民争和平、团结、民主，我们负着为全中国人民谋福利的历史使命。要完成这个任务，我们就要从今天起，一定要把已被踩躏的政协精神，使他复活。我们坚决继续为政协精神而奋斗，这是我们同志间的唯一责任和努力方向！"

---

⑥民盟上海市委员会编：《民盟总部在沪活动纪实》，群言出版社，2011年，第159-163页。

愚园路 *1352* 弄 *5* 号楼

民盟一届二中全会旧址

——民盟的选择和坚守

坐落于愚园路的联安坊是一九二六年建造的砖木结构独立型花园住宅，整体建筑规划一，气派典雅，共有花园住宅四幢，前后各两幢，分列两侧。

在联安坊十一号（今愚园路一三五二弄五号楼）里，就曾召开过两次民主党派历史上具有里程碑意义的重要会议——民盟一届二中全会以及农工民主党第四次全国干部会议。

上海有一条横跨长宁、静安两区的著名马路——愚园路。《上海名街志》曾有记载:"1843年上海开埠后,帝国主义列强疯狂地扩张势力范围,自1861年起,租界当局强行在沪越界筑路。愚园路于1911年由公共租界工局部越界填浜筑路,以路东端常德路口的著名园林'愚园'命名。"①愚园路的兴起,始于20世纪二三十年代,因其沿着外滩的中心线西移,成为一条地价飞升之路,特有的地理位置和居住环境,吸引了许多富商巨贾和洋人。他们纷纷选择在愚园路上建造花园别墅和公寓住宅,使愚园路一带成为沪西高级住宅区之一。

坐落于愚园路的联安坊是1926年建造的砖木结构独立型花园住宅,整体建筑规整划一,气派典雅,共有花园住宅四幢,前后各两幢,分列两侧。前排(今5号、6号楼)每幢建筑面积为288平方米,后排(今7号、8号楼)每幢建筑面积为396平方米,总建筑面积1428平方米左右。建筑的外观形态为简化的古典样式,建筑主立面多为对称构图,横三段划分,两端凸出,平台栏板和水平檐口部位做雕饰图案处理。坡瓦屋顶,外墙面清水墙砖和粉刷相结合,房屋结构坚固。室内开间宽敞,柳桉木门窗地板,镂花护壁,彩瓷贴面壁炉、卫生设备齐全,装饰典雅。楼前的庭园内砌有花坛,以花木山石点缀。②

|原建筑平面图 源自《老上海百业指南——道路机构厂商住宅分布图》

① 徐锦江:《愚园路之由来》,《新民晚报》,2016年12月31日。
② 芦琳:《近代历史建筑保护改造中建筑文脉的延续——以上海愚园路1320弄-1352弄保护改造工程为例》。

| 民盟一届二中全会旧址——愚园路1352号5号楼

在愚园路联安坊11号（今愚园路1352弄5号楼）里，就曾召开过两次民主党派历史上具有里程碑意义的重要会议——民盟一届二中全会以及农工民主党第四次全国干部会议。

1946年对于民盟来说，是一个倍感兴奋却又极度失望的年份。在1946年1月召开的政治协商会议（即旧政协）上，民盟与中共进行了全方位的合作，不论是在出席政协会议的名额分配问题上，还是在政协会议议题上都有密切合作。结果就是迫使国民党接受了在当时有利于人民的《和平建国纲领》等五项政协决议，使和平民主建国成为可能。正如罗隆基与马歇尔谈话时总结道:"共产党的让步多,蒋介石的苦恼大,民盟的前途好。"[3]1946年5月,中华民族解放行动委员会(农工民主党前身)由重庆迁到上海,负责人章伯钧抵达上海后与王寄一、欧阳平、张耀明等人商议寻找中央机关办公用房,他们通过原上海警备司令杨虎的秘密帮助找到了联安坊11号。这里原本是一个汉奸的私房,按当时的法令应予以没收,抗战胜利后房主已经逃往外地,房子一直被一位商人占用。经商量,章伯钧以国民参议员的名义写信给"敌伪产业管理处",要求借用此房,并由陈长松、肖杰三次持杨虎名片直接与占房人交涉并要追究其隐匿敌产之责,最终争得这幢房子的产权。就这样,联安坊11号成为中华民族解放行动委员会的办公地点和章伯钧的寓所。

1946年6月,国民党悍然撕毁政协决议,全面内战爆发。此后,民盟和中共一起坚持政协决议,维护政协路线,抵制国民党召开的伪"国大",否认伪"宪法"。这引起了国民党对民盟的极大仇恨,国民党逮捕杀害了李公朴、闻一多、杜斌丞等民盟领导和大批盟员。当时,民盟的何去何从成为世人关注的焦点。1946年12月28日的《民主报》曾有这样的报道:"报纸不必说,街头巷尾,茶楼酒家,也都把话题从南京的'国大'转移到上海的'民盟二中全会'。" 1947年1月1日,民盟二中全会召开前夕,《文萃》发表《民盟的前途》一文,表达了对民盟的希望,"由此展望1947年,我们相信,民盟不但能掌固已有的基础,而且能使这一应该属于全中国人民的组织,加以扩大与深入,民盟是否能完成其在和平民主事业中的任务,为中国历史写下辉煌的一章,将视这次会议的决定以为断,将视民盟能否深入民间与人民相结合以为断"。[4]

---

③ 罗隆基:《从参加旧政协到参加南京和谈的一些回忆》,《我的被捕的经过与反感》,中国青年出版社,1999年,第237页。
④《文萃》1946年第12、13期合刊,1947年1月1日。

│上海愚园路联安坊11号，民盟一届二中全会旧址

　　面对国民党武力破坏政协决议以及中共的引导，民盟于1947年1月6日至10日在上海愚园路联安坊11号章伯钧寓所召开一届二中全会。会议在民盟中央主席张澜和中央常务委员会的主持下召开，出席会议的中央委员有张澜、沈钧儒、黄炎培、章伯钧、罗隆基、史良、张东荪、邓初民、鲜特生、周新民、李文宜、罗涵先等36人。会议由张澜致开幕词，接着听取了中央委员会政治报告和中央各部门的工作汇报，以及各地方总支部、支部的工作汇报，通过了《目前应采取的政治主张及行动的决议案》《拟定现况下的组织原则》和《政治设计委员会组织规程》等决议案。

　　据当时出席会议最年轻的罗涵先回忆，会议是在"饱满的政治情绪中举行的"。会议通过的《政治报告》在分析国内状况时沉痛指出："今天中国老百姓活不下去，做不了人，这绝对不是过甚其词的渲染。我们今天只好承认语言文字绝对不能描写出来中国社会的痛苦、凄惨与悲哀……中国通常有所谓'士农工商'各界。试问，今天哪一界的人，活得下去，做得了人？"公教人员"仰不足以事父母，俯不足以蓄妻子"，"寒无衣，饥无食，病无以医治，死亡无以葬埋。这是怎样的一个绝境？"在农村，"中央征兵征实，地方勒捐勒税，绑捉壮丁，竭泽而渔；搜缴实物，杀鸡取卵。少而强者死战场，老而弱者填沟壑。年不荒而饥，岁无灾而馑。鬻卖妻子，买者无人，典田当地，受者无主。倾家则无家可倾，破产则无产可破。这又是何等的凄惨！"二中全会着重分析了国民党发动全面内战后国内的政治形势和确定民盟对国是的方针。会议认为："国民党方面的好战分子迷信武力万能的错误政策，坚持武力接收政权，因此造成去年一年的战祸。"国民党的和谈是"以和养战"，共产党的自卫是"以战养和"。国民党支持的是一个"百孔千疮的政府，在经济破产的关头，还要进行内战，其势必愈战愈弱"，"必定是一个不可收拾之局"。而共产党则采取运动战和游击战的方针，已经消灭了国民党"军队的主力"，"中共必愈战愈强"。会议还认为：国民党召开一党包办的国民大会，彻底破坏了政治协商会议的协定，现在"又高谈要改组政府，要拉拢一二个小党派以成立所谓新的政府，要用这样一个政府来行所谓的宪政"，这"很明显是一党专政的伪装"，妄想以此换得"美国的支持"。"民盟对国是自然应该明是非辨曲直。是非曲直之间就绝对没有中立的余地。民主同盟的目的是中国

| 一楼会议室

建筑内景

的民主，是中国的真民主。民主与反民主之间，真民主与假民主之间，就绝对没有中立的余地。这是我们中国民主同盟坚定不移的方针。"

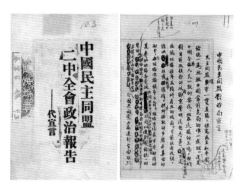

|民盟一届二中全会通过的《政治报告》和《时局宣言》

在分析形势的基础上，会议提出解决当前国是的四项具体主张：（一）努力促成国共和谈；（二）重新召开政治协商会议；（三）实行政协决议；（四）成立联合政府。⑤这既是民盟的宣言，更是民盟在风雨砥砺的时局中，不畏强权、不惜牺牲而坚守和贯彻的主张。也是继1946年12月31日，民盟总部郑重声明国民党"制宪"之举"没有人民的支持、法律的根据，它本身就是违法行为，民盟坚决抵制"之后，又一项态度坚决的声明。民盟中央主席张澜在致闭幕词时再次强调，"我们为全中国人民争和平、团结、民主，我们负着为全中国人民谋福利的历史使命，要完成这个任务，我们就要从今天起，一定要把已被蹂躏的政协精神，使他复活，我们决心继续为政协精神而奋斗，这是我们同志间的唯一责任和努力方向！"⑥

---

⑤《中国民主同盟历史文献1941—1949》，文史资料出版社，1983年，第284—288页。
⑥《中国民主同盟主席张澜在一届二中全会闭幕式上的闭幕词》，载《中国民主同盟历史文献1941—1949》，文史资料出版社，1983年，第291页。

在愚园路联安坊11号里召开的民盟一届二中全会以及1947年2月召开的农工民主党第四次全国干部会议，有力地推动了国民党统治区的反美反蒋斗争。也正因为民盟在中国两种命运决战的历史关头，做出了坚守政协阵地，与中共紧密合作的抉择，国民党视民盟、农工民主党等坚持在国统区进行公开斗争的民主党派为眼中钉、肉中刺，1947年6月1日，国民党动用大批军警在全国各大城市，对民主党派人士和进步师生进行大逮捕，并于1947年10月27日，悍然宣布民盟为"非法团体"；也正因为国民党的压迫，民盟终于1948年1月在香港公开宣布：放弃中间路线，与中共一起为彻底摧毁南京反动独裁政府，为彻底实现民主、和平、独立、统一的新中国而奋斗到底，做出了坚定不移与中共合作进而接受中共领导的历史选择。从此，民盟历史翻开了新页。

| 时任全国人大常委会副委员长、民盟中央主席蒋树声来沪参加民盟传统教育基地揭牌活动

| 现愚园路1352弄5号楼

2011年4月27日，民盟上海市委在民盟一届二中全会旧址举行传统教育基地揭牌仪式。时任全国人大常委会副委员长、民盟中央主席蒋树声来沪参加纪念活动，当他走进愚园路1352号5号楼，凝目沉思，动情地说："老建筑是有精神的。"

2021年2月24日，民盟上海市委在民盟一届二中全会旧址举行"不忘初心共筑梦，凝心聚力共前行"主题教育活动，重温历史，聆听《信念的坚守》主题报告，探讨民盟一届二中全会对当下的启示。

思南路 *73* 号
民盟机关旧址
——周公馆的峥嵘岁月

周公馆，位于上海思南南路七十三号，是一幢建于二十世纪二十年代初的西班牙式花园楼房，共有一底三层。在思南路各色洋房中，其他建筑都是三层，只有周公馆是四层。周公馆在一九五九年被列为上海市文物保护单位，并在一九七九年进行了修复，建立了纪念馆。一九八六年九月，作为中国共产党代表团驻沪办事处纪念馆对外开放。现已是全国重点文物保护单位。

思南路73号,中国共产党代表团驻沪办事处旧址

　　艰苦卓绝的抗日战争结束以后,国共双方旋即在重庆展开和平谈判。重庆谈判虽签订了《双十协定》,并进入停战状态,但在军事和解放区两个关键问题上未能达成协议。1946年5月5日,国民政府还都南京。为继续谈判,周恩来作为中国共产党的首席谈判代表,率领代表团到达南京。由于当时许多民主党派领导人及社会知名人士均居住在上海,中共中央决定,代表团也在上海设立办事处。周恩来致函国民党政府行政院院长宋子文,要求"在上海拨予房屋一幢",以便"筹备办事处"。但蒋介石却批示有关当局:"希予婉却。"①

　　事实上,周恩来对此并未抱太大希望,早在与国民党交涉前,就已派乔冠华和夫人龚澎到上海办理房屋租借。二人通过关系用6根金条租下了马斯南路107号(今思南路73号)的房屋。但国民党当局仍不同意将此地作为中共办事处。6月18日,董必武由南京来沪,了解这一情况后立刻表示:"不让设立办事处,就称周公馆。"四天后,即6月22日,马斯南路107号的门牌旁边就挂上了"周公馆"的户名牌,下镌一行英文"GEN. CHOW EN-LAI'S RESIDENCE"。时光荏苒,这块暗红色的户名木牌一直悬挂至今。

　　周公馆设立后,周恩来曾多次在此会见爱国民主人士、国际友人和举行中外记者招待会,积极宣传党的制止内战、主张和平的方针,广泛发展

①　陈燮君主编:《上海历史文物建筑》,上海人民美术出版社,2008年,第18页。

| 周公馆——思南路73号（1959年拍摄）

爱国统一战线。1946—1947年间，周恩来往返奔波于京沪两地，与上海的各民主党派、无党派人士，文教、工商界爱国人士及国民党上层进步人士广泛接触，团结一切可以团结的力量。每逢周恩来抵沪，周公馆便宾客盈门，高朋满座。宋庆龄曾亲临周公馆访问，郭沫若、张澜、沈钧儒、马叙伦、马寅初、黄炎培、许广平等大批爱国民主人士都曾应邀来过这里。田汉、阳翰笙、胡风、夏衍、秦怡等著名作家、艺术家和电影戏剧演员也经常应邀前来座谈。周恩来还曾在此接待美国总统特使马歇尔、加拿大和平人士文幼章、美国女记者安娜·路易斯·斯特朗等外国友人。周公馆一楼大客厅举办的中外记者招待会更是激动人心。与会的记者由于人太多，大客厅里坐不下，许多人就坐到一楼平常用来吃饭的廊厅里。因此周恩来总是站在大客厅通廊厅的门中间，一半身子在客厅，一半身子在廊厅，大门敞着，以便让尽量多的记者来参加。他努力通过中外记者之笔、之口，向全国、全世界阐述中共和平民主的各项主张，揭露国民党假和谈真内战、假民主真独裁的本质。

思南路，这条平素不为人熟知的小马路，开始悄然荡漾起一股活力。有活力，自然也引来了嗅觉敏锐的国民党特务的注意。1946年11月19日，周恩来返回延安，董必武全权负责"中共代表团驻沪办事处"的全部工作。1947年2月28日，国民党当局对周公馆实行"公开监禁"，限令中共代表团驻沪办事处于3月5日全部撤离在沪人员。[2] 3月1日，董必武主持召开最后一次党支部大会，3月5日，办事处全体成员撤离上海，周公馆完成了它的历史使命。

周公馆设此虽然不到一年，但它意味着一段中国共产党曾试图通过团结一切可以团结的力量，为避免内战而努力的特殊历史时期，为解放战争时期党的统一战线做出了极大贡献。

周公馆坐落于静谧的思南路，是一幢独立式花园住宅，与街区的另外22幢花园住宅一起建于20世纪20年代，为当时著名地产商义品洋行开发的高档房地产项目。这幢建筑砖木结构，西式风格，为法式花园洋房，先后被日占领军、国民党中央专员、民盟盟员、普通市民等居住过。毗邻的思南路71号建筑是纪念馆的业务办公用房。73号、71号两幢楼房全部占地面积2345平方米，建筑面积1049平方米。

周公馆坐北朝南，红漆大门，房屋红瓦砖镶嵌，局部作折屋檐，外墙上则镶嵌着光滑的鹅卵石与清水砖，局部墙面采用水泥拉毛饰面。一到夏天，整幢楼房掩映在浓绿的爬山虎丛中，显得幽静宜人，是前法租界西区优越生活的典型景象。楼房的南面，有一个占地一亩多的花园，花园的中间是一片正方形的草坪，草坪中央耸立着一棵与楼房一般高的百年大塔松，三面环绕着女贞、蜡梅、黄杨、冬青、玉兰、海棠、茶花等树木花卉。据说夏秋季节，用完晚饭，周恩来总喜欢在塔松下站一会儿。

思南路的各色洋房建筑均为三层，旧时，底层为传达室、厨房和汽车间。一层有周恩来和邓颖超夫妇的卧室、办公室、会客室和饭厅，朝南的一间面积约40平方米，是会客室，墙上挂着召开记者招待会使用的国民党军队进攻解放区的形势图；朝东的一间面积约14平方米，是周恩来的

② 乔金伯：《中共代表团驻沪办事处（周公馆）旧址纪事》，《上海师范学院学报（社会科学版）》，1980年。

工作室兼卧室,室内陈设非常简单,仅一张床、一套办公桌椅、一个书架和一个衣架,床上被子是办事处成立时发的,办公桌上是周恩来于1946年10月4日为上海各界人士举行李公朴、闻一多公祭时亲笔写的悼词和他阅读的一些书刊;中间的一间是饭厅,面积约20平方米,周恩来、董必武在这里与大家一起用餐。二、三层有董必武、乔冠华等人的卧室和办公室,以及男、女工作人员宿舍等,陈列着收音机、英文打字机、油印机和编辑出版的《新华周刊》等物品。

1959年5月26日,周公馆由上海市人民委员会公布为市级文物保护单位。1979年2月,经中共上海市委报请中共中央批准同意,修复旧址,恢复原貌,建立纪念馆。1982年3月5日,纪念馆实行内部开放。1986年9月1日起正式对外开放。2019年10月,被列入第八批全国重点文物保护单位名单。周公馆作为爱国主义教育基地,已经成为革命传统教育的重要场所,年参观人数20多万人次。2011年,民盟市委在周公馆挂牌"中国民主同盟(上海)传统教育基地",这里更成为广大盟员的教育阵地。

周公馆(中国共产党代表团驻沪办事处纪念馆)也是上海地区唯一一处保存完好并对外开放的周恩来纪念地。

周公馆与民盟的不解之缘

中国共产党代表团驻沪办事处设立后,周恩来、董必武等代表团成员与民盟盟员来往密切,于政治风雨中结下了深厚情谊。民盟中央主席张澜曾赴上海周公馆访董必武商谈时局,沈钧儒、柳亚子、张君劢、章伯钧、罗隆基、梁漱溟、史良等民盟先辈也都曾是周公馆的座上宾。

周公馆是解放战争时期中国共产党在国民党统治区的桥头堡,也曾经一度成为民盟机关办公地点。1947年春，国民党强令中国共产党驻南京、上海等地担任谈判联络工作的全体代表于3月5日前撤离，国共和谈的大门已彻底关闭，内战行将全面爆发。中共早前已预见到这一结果，邀请了民盟沈钧儒，民进马叙伦、许广平，民建黄炎培，以及无党派人士郭沫若等到周公馆，向他们分析了国共和谈以至整个战局的形势发展、中共的策略和措施，并希望各民主党派的朋友们也能有所准备，早作安排。这充分显示了中共对于民主党派和党外朋友的无比信任和亲切关怀。周恩来在离沪前夕，得知在《联合晚报》工作的民盟盟员陆诒已上了国民党的黑名单，他立即通过关系通知陆诒撤离上海去香港，还为其购好了去香港的船票，安排好了在香港的工作。

3月3日下午，董必武在南京电告时任中共代表团南京办公厅主任钱之光：中共在沪财产移交民盟保管，并由中共上海发言人陈家康通知国民党上海市长吴国桢。3月4日，周恩来致电民盟中央主席张澜，商请民盟代管中共在沪、宁、渝等地的财产。当晚6时，张澜、黄炎培电约陈家康至永嘉路321弄8号张澜寓所商谈财产移交之事。3月17日，民盟中常委沈钧儒、罗隆基前往国民党上海警备司令部洽谈代管周公馆的财产事项。

两天后，原中共代表团驻沪办事处由民盟接受代管，民盟副秘书长周新民点收了中共在沪的全部财产。中共代表团留下了他们几乎全部的财产，从周恩来乘坐的轿车到折叠整齐的衣袜被单，样样齐全。董必武还特地关照即将来沪的民盟中央委员冯素陶，请他将摆放在客厅里的一个配有木架、玻璃罩的淡绿茶色如意转交沈钧儒。当晚，周新民等迁入居住。

从此，周公馆成为民盟总部机关。这幢小楼接待了无数民盟的先辈，举行过民盟的各种集会。在那段岁月里，民盟的先辈们，或是蜚声沪上的大律师，或是名扬海外的大学者、大教授，可为了早日实现国家的和平、统一、团结、民主，先辈们"捐躯赴国难，视死忽如归"，与共产党人一道披荆斩棘、赴汤蹈火，庄严宣布"愿在中共领导下，献其绵薄，贯彻始终，以冀中国人民民主革命之迅速成功"。工作之余，周新民还在此奋笔撰写《新中国大学丛书——法学新论》，成果丰硕。民盟中央组织委员会副主任辛志超和《民主报》老编辑陈新桂等同志也居住在此，为民盟事业辛勤伏案。

对于那些在周公馆工作过的民盟盟员来说，当年的经历终生难忘。20世纪80年代，曾驾驶过周恩来乘过的那辆汽车的朱辛愉动情地说：

> 我曾由民盟组织决定进盟机关，在马斯南路107号搞总务工作，管理前中共代表团办事处及朱葆三路《新华日报》社房屋等事。住机关的有罗隆基、周新民、李相符、李文宜、辛志超、韩兆鹗、闵刚侯、何思贤、陆钦墀、陈新桂、黄植等同志。这一段时期，同志们生活在紧张环境中，工作是很艰巨的，往往开会研究工作到深夜，不断和张澜主席、史良大姐、沈钧儒老、黄炎培老、章伯钧等密切联系。记得在李、闻追悼会时，沈衡老（按：指沈钧儒）亲自写过一联"一个人倒下，千万人站起"张挂在机关作为同志间共勉。后来，民盟总部即被迫解散，衡老亲自把这张挂联取下。

中共代表团虽已撤离，国民党当局却没有因此放松对周公馆的监视，他们派人在对面的原上海妇幼医院楼内继续窥视周公馆内的一举一动。1947年10月1日，国民党政府新闻局长董显光宣布民盟是"中共之附庸"。10月7日，国民党当局公然枪杀了民盟中央常委兼西北总支主任杜斌丞。10月13日，"中国文化界戡乱救国委员会"诬蔑民盟参加"叛乱"，"应与共匪同在讨伐明令之列"，民盟危在旦夕。

10月17日，民盟上海市组织转入地下。10月25日，国民党警官闯入周公馆进行"查视"。第二天，辛志超约见工作人员孙桂梧，请他保管全国盟员名单和其他重要档案。10月27日，国民党当局宣布民盟为"非法团体"，两天后即派员接收周公馆。当时周新民因遭特务搜捕被迫隐蔽，沈钧儒毅然承担了出面点交的任务。从此，周公馆落入国民党手中。然而不到两年，国民党政权土崩瓦解，周公馆又回到人民的手中。

9个月，这是周公馆的"中共驻沪办事处时间"；7个月，这是周公馆的"民盟时间"。周公馆，曾在黑暗的旧上海成为人民心中的一盏明灯，成为一座民主的堡垒。它见证了时代的风云际会，见证了中共和民盟风雨同舟的历史写照，那些曾经的故事已镌刻在历史的巨石上，通过小楼的一砖一瓦、一桌一椅向人们静静诉说。

【 参考文献 】

(1) 中国民主同盟上海市委员会：《同舟共济民盟与中共合作研究》，上海三联书店，2017年版。

(2) 王海波：《回眸岁月的痕迹》，上海三联书店，2016年版。

(3) 《张澜文集》，四川教育出版社，1991年版。

(4) 王海波：《民盟代管周公馆》，《世纪》2007年第4期。

(5) 《人民总理周恩来 周恩来研究资料索引上》，红旗出版社，2002年版。

(6) 《人民总理周恩来 周恩来研究资料索引下》，红旗出版社，2002年版。

龙华西路 **180** 号
龙华烈士陵园之民盟烈士
——丹心沥血慨以慷

龙华烈士陵园坐落在上海市西南的龙华古镇，面积十九万平方米。它建成于一九九五年，是一座设计新颖、规模宏大、功能齐全的烈士陵园。

在龙华烈士陵园，有八位民盟烈士也埋葬于此，他们是李公朴、曾伟、赵寿先、虞键、郭莽西、焦伯荣、郑显芝、刘启纶。

龙华烈士陵园坐落在上海市西南的龙华古镇，面积19万平方米。它建成于1995年，是一座设计新颖、规模宏大、功能齐全的烈士陵园。它是全国重点烈士纪念建筑保护单位、全国爱国主义教育示范基地和上海市青少年教育基地。

龙华烈士陵园的建筑

龙华烈士陵园的主体建筑由入口广场、园名牌楼、纪念碑、纪念馆、烈士纪念堂和烈士墓地等纪念建筑组成。入口广场上巍然耸立着一座用天然石块堆砌而成的巨石，名为"红岩石"，它以特定的思想意蕴点出了陵园的纪念主题。园名牌楼沿用中国传统的建筑式样。园名由邓小平题写。纪念碑坐落在陵园南北、东西轴线的交汇点，是陵园的轴心。碑阳镌刻江泽民题词"丹心碧血为人民"，碑阴镌刻中共上海市委、上海市人民政府署名的碑文。由陈云题写馆名的龙华烈士纪念馆是陵园的中心建筑，它高36米，建筑面积10000平方米，其造型别具一格，素红色的花岗岩和湛蓝色的幕墙玻璃虚实对比，给人以强烈的时空感。纪念馆内设有近5000平方米的基本陈列厅和600平方米的专题陈列厅。

烈士墓区由烈士纪念堂、烈士墓和无名烈士陵组成，安息着近1700位革命烈士。烈士墓为面向东南的月牙形坡地，环抱呈圆形的烈士纪念堂，共同组成意为"日月同辉"的建筑造型。无名烈士陵在陵园主轴线的最北端，由长明火相伴。昼夜燃烧的火焰，象征着烈士们生命之火不灭和革命精神永驻。

纪念雕塑和碑苑是陵园的两大艺术景观，与纪念建筑相得益彰。星罗棋布、散列满园的10组纪念雕塑，皆出自国内当代名家之手，雕塑内容取自上海百多年来的重大历史题材。龙华碑苑位于陵园的东段，其间设有碑亭、碑廊、两座50余米长的碑壁和数以百计的天然石林造型碑刻。碑苑镌刻李大钊、蔡和森、瞿秋白和鲁迅等创作的诗文90余首，楷、行、隶、草、篆等字体风格各异的书法艺术和烈士诗文珠联璧合，相映成辉。龙华碑苑极富大地艺术风格，翠竹雅书，别具天趣。此外，陵园还有游憩区、青少年活动广场等不同区域，使人们在瞻仰缅

| 红岩石

怀英烈的同时，又沉浸在文化和艺术的氛围中。陵园的绿化面积达13公顷以上，种类繁多的花卉树木遍及各处，大块的草坪，大面积的松、柏、樟、桃花、桂花、杜鹃等片林，使陵园美不胜收。

龙华革命烈士纪念地由原国民党淞沪警备司令部旧址和龙华革命烈士就义地两部分组成。现已修复的有国民党淞沪警备司令部旧址、男女看守所、就义地等处。1927年至1937年间，国民党反动当局在这里关押、杀害了数以千计的共产党人和革命志士，其中有宣中华、孙炳文、陈延年、赵世炎、罗亦农、彭湃及"龙华二十四烈士"等。在看守所的墙上，留下了革命者用鲜血写成的诗句。

1988年，龙华革命烈士纪念地由国务院公布为第三批全国重点文物保护单位。

在龙华烈士陵园，有八位民盟烈士也埋葬于此，他们是李公朴、曾伟、赵寿先、虞键、郭莽西、焦伯荣、郑显芝、刘启纶。

李公朴：民盟早期著名社会活动家

李公朴（1902—1946年），原名李永祥，字晋祥，号朴如。原籍江苏省武进县湖塘桥，1902年11月26日在淮安出生。伟大的爱国主义者，坚定的民主战士，杰出的社会教育家，中国民主同盟早期著名社会活动家。1944年加入中国民主同盟，1945年任民盟中央执行委员。1946年7月11日在云南昆明遭国民党特务开枪暗杀，次日凌晨伤重牺牲。

1930年11月，李公朴结束留学生涯回到上海。当时日军步步紧逼，国事岌岌可危，他满腔热血投入各种救亡活动。

1936年5月，全国各界救国联合会成立，李公朴被推为负责人之一。同年11月，国民党反动派竟将他与沈钧儒等六人逮捕入狱，制造了震惊中外的"七君子事件"。宋庆龄、何香凝等发动救国入狱运动，中外电报声援纷至沓来。1937年7月31日，被羁押八个多月的"七君子"终于被交保释放出狱。

抗战全面爆发后，李公朴积极投身于抗日民主运动。在山西，经周恩来决定，李公朴担任"民族革命战争战地总动员委员会"委员兼宣传部部长，开展统一战线工作。同时创办了由他担任社长的"全民通讯社"，为抗战宣传教育及推动统一战线工作四处奔波。1937年11月，他与沈钧儒等积极筹建全国抗敌救亡总会，12月，又和沈钧儒一起创办《全民周刊》，并成立了全民通讯社总社。1938年1月，李公朴应山西阎锡山之邀，到山西临汾创办民族革命大学，被委任为副校长，聘请一些进步学者、教授到民大任教。7月，为动员全民抗战，他将《全民周刊》与邹韬奋主编的《抗战》合刊为《全民抗战》。

1941年6月，李公朴抵达昆明，他创办了北门书屋和北门出版社，销售和出版进步书刊。出版社先后出版了各类进步文艺读物30余种，并在地下印刷厂翻印了毛泽东的《新民主主义论》《论联合政府》、朱德的《论解放区战场》等。1943年夏，李公朴加入中国民主同盟，被选为民盟云南省支部执行委员，并担任《民主周刊》的编委工作。1945年，在中国民主同盟临时全国代表大会（即民盟一大）上，他当选为中央执行委员和民主教育委员会副主任。12月，全国各界救国联合会召开会员大会，改名为中国人民救国会，他被选为中央常务委员。

1946年2月10日，重庆各界在较场口举行庆祝政治协商会议胜利闭幕大会，他担任总指挥。会上国民党特务进行破坏，制造了"较场口血案"，李公朴和郭沫若等人被特务殴伤，周恩来曾前往医院探望。此时，他已遭到特务的严密监视，反动派对他和其他民盟领导人不断进行造谣中伤和威胁恐吓。在云南警备司令部所拟的逮捕、暗杀民盟负责人黑名单上，李公朴被列为第一名，闻一多为第二名。但他争取和平民主的决心愈加坚定，他说："我两只脚跨出门，就不准备再跨回来！"

1946年7月11日晚，李公朴携夫人张曼筠乘公共汽车返回住所，在青云巷下车后，沿学院坡左侧斜坡小巷行走，被尾随多时的国民党特务枪击，抢救无效，于次日凌晨5时20分牺牲。李公朴牺牲后，毛泽东、朱德联名发表唁电："先生尽瘁救国事业与进步文化事业，威武不屈，富贵不淫。今为和平民主而遭反动派毒手，实为全国人民之损失，抑亦为先生不朽之光荣。"

李公朴牺牲后，昆明有他的衣冠冢，他的骨灰由他夫人送回上

海，安葬在虹桥公墓，后迁入上海市烈士陵园，1992年上海市烈士陵园并入龙华烈士陵园，李公朴墓也一并迁入。

曾伟：成功策反国民党军队起义

曾伟，1912年生于广东省惠阳县。初中时丧父母，自学成才。他自幼受革命影响，1935年参加中华民族解放行动委员会（后改称中国农工民主党）。1942年参加中国民主政团同盟（后改称中国民主同盟）。同年春，国民党反动派密令逮捕曾伟，他被迫逃往桂林，一面卖文为生，一面学习马列主义。此时，他参加了民盟桂林小组的活动。

1944年，日寇进犯湘桂，曾在"一·二八"淞沪抗战中战功显赫的前十九路军名将张炎将军决意回到家乡广东南路组织旧部，发动民众抗战。曾伟闻此消息，在民盟组织的支持下，毅然告别临产的妻子，前往吴川协助张炎策划武装起义，发动民众组织"南路人民抗日军"。

1945年抗战胜利后，国民党反动派加紧对粤南人民武装扫荡。曾伟被迫转移至香港，从事文化新闻事业，担任《人民报》及《中华论坛丛刊》编辑。他参加筹建港九民盟组织，并担任民盟总部组织委员会委员、南方总支部执行委员兼港九支部委员会副主任。（他也是农工民主党党员，担任农工中央组织部副部长、农工华东局委员。）

1946年冬他离港赴沪。1947年底以后，上海民盟及农工民主党转入地下活动，他担任策反蒋方军政人员的具体工作，经常深入基层工作。他对学习也不放松，与同志互相鼓励，学习马列主义。1947年，民盟在上海召开一届二中全会，他代表港九支部列席会议，并在会上汇报工作。后因反动派当局追捕，上海无法安身，他又重返香港。

曾伟坚决反对蒋介石发动内战，积极配合中共进行策反国民党军队的工作。1947年8月，伍旭由中共华东局联络部派遣到驻扎在沂蒙地区的六十五军去策动蒋军起义，他接受任务后，立刻想到老战友曾伟。请他帮助策动六十五军武装起义。曾伟多次与六十五军军长李振、副军长李明谈话，劝他们认清形势，脱离国民党反动集团，投向人民。后来，六十五军在李振军长的率领下，在四川全军武装起义。曾伟还指示六十五军炮兵营长吴应朝利用参加在重庆办的国民党陆军大学特别班（学员大部分是将官）的机会广泛结交高级军官，为解放西南做准备，在解放军进军西南时，争取了罗广文兵团、辎汽三团以及川军的一些部队参加起义。

1949年3月29日，在上海组织方面函电相催下，曾伟由香港转广州飞上海。4月5日，他和刘启纶来沪与虞键、申葆文等华东局领导人在山阴路恒盛里47号研究策动芜湖、太湖地区国民党军队起义一事。会后在路上曾伟和虞键边走边谈，商量工作，不幸被国民党鹰犬侦悉，片刻之间被蜂拥而上的军警抓获。在这危难时刻，他们立即向走在前面的同志发出信号，使他们得以脱身，而刘启纶则在恒盛里47号同时被捕。

曾伟被捕后，立即销毁了随身携带的文件，保全了上海、广东等地的党组织。他受尽了严刑拷打，始终坚强不屈、大义凛然，在狱中还带领狱友读书、唱歌，互相勉励，增强革命信心。

5月21日，曾伟和虞键、刘启纶等人一起被押往宋公园（今闸北公园）刑场，壮烈牺牲。

赵寿先：广泛宣传共产党政策

赵寿先，又名赵毅、刘志宏，著名爱国民主人士、学生运动领袖、民主革命战士。积极组织、参加进步学生运动和革命斗争，发起成立中大"工社""新青联"等青年学生组织，推动"五二〇"学生大游行。

1945年，赵寿先加入中国民主同盟，密切配合新青社开展学生运动。1947年，赵寿先经介绍加入中国共产党，并担任新民主主义青年联盟（简称"新青联"）主任委员，积极配合地下学联开展活动。

在赵寿先等同志的领导下，新青联积极配合地下学联开展活动，在青年群众中以校友会等形式组织读书会、诗歌社等学术组织，成员积极参加各种进步团体，以墙报、漫画、歌咏等形式进行革命宣传，还通过举办进步人士讲课、召开座谈会、举行聚会和活动来配合各地青年学生的民主运动。1948年初，为了适应形势，广泛宣传中国共产党的政策，赵寿先等人秘密出版了《新青联丛刊》在青年团体中散发，先后共出了十几期。1948年5月，民盟上海市支部主办的盟内刊物《沪盟通讯》复刊，秘密发行，赵寿先极其认真负责地担任编辑工作，直至被捕。

1948年9月，上海利群书报社从香港订购的一批进步书刊在海关被上海警备司令部稽查处查获，并由此顺藤摸瓜发现了上海地下学联的秘密发行点黄河书店，从而暴露了新青联的组织和成员。10月31日清晨，特务在侦悉赵寿先的住址后，立即将他逮捕。他们万万没有想到，赵寿先悄悄把镜片掰成两半，吞进腹中，以至喉舌被割，鲜血淋漓。十几天以后，特务不等赵寿先痊愈，就把他押回到特务机关。敌人为了及早获得口供，用尽各种酷刑逼供。赵寿先保持了崇高的革命气节，在敌人的严刑拷打下，始终不屈服。在传给好友的一张纸条上写着："我被捕，受酷刑，一度自杀未果，恐续受刑，生死未卜，无畏，望勇敢生活，我没有了泪，只有满腔怒火。"

赵寿先趁看守特务不备的一瞬间，从三楼窗口纵身跳出，壮烈牺牲，年仅25岁。

虞键：策反国民党队伍起义成功

虞键，又名祖稿，别名金阶、史明、思明、于介，浙江省诸暨县人，1920年10月14日出生于泌湖乡黄泥宫一个佃农家庭。由于家境贫困，靠亲戚资助，虞键得以从诸暨上北小学毕业。后曾先后考入觉师和省中，均因家贫而辍学。他聪颖好学，刻苦自修，涉猎颇广。1938年7月，抗日战争全面爆发后，虞键投笔从戎。第二年夏，他调到诸暨县战时政治工作队（政工队），后又调任牌头区队长兼民教馆长。政工队是国共两党第二次合作后浙江唯一的政治抗日队伍，共有队员一百多名，实际领导者大多是中国共产党派出的得力干部，共产党员和进步青年占全队的十之七八，后来从中涌现出一大批革命干部。虞键置身其中，他废寝忘食，夜以继日，大张旗鼓地宣传中国共产党抗日民族统一战线的主张和政策，又积极组织训练土枪队。

1939年4月，经钱絮白、钟少白介绍，19岁的虞键被正式批准加入了中国共产党，虞健是民盟、中共双重身份。不久他被派任为牌头区队的党、团负责人兼区委宣传委员、统战部长。

为策动国民党军政人员弃暗投明，虞键和民盟上海市第一区部主任申葆文（解放后曾任农工党上海市工作委员会主任委员）、复旦大学严北溟教授（民盟盟员）一道，配合万云（农工党华东局委员）做国民党联勤总部被服厂少将厂长周济文的工作，说服他拒绝执行上级把机器运往台湾的命令。他还派边美棠（民盟盟员）返回诸暨，专做诸暨县县长张勤生的工作，敦促张向人民解放军投诚。同时他还委托严北溟、夏启阳等人做东阳县县长祝更生的开导工作，促其早日起义，终于获得成功。虞键又配合农工党江苏省党部章师明等做国民党江防司令部江阴炮台军官吴钟奇的策反工作，促其在大军过江时阵前起义，为中国人民解放军横渡长江让出通途，此举又获成功。虞键还派倪伟思去南京做国民党军统特务关垔坤的工作，敦促其弃暗投明，主动交出了敌特名单、敌台呼号及发报机等；关所提供的情报，虞键立即送给中共华东局领导人。虞键还派任建树去东阳搞策反工作，派程可超到常州当地搞策反工作，以后由于虞键的不幸被捕，与他们的联络遂告中断。

1949年4月5日，虞键与曾伟、刘启纶、申葆文、倪伟思在山阴路恒盛里商议策反国民党地方武装，分手后，在溧阳路口被特务逮捕。

5月21月在闸北区宋公园被国民党杀害，壮烈牺牲。

郭莽西：争取警员配合上海解放

郭莽西，著名教育工作者，爱国民主人士。他以笔为刀，积极宣传民主进步思想，支持思想进步的青年学生参加革命，投身到救国救民的时代浪潮中。

博学多才的郭莽西曾在多所大学任教，在讲课时针砭时弊，痛斥日本帝国主义的侵略，批评国民党政府的腐败统治，向往中共领导下的革命圣地延安。抗战胜利后，郭莽西在上海大厦大学执教，并参加了中国民主同盟。为了便于以合法身份配合共产党开展地下斗争，他设法赢得上海铁路局和局警务处的信任。经农工党组织同意，郭莽西应聘任上海铁路局警务处"督察专员"一职，但不领薪金。于是，郭莽西如鱼得水，充分利用给警员和铁路员工辅导讲课的机会，讲孙中山先生的总理遗教，揭露蒋介石撕毁"双十协定"、发动反共反人民内战的真相。

1949年春，为迎接上海解放，郭莽西写了一篇《告上海同胞书》，号召市民保护好大上海，迎接解放。这引起了国民党特务的极度恐慌和仇恨，3月底郭莽西受命立刻设法联络铁路局有觉悟的警务人员，组织大家采取预防措施，阻止国民党反动派一旦在溃退时，可能狗急跳墙，破坏北火车站的建筑设施，盗走军需品和民用物资。5月10日，特务对郭莽西实施抓捕并秘密关押。从被捕到牺牲的短短10天中，郭莽西遭6次提审，多则10小时。每次提审，特务们在他的手指、脚趾上插入锋利的竹签，并用钝器将他的牙齿砸落，企图从他口里得到线索，抓捕更多的革命志士。而郭莽西面对敌人的心狠手辣，面对敌人得不到丝毫口供的暴跳如雷，面对随之而来变本加厉的酷刑，痛快淋漓地揭露黑暗，痛斥反动，显示了一个革命者大义凛然的气概。郭莽西抱定主意，依然想办法保护此前已经被捕的原农工党上海市党部主任委员曾伟等同志，宁可像特务所说的"吃亏"到底，即便被杀头，也绝不屈服。最终于闸北宋公园英勇就义。

结语

　　早在1950年，上海市人民政府就指示建立上海市烈士公墓，为各个革命历史时期中英勇牺牲在上海的烈士修建纪念场所。1958年后，上海市人民政府将分散在虹桥、江湾、大场等处的烈士墓，集中迁移到龙华公墓内安葬，并将龙华公墓改建为上海市烈士陵园。

　　1990年，龙华烈士陵园建设工程正式启动；1992年7月，中共上海市委再次研究了龙华烈士陵园的续建项目，决定将上海烈士陵园迁入龙华烈士陵园一并建设。民盟烈士李公朴、曾伟、赵寿先、虞键、郭莽西、焦伯荣、郑显芝、刘启纶的墓地也从上海市烈士陵园迁入了龙华烈士陵园，他们永远在这里安息了。

延安中路 *1000* 号
上海中苏友好大厦
与一段科学佳话

在上海延安中路一〇〇〇号，矗立着一座庄严宏伟、气势磅礴的俄罗斯古典主义风格的建筑物，一九五五年落成时，它叫上海中苏友好大厦。一九五七年七月七日，中国民主同盟杰出的领导人、著名遗传学家谈家桢在此受到了毛泽东主席的接见，谱写了一段中国遗传学事业发展史上的科学佳话。

在上海延安中路1000号，矗立着一座庄严宏伟、气势磅礴的俄罗斯古典主义风格的建筑物，1955年落成时，它叫上海中苏友好大厦。它与北京苏联展览馆、广州中苏友好大厦、武汉中苏友好宫三座一样由苏联专家援助建设的展览馆，因举办"苏联经济及文化建设成就展览会"而闻名于世，成为中苏两国友好交往的见证。1957年7月7日，毛泽东在此接见了中国民主同盟杰出的领导人、著名遗传学家谈家桢，谱写了一段中国遗传学事业发展史上的科学佳话，值得我们去回味咀嚼。

上海中苏友好大厦的兴建

1949年10月3日，中国与苏联正式建交，苏联成为第一个承认中华人民共和国的国家。1954年5月，在苏联专家的援助下，上海中苏友好大厦开工建设，这是在毛泽东"要学习苏联"号召下的一个重要工程，也是新中国成立后上海规模最大的文化建筑工程。

上海中苏友好大厦选址在哈同花园旧址（今延安中路1000号），由当时的苏联中央设计院和华东工业建筑设计院联合设计。

中苏友好大厦占地0.93公顷，建筑对称布局，主体与两翼围合成宽阔的广场，从南面入进厅，再进入拱形的中央大厅，两翼是展览空间。大厦中心的塔楼是整个建筑的高潮，两层围廊托起鎏金塔尖，顶点高度达106米。大厦北部中央也是巨柱门廊的宏伟入口，而两边连廊前，还有绿树成荫的开敞庭院。

当时上海中苏友好大厦设计建造过程中有一点最为人称道，就是"不打桩的基础"，这是苏联专家郭赫曼在仔细考察上海地质土壤后，做出的一个卓越设计。上海地处长江出海口平原地区，由于是冲积层的土壤，土质较松，以往认为建设高楼大厦都要靠打桩来做支撑。郭赫曼认为即把中苏友好大厦25000多吨重的中央大厅放置在一个箱形基础上，而不需要打桩。箱形基础是用钢筋混凝土浇筑而成，是一个边长46米正方形，高7.37米，底厚1米的箱形结构，箱子里又有隔墙纵横相连，使之成为刚性很大的结构形式，这样可避免不平均的沉降。

整座大厦最令人瞩目的就是中央大楼铁塔上的红五角星，红五角星标高110.4米，是当时上海市建筑物的顶峰。据当时《解放日报》介绍，铁塔和红五角星均由华东建筑模具厂制作，其中红五角星自重有一吨多，是全上海建筑物的最高点。1954年10月国庆期间，红五角星首次被点亮，照耀上海。此后，这颗红五角星代表上海建筑的制高点，成为上海城市的重要景观，上海中苏友好大厦也成为上海的标志性建筑。

这项工程聚集了当时全国最优秀的建筑力量，调动了上海以及北京、山东、浙江、辽宁等地的建筑技术力量，施工高峰时人数达4845人。施工期间，上海有6000余名青年组成青年突击队参加了义务劳动。在苏联专家的直接指导下，我国的工程技术人员和各类工种的工人，劳动热情高涨，积极开展创造性工作，取得了"不打桩的基础""简便的高空作业""架空脚手和活动脚手""沥粉彩画和鎏金"等不少工程建设上的新成就。

1955年3月15日，苏联经济及文化建设成就展在上海中苏友好大厦正式开幕，苏联驻中国特命全权大使尤金、上海市副市长潘汉年等出席了开幕典礼并讲话。

上海中苏友好大厦是建国后上海兴建的第一座展览馆，此后成为上海举办重要展览会的第一选择。在随后几年里，捷克斯洛伐克、日本、罗马尼亚、德意志民主共和国、苏联、丹麦等国都曾在此举办过各类展会，涉及经济、文化、科技等诸多领域，成为上海市民学习先进、了解世界的重要窗口。

中苏关系恶化后，1968年5月，上海中苏友好大厦改名为上海展览馆。1984年更名为上海展览中心，沿用至今。

毛泽东与中苏友好大厦

　　中苏友好大厦落成后，成为上海当时规格最高的展览中心，同时也是最为重要的公共文化场馆，举办过许多重大的外事、政治活动，在很长一段时间里都是上海重要的政治、经济、科技、文化、旅游活动中心和对外交往的窗口之一。

毛泽东在上海的许多行程便安排在中苏友好大厦，或是举行座谈会，或是发表重要讲话，或是观看文艺演出。据相关文献记载，毛泽东第一次前往中苏友好大厦是在1955年9月，当时接见了上海新安电机厂私方代表孙鼎等一些公私合营厂的私方代表。

1956年1月9日，毛泽东由杭州来上海，在中苏友好大厦接见了上海文化、教育、科技界40多位代表。陈毅向毛泽东介绍了苏步青等人。毛泽东握着苏步青的手亲切地说："我们欢迎数学，社会主义需要数学。"

1956年1月10日晚，上海各界民主人士共70余人出席了欢迎毛泽东的座谈会。毛泽东接见了盛丕华、胡厥文、荣毅仁等一批工商界著名人士，对资本主义工商业的社会主义改造问题进行座谈。

1956年2月，毛泽东在上海中苏友好大厦出席宴会，祝贺上海工商企业公私合营胜利完成，并观看了演出。

1957年3月20日，毛泽东乘专机从南京到上海。当晚，毛泽东在上海中苏友好大厦友谊电影院召开的上海市党员干部大会上作关于正确处理人民内部矛盾的宣传报告。

1957年7月7日晚，毛泽东在柯庆施、陈丕显、曹荻秋等人陪同下，在上海中苏友好大厦接见上海科学、教育、文化、艺术和工商界代表人士，民盟盟员谈家桢、李锐夫、应云卫、丁善德、钱宝钧、傅子琛、蒋学模、李国豪、王元美等36人参加座谈。在座谈会上毛泽东谈及了过去党在延安时的整风、上海反右斗争、高等教育和消灭血吸虫病等问题。王元美回忆说："毛主席面带微笑，谈笑风生。我还记得他说'你们上影厂里有个吴茵（民盟盟员），听说她是东方第一老太婆，现在被打倒了，她还可以站起来嘛，你们要帮助她呀'。"谈话后，毛泽东和出席座谈的人员一起观看越剧《杜十娘》。

1957年7月8日晚，毛泽东在上海中苏友好大厦友谊电影院召开的上海各界人士大会上发表讲话。

1958年9月21日，毛泽东由安徽来到上海。当晚，毛泽东由柯庆施等陪同，在中苏友好大厦友谊电影院观看文艺演出。

1960年5月，毛泽东在上海中苏友好大厦友谊电影院观看了上海儿童艺术剧院的演出，并上台和小演员及工作人员握手。

1961年5月1日晚，毛泽东在中苏友好大厦接见了上海市各民主党派组织的负责人和科技、文化、教育界的代表，并出席了"上海市各界人民庆祝五一国际劳动节联欢晚会"。

毛泽东四次接见谈家桢

谈家桢（1909—2008年），浙江宁波人，曾任民盟中央副主席、民盟上海市委主委。国际著名遗传学家、中国现代遗传学奠基人、教育家。1930年本科毕业于东吴大学生物系，后获洛氏基金会奖学金，入燕京大学攻读硕士学位，师从著名遗传学家李汝祺。1934年留学美国，师从诺贝尔奖获得者、基因学说创始人摩尔根和杰出遗传学家、现代综合进化论创始人杜布赞斯基，获博士学位。后受浙江大学校长竺可桢之邀，回国从事科研教学工作，被誉为"中国的摩尔根"，为中国遗传学事业的建设和发展做出了突出贡献。

关于中国遗传学事业的发展，谈家桢曾回忆道：

建国前，这门学科在经典遗传学研究和农业育种方面的工作具有一定的基础。新中国成立后，遗传学虽有一定的发展，但曾两度险遭灭顶之灾，致使这门学科在我国的发展元气大伤。

在中国遗传学发展遭受的两次厄运中，第一次危机是指建国初期全面学习苏联，片面宣传苏联的科学成就，特别是在遗传学领域出现极"左"

倾向，照搬苏联的一套，宣传米丘林遗传学，对正统的遗传学贴上反动的标签，对当时许多优秀的遗传学家加以迫害，批判遗传学是伪科学。第二次危机是指"文化大革命"中，中国的遗传学事业遭到灾难性打击。

正是在毛泽东的关心和支持下，中国遗传学才慢慢一步一步走出厄运。1957—1961年间，毛泽东曾四次接见谈家桢。"文革"发生后，毛泽东专门点名"解放"谈家桢，甚至在晚年病中还关心着谈家桢、关心着中国遗传学的发展。

1957年3月6日至13日，谈家桢作为党外代表出席了在北京中南海怀仁堂召开的中央宣传工作会议，其间谈家桢第一次受到毛泽东的接见，两人交谈了遗传学研究的问题。据《毛泽东年谱》记载，毛泽东接见谈家桢的会议是3月13日晚在中南海颐年堂召开的科学工作者座谈会，与会的人除谈家桢外，还有郭沫若、童第周、钱三强、潘梓年、向达、费孝通、沈志远、翦伯赞、张劲夫、于光远等。谈家桢向毛泽东汇报在百家争鸣方针指引下，青岛遗传学座谈会上不同的学派敢于各抒己见时，毛泽东异常高兴，并鼓励他说："一定要把遗传学研究工作搞起来，要坚持真理，不要怕。"并且一针见血地指出："过去我们学习苏联有些地方不很对头，现在大家搞嘛，可不要怕。"这是毛泽东针对当时苏联错误地对待遗传学的不同学派，为发展我国遗传学所作的极其重要的指示，极大地鼓舞了谈家桢。此后，谈家桢所属的摩尔根学派遗传学也得以继续研究和开课。

1957年7月7日晚，毛泽东第二次接见了谈家桢，会谈安排在上海中苏友好大厦，当时一同参加座谈的还有来自上海科学、教育、文化、艺术和工商界代表人士等36人，其中民盟盟员占了四分之一，有谈家桢、李锐夫、应云卫、丁善德、钱宝钧、傅于琛、蒋学模、李国豪、王元美9人。据谈家桢回忆，当天毛泽东一见到他就热情地说："老朋友啦，谈先生！"接着毛泽东鼓励谈家桢，要在反右派斗争中站稳立场，坚决反击右派向党的猖狂进攻。1957年6月，全国性的"整风""反右"运动开始，谈家桢发表了一些关于遗传学方面的争鸣文章，被一些人认为是"反党""反苏"的，因此他被划为"内定右派分子"，搞得很紧张。毛泽东一语双关地说："辛苦了，天气这么热，不要搞得太紧张！"那时正是反右斗争进入高潮时，正是因为与毛泽东的这次会面，使得谈家桢最终没有被打成右派，平安涉险。

毛主席7月7日在上海中苏友好大厦接见上海科学、教育、文学、艺术和工商界代表人士。毛主席和他们亲切交谈，新华社记者的报道载于1957年7月11日《人民日报》第1版。

1958年1月5日，毛泽东在杭州刘庄，邀请周谷城、谈家桢、赵超构三人从上海到杭州聚谈，进行了一场世人称道的毛泽东"既问苍生又问学问"的"西湖夜话"。谈话时间从凌晨零时三十分开始，谈话内容涉及逻辑学、遗传学、新闻学等领域，谈话至晨三时结束。当了解到谈家桢研究工作存在困难时，毛泽东再次鼓励他："把遗传学搞上去，还有什么障碍和困难？有困难，我们一起来解决嘛！"

1961年5月1日，毛泽东在参加上海市举行的庆祝五一国际劳动节联欢晚会前，召开了民主党派上海市地方组织的负责人和教育、文化、科学界的代表座谈会，第四次接见谈家桢。据《毛泽东年谱》记载，座谈中毛泽东对谈家桢说："你的研究在搞吧，现在还有没有人压迫你？应该发展学派，学派总要有代表人物的，你好好干吧！"当天与会人数不少，唯有毛泽东与谈家桢这段对话记录在案，说明毛泽东对谈家桢是非常看重的，把他当成中国遗传学派的代表人物看待，并且知道中国遗传学发展受到的挫折，鼓励谈家桢继续努力工作。

据谈家桢回忆，毛泽东问："你对遗传学问题还有什么顾虑吗？"谈家桢回答"没有什么顾虑了"。当时与会的还有上海市委书记柯庆施、副书记陈丕显、市长曹荻秋、副市长刘述周等人。负责科教工作的杨西光向毛泽东汇报说，"我们大力支持谈先生在上海把遗传学大搞特搞起来"，并讲了发展的计划，准备在遗传研究室的基础上加以发展成遗传学研究所。毛泽东听了十分高兴，频频点头说："这样才好啊，要大胆把遗传学搞上去！"

在毛泽东的亲切关怀下，在上海市委的大力支持下，在谈家桢的带领指导下，复旦大学的遗传学研究得到快速恢复与发展。1959年谈家桢所在的复旦大学将遗传研究室加以扩大。1960年周恩来任命谈家桢为复旦大学副校长。1961年谈家桢出版《谈谈摩尔根学派的遗传学说》。1961年底建立了遗传学研究所，谈家桢任所长，设置了辐射及人类遗传学、植物及进化遗传学、微生物及生化遗传学三个研究室。仅在1961—1965年间，复旦大学遗传学科研人员发表论文50余篇，译作和讨论集16种。

"文革"开始不久，谈家桢被打成"反动权威"。一些人要把他主持的遗传学研究所作为"谈氏小朝廷"来摧毁，并扬言要"揪出谈家桢这个漏网大右派"。自此以后，被抄家、批斗不计其数。谈家桢结发妻子因不忍凌辱而含冤离开了人世。谈家桢也被送到农村劳动改造。在这种苦难的时刻，是毛泽东解救了谈家桢。1968年11月，毛泽东在党的八届十二中全会上说："谈家桢可以搞他的遗传学嘛！"此后，"解放"了包

括谈家桢在内的"文革"中被勒令靠边的苏步青、刘大杰、周谷城、华罗庚、冯友兰等名教授。但是,在上海掌权的"四人帮"一伙,阳奉阴违,仍然把谈家桢作为"内控对象",使他仍然无法从事研究和教学工作。

毛泽东在晚年病重期间,仍关心谈家桢的遗传学工作。1974年冬,毛泽东在病中嘱托王震路过上海时给谈家桢捎口信。王震到上海后,约谈家桢在东湖宾馆面谈。王震对谈家桢说:"毛主席很关心你,他在病中还没有忘记你。这次让我带口信给你,问这几年为什么没有见到你发表的文章,你过去写的文章,有些观点是正确的嘛!有什么话还可以说的嘛!"依然鼓励谈家桢用马克思主义观点指导遗传学工作。因陪同谈家桢前往会面的还有一位复旦大学革命委员会的成员,谈家桢只说了一句话:"谢谢他老人家,我是要把遗传学搞上去啊!"

结语

1957年毛泽东与谈家桢在上海中苏友好大厦的会面,充满着历史性的戏剧效果:一方面上海中苏友好大厦是中苏友好的见证,是毛泽东号召学习苏联先进经验的具体体现;另一方面谈家桢所代表的中国遗传学却因为全盘学习苏联而遭受巨大损失。这次与毛泽东的会面,不仅解除了谈家桢个人被划为右派的危机,更为中国遗传学事业的发展提供了宝贵的时间窗口。

毛泽东四次接见谈家桢,见证了中国遗传学事业发展,谱写了一段科学佳话。正如谈家桢在《毛主席给了我巨大的力量》一文说:"我是多年从事遗传学研究工作的,回顾建国以来遗传学的发展过程,我可以说:没有毛主席的亲切关怀和热情支持,也就没有中国遗传学的今天。"从中我们不仅看到谈家桢作为科学家,追求真理孜孜以求的一面,更看到了毛泽东作为政治家,高瞻远瞩实事求是的一面。

陕西北路 *457* 号
上海辞书出版社
——赵超构、徐铸成的《辞海》之恋

陕西北路四五七号，不仅仅因其为「上海市优秀历史建筑」而驰名中外，更因为这里是拥有百年历史的《辞海》编纂中心而名闻遐迩。这里留下了民盟先贤的脚印，「老报人」赵超构、徐铸成在樱花树下留下了一段「《辞海》之恋」。

岁月，为拥有百年历史的陕西北路刻下了"一条西摩路，半部近代史"的深深烙印。陕西北路沿线多为独立式花园住宅，近千米的长度中，竟云集了名人旧居、经典建筑、革命遗迹等历史文化景观达21处。而陕西北路457号，不仅仅因其为"上海市优秀历史建筑"而驰名中外，更因为这里是拥有百年历史的《辞海》编纂中心而名闻遐迩。民盟先贤、"老报人"赵超构和徐铸成，在457号樱花树下留下了一段足可以名垂青史的"《辞海》之恋"。

何东住宅：旧上海"建筑明星"邬达克早年作品

陕西北路457号，曾为何东住宅。何东住宅由匈牙利籍斯洛伐克人、国际著名建筑设计师邬达克设计。这也是邬达克来到上海后的早期作品。

1893年，邬达克出生在一个建筑世家，他21岁毕业于匈牙利皇家约瑟夫理工大学（今为布达佩斯理工大学）建筑系。1914年，邬达克作为炮兵军官加入了奥匈帝国的军队两年后，当选为匈牙利皇家建筑学会会员。不幸的是，邬达克被俄罗斯军队抓获，送到西伯利亚的战俘集中营。1918年，25岁的邬达克从战俘营流亡到举目无亲的上海。为了谋生，他只能在一家美国建筑事务所当一名助手。

就在邬达克到达上海的第二年，陕西北路457号未来的主人、香港首富何东于1919年也来到了上海。那年，邬达克26岁，何东57岁。

欧亚混血儿何东是香港著名买办、企业家、慈善家，曾为怡和洋行副经理，是汇丰银行、黄埔船坞公司等的大股东，后成为香港开埠后的首位巨富。何东在金融、船务、地产、教育等诸多领域均有涉足，现沪上塘沽路、峨眉路、南浔路、大名路一带，原本大多为何东家族的产业。何东家族富可敌国，来上海发展后，独缺豪宅一幢。设计并建造一幢豪宅，成了当年何东家族的"刚需"。可能是何东香港的住所，就在

香港西摩路的缘故，何东派遣他的儿子何世俭到上海后置办的豪宅，同样也在西摩路上。

1919年，何东、邬达克这两个血液里都流有犹太人基因的一老一少，在西摩路上"相遇"了（二位当年是否真正遇见则不得而知）。人生赢家何东先生"遇到"了刚刚从西伯利亚逃到上海的"流浪儿"建筑师邬达克。彼时的邬达克，只是把上海当作人生低谷的"歇脚地"——"歇歇脚，赚够路费回家"。年轻的邬达克不曾料到，上海竟成就了他一生的精彩：他在上海设计的建筑，"过去是，并将永远是上海城市轮廓线浓墨重彩的一抹亮色"（世界建筑大师贝聿铭对邬达克的评语）。

今天，当我们走进陕西北路457号，我们依然会被这幢矗立了近百年的古典风格豪宅所震撼。细细观察这幢建筑的细节装饰，海洋、航海的元素无处不在，小到船锚的图案，大到二楼的天窗设计。据《与邬达克同时代》一书的作者叙述：因两人对航海都有着不同一般的兴趣，何东与邬达克是"一见如故"——所谓的一拍即合大抵如此吧。

何东公馆建于1928年，建筑为二层混合结构，平屋顶，采用法国文艺复兴风格，檐口厚重，主立面多以爱奥尼式列柱或壁柱予以强调。如起居室外南立面门廊有四根贯通两层的巨柱，西侧半圆形阳光房的外墙

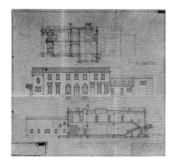
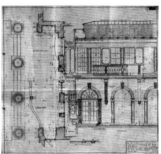
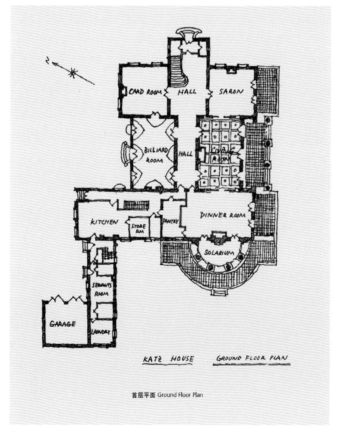

首层平面 Ground Floor Plan

| 何东住宅当年设计的平面图

119

| 建筑内部细节

中间嵌有两根，东面主入口上方则是两组双壁柱。东、南两面二层的弧形阳台均由雕饰精美的牛腿支撑。

室内亦装饰华美。门厅为黑白相间的大理石铺地，印花壁纸墙面，房间铺柚木地板，饰雕花护壁，吊顶的石膏线脚也各不相同。主要房间均设有壁炉，且形式各异。壁炉与木家具的雕饰都是精工细作，部分陈设由邬达克亲自设计。锅炉房、暖气水汀等配套设施也一应俱全。

根据《上海邬达克建筑地图》记载，在邬达克的家书里，他告诉家人，他在现场监理了该住宅的施工。当这座土建造价4.5万美元，又用几千美元装饰的豪宅几近完工时，却不幸遭遇了一场大火灾，公司不得不从头开始，再次建造。

1947年，邬达克与上海恋恋"挥手"，携家眷离沪。他的背影后，是他留下的一百多个几乎是他建筑设计生涯的所有作品。邬达克当然不会知道：在他逝世半个世纪后，上海民间掀起了一股"邬达克"之风，他的建筑作品成为一个个网红的"打卡地"。

1949年后，何东也离开了上海。何东公馆翻开了新的篇章，那是历史赋予陕西北路457号的新使命。

121

辞书出版社：民盟先贤文化之光的发散地

百年《辞海》的故事，浩瀚若星海；一代又一代《辞海》编纂者，是最闪亮的星星，他们前仆后继，鞠躬尽瘁，其中就有我们的民盟先贤。20世纪50年代末，陕西北路457号迎来了新的主人——《辞海》编辑部。

1915年，中华书局总经理兼社长陆费逵在友人的倡议下，决定编纂一部集汉语词汇之大成的大型综合性词典，取名《辞海》。他深知编纂《辞海》这样一部大书，不是一年两年，也不是三年五年所能成就。他也知道，必须有一位知识渊博、执着认真、甘于清贫的人来主编，才有可能完成。陆费逵七次邀请了毛泽东在湖南第一师范学校共过事的舒新城。舒新城被陆费逵"七顾茅庐"的诚意深深感动，于是，才有了1936年《辞海》的横空出世。

1957年的一天，毛泽东主席在会见舒新城时说："《辞海》我在20年前就使用到现在，在陕北打仗的时候也带着，后来在延安敌情紧急的情况下，不得不丢下埋藏起来，以后就找不到了。现在这部书太老了，比较旧，希望修订一下。"

由此，便开始了《辞海》紧锣密鼓的修订工作：中华书局《辞海》编辑部在上海宣告成立。1958年5月，中央致电上海市委，同意在全国调配编纂力量。经毛泽东赞同，1959年，《辞海》开始筹备修订旧版的工作，中华书局《辞海》编辑所成为独立单位，定居陕西北路457号。

于是，陈望道、傅东华、刘范猷、任铭善、李毓珍、曾彦修、刘大杰、钱子惠、徐森玉、谈家桢、谭其骧、周信芳、金兆梓、徐铸成、赵超构、贺绿汀、苏步青、李国豪、程门雪、朱物华、李俊民、冯契、蒋学模、周谷城、严北溟、周予同、冯德培等一大批各个领域的专家学

|徐铸成　　　　　　　　　　　|赵超构

者，先后被调至《辞海》编辑部，参与编纂和审订工作。

1965年，《辞海（未定稿）》出版，内部发行。然而，因"文革"开始，《辞海》编辑部遭到劫难。在这动乱的时刻，中央没有忘记《辞海》的修订工作。1971年3月，周恩来总理在国务院召开的全国出版工作会议上指出，不能把十七年出版的图书统统报废、封存、下架，要继续修订《辞海》，并将其纳入国家出版计划。

在此，摘录中国民主同盟盟员，中国卓越的新闻家、著名编辑、爱国老报人徐铸成先生《徐铸成回忆录》中的两则日记：

1973年，66岁。秋天，校本部忽然宣布说，为了工作需要，决定再调一批人回各自的出版社，我意外地也列在名单之列。上海文献出版编辑所已被取消了，一部分回原单位，大部分职工则并入辞海编辑所。我到沪的第三天前往《辞海》编辑所报到，被分配在资料室工作，实则人为"废物回收利用"也。"在资料室的具体工作是看古书，从里面找出语词制成卡片，已备修改《辞海未定稿》之参考。"

1974年，67岁。每天仍到"辞海"去上班，继续做卡片。上面倡议编辑《汉语大辞典》，把我们这些所谓"控制对象"集中在一间朝北的小房子办公（人称这间房子为"北极阁"），大家为《汉语大辞典》提供原始材料。

而1957年毛泽东主席会见舒新城时，在场的另一位与《辞海》有缘的中国民主同盟盟员、著名新闻记者、专栏作家、报人赵超构先生曾经回忆（"文革"后期的1972年，年逾花甲的赵超构解放，从"五七"干校借用到《辞海》编辑部）：

> 我进《辞海》想起来很不可思议，就像一片落叶被西风刮到这个海里一样，那时对于我这样的人，坐在一片草地上，由一位负责人挨个儿点名，说，某某人到某某组，这就算一槌定音决定了我近十年的《辞海》生涯了。

赵超构很安心于在《辞海》的日子，起先在资料组当资料员，后来到语词组。因词语词分册词目较多，又分成若干组。不管在哪个岗位，干的事大同小异，无非是找例句标出处等，对赵超构来说，这是一个好差事。编辑部70多万册图书，置身其中犹如跌入了知识的海洋，他每天按部就班，漫游于浩瀚的书海里，寻章觅句，悠闲自在。编辑部院子里有个小花园，花园里有两三株樱花树，樱花盛开时满园春色，每当空暇，他常常会搬把椅子坐在花园的草地上读书。

多年以后，赵超构在文章《辞海之恋》中，终于道出了当时的真实感受："我好像一个游方的老和尚，东漂西荡饱经舟车劳顿和长途跋涉之苦，渴望有个落脚投宿之地。而《辞海》，看来真是老僧挂单之处，至少可以躲避一下外面的风雨吧。"

在那个特殊的历史环境下，陕西北路457号从此多了一些特别的生气：这片不

| 赵超构与孙辈在此读报合影

大的花园，也成了这两位民盟先贤与其他报人的"遮蔽风雨"、暂时的"落脚投宿"去处。"相濡以沫"的新老朋友们，在那阴冷低温的日子里，抱团取暖。

事实上，这些老文化人不仅仅是在"抱团取暖"，他们是为了《辞海》的出版，鞠躬尽瘁！

赵超构"文革"后期到《辞海》编辑部后，经常需要寻找和翻译一些外文资料；资料组征订了好多外文书刊，也需要整理和运用，他因此又重新捡起外语。此时的他已是年逾花甲，耳聋目钝。家人笑他是"临老学扎脚"，他说这是"老鸟先飞"。

赵超构和徐铸成在《辞海》待了整整十年。

人的一生能有几个十年！

赵超构和徐铸成见证了《辞海》漫长而艰难的编撰修订的全过程。二老对《辞海》的依恋之情刻骨铭心。正如赵超构的深情回忆："我不会忘记在《辞海》编辑部这一段经历，不会忘记那九年多的甘苦，我在那里结识了好多位相濡以沫的朋友，我要感谢这许多位朋友在那阴冷低温中给我送来的温暖。"

习近平总书记致《大辞海》出版暨《辞海》第一版面世80周年的贺信中指出："《辞海》和《大辞海》是大型综合性词典，全面反映了人类文明优秀成果，系统展现了中华文明丰硕成就，为丰富人民精神世界、增强人民精神力量做出了积极贡献。"

今天，在陕西北路457号这座近百年的经典老建筑里，在这部历经了近一个世纪，凝聚着几代学人心血的皇皇巨著面前，我们依然能聆听到民盟先贤的闪光足音。

复兴中路 *301* 号
上海律师公会旧址
——上海律师制度的发源地

在黄浦区复兴中路、黄陂南路路口，毗邻繁华的新天地时尚中心，有一幢静静的小楼——上海银行博物馆，这里就是上海律师公会旧址。从诞生之日起，上海律师公会就以一个职业组织的身份促进律师行业不断发展、为「匡扶正义、建立法治」的理想奋斗，为推动中国社会的发展和进步留下了弥足珍贵的史页。

|上海律师公会旧址（贝勒路572号）复原图

　　在黄浦区复兴中路、黄陂南路路口，毗邻繁华的新天地时尚中心，有一幢静静的小楼——上海银行博物馆，这里就是上海律师公会旧址，上海律师公会纪念馆正列于上海银行博物馆之内。

　　中国律师制度是个"舶来品"，是清末变法改制效仿西方法律制度的产物，自1912年至今，已历经百余年。1912年元旦，中华民国诞生；同年9月，北洋政府颁布《律师暂行章程》，章程规定中华民国公民年满二十岁以上男子，依律师考试章程合格或依本章程有免考试之资格者可以担任律师①。这是中国第一部关于律师的法规，标志着中国律师制度的正式形成。同年12月，上海律师公会成立，这是中国近代史上人数最多、影响最大的律师同业组织，也是唯一得到民国司法部认可的上海律师团体。

　　1928年，由上海律师公会全体会员筹款757000银元建造了位于当时贝勒路572号的上海律师公会办公大楼，即今天的复兴中路301号。乔迁新址后，上海律师公会迎来全盛时期。读民国年间出版的《上海律师公会报告书》可知：1929年至1932年间，上海律师公会的会员人数成倍增加。当时，仅爱多亚路（今延安东路）的中汇大楼，就有70名律师设立事务所。到1936年抗战爆发前夕，上海律师公会已有1340名会员，成为国内规模最大的地方性律师组织。②

　　贝勒路572号大楼原高三层，建筑面积2076平方米，钢筋水泥框架结构，整体造型为装饰艺术风格，开窗等建筑局部也结合了更加简洁的现代主义风格。1929年10月，律师公会正式进驻该大楼办公，一直使用

---

① 《中华民国律师暂行章程》第 2 条。
② 潘真：《贝勒路上的上海律师公会》，《检察风云》，2017 年第 21 期，91 页。

上海律师公会旧址底层平面图 ｜ 史良就职于上海律师公会的档案

至1949年。1949年5月上海解放后，已停止活动的上海律师公会将房产交给刚刚成立的中国新法学研究会上海分会。同年11月22日，沙千里代表新法学研究会上海分会将大楼移交上海市人民政府。后作为工商银行卢湾支行使用。

这幢建于20世纪20年代的老房子在优秀历史建筑密集的黄浦区区域里并不算"太亮眼"，若是不知晓它的过去，路人经过也未必会太留意。但这里却承载着历史——被封建主义荼毒太久的中国在走向现代民主国家的进程中，所经历的无以复加的苦难，所进行的不屈不挠的斗争，都有上海律师公会承载着的弥足珍贵的"法治记忆"。

从诞生之日起，上海律师公会就以一个职业组织的身份促进律师行业不断发展，为"匡扶正义、建立法治"的理想奋斗，为推动中国社会的发展和进步留下了弥足珍贵的史页。在上海律师公会的鼎盛时期，会员人数达1300多人，著名律师有沈钧儒、章士钊、张志让、史良、吴凯声、沙千里、王造时、韩学章等，涌现了一批视国家存亡、民族利益为己任的杰出律师代表。他们以精湛的专业知识、高尚的人格素养，见证、参与并身体力行切实推动了中国民主法治的进程。贝勒路572号的上海律师公会办公大楼，见证了上海律师风起云涌、波澜壮阔的法治历程。

民盟盟员，曾任民盟中央主席、最高人民法院院长的沈钧儒先生于1920年获颁律师执业资格，1928年在上海成立律师事务所，从事律师工作，曾任上海律师公会常务委员。沈钧儒先生着重法治价值，他认为，国家颁设律师制度，其目的在"扶持弱小，以保障人民之权益，辅助法院，以导纳社会于轨物"。20世纪30年代，沈钧儒先生和一批爱国律师带领上海律师公会积极投身于冤狱赔偿运动，要求当时的国民政府制订冤狱赔偿法。沈钧儒先生和上海律师公会律师不懈的努力，最终促使国民党政权立法院法制委员会于1937年正式起草《冤狱赔偿法》。

女性在中国的法治建设中，也有着不可磨灭的功绩。民盟盟员，中华人民共和国首任司法部部长史良女士，正是其中的翘楚。1927年《律师章程》颁布，开始允许女性执律师业，史良女士有幸成为中国第一批女律师。史良女士于1931年开业任律师，同时任上海律师公会执行委员，成为上海律师的领导者。史良女士还加入了中国共产党设在上海的外围组织"革命人道互济总会"，任该会律师，任期内办理多起营救邓中夏、任白戈、熊瑾玎、方知达等中共地下党员的案件。史良女士是新中国人民司法工作的开拓者和司法行政工作的奠基人，是中国妇女运动的领袖之一。

民盟盟员韩学章1938年毕业于上海法政学院。1939年起加入上海律师公会，是上海律师公会最后一届常务理事。1947年，国民党当局强迫共产党领导下的《联合晚报》停刊，造成"联合晚报事件"。当时沈钧儒先生、沙千里先生和韩学章女士都是该报的法律顾问。韩学章女士代表该报提起诉讼，三次出庭，她什么也不怕，大胆辩护，赢得了"民主律师"的称誉。1949年后，韩学章担任上海市高级人民法院民庭庭长。改革开放后，先后担任上海市人大法制委员会副主任、市法学会副会长。她是恢复重建律师制度后第一任上海律师协会会长，全国律师协会副会长。1980年，参加审判林彪、江青两个反革命集团的工作，是姚文元的辩护律师。1955年加入民盟，曾任民盟中央参议委员会常委、民盟中央第五届常委，民盟上海市委常委、民盟上海市委法制委员会主任、民盟上海市委顾问等职。

作为律师制度的发源地与见证者，上海律师公会昭示了中国律师在历史舞台上铸造的璀璨辉煌，留下了前辈律师为国家民族独立、社会公平正义而奔走的足迹。这段历史，见证了上海本土律师的起源和发展，见证了上海在中国律师发展史上的重要地位。

四平路 _1239_ 号
同济大学校园
及同济逸夫楼
——矢志桥梁 心系教育

同济校园的空间格局和各个时期各种风格的历史建筑形成的整体，已经被列入上海市历史风貌街区。

同济大学逸夫楼地处校园东大门南侧，是校前区的重要建筑和景点。在校前区，图书馆，南、北教学楼及行政楼都采用偏灰红的暖色调，而逸夫楼却是浅色基调：白色面砖、蓝色玻璃、浅灰眉线，逸夫楼总体布局谦和，体量适度，这些都使它较好地加入到校前区环境。在绿树、蓝天、白云的映衬下，逸夫楼显得清新典雅，为校园环境带来了新鲜空气。①

① 杨彬亮：《同济大学逸夫楼浅评》，《新建筑》，一九八八年，第4期第57页。

1907年，德国医生埃里希·宝隆于上海创办了德文医学堂，即为同济大学的前身。1908年，学堂更名为同济德文医学堂。

《孙子·九地》中曰："夫吴人与越人相恶也，当其同舟而济，遇风，其相救也如左右手。"当时的校董们为学校取名"同济"，意蕴和衷共济，希望用现代医学造福人类。1912年，同济德文医学堂与创办不久的同济德文工学堂合并，更名为同济德文医工学堂。1917年，因受"一战"的影响，学堂由华人接办，于1923年正式定名为同济大学，1927年成为国立同济大学，是当时首批经国民政府批准成立的7所国立大学之一。至1932年，位于吴淞镇北的新校园已经有相当规模。1937年全面抗战爆发，校园在"八一三"事变中因日军轰炸而遭毁灭性破坏，学校开始内迁办学。1946年回迁上海，经过重组发展以后，同济大学发展成为以理、工、医、文、法五大学院著称的海内外著名综合性大学。

新中国成立后1952年院系调整，同济大学原有的医学、理学、文、法、测绘、造船等优势学科或支援其他高校，或整体搬迁内地，为新中国高等教育布局调整做出了贡献。同时全国十多所大学的土木建筑相关学科汇聚同济，同济大学成为国内土木建筑领域规模最大、学科最全的工科大学。

改革开放以后，同济大学再次站到了引领时代发展潮流的前沿。1979年，时任校长李国豪率先提出"两个转变"的办学方针——恢复与德国的传统联系、建设多科性大学，得到邓小平、方毅等中央领导同志的大力支持。经过几十年努力，同济大学已经恢复和发展成为一所以工为主，理工结合，经、管、文、法各具特色的多科性大学。

而今提起同济大学，人们最熟悉的就是四平路主校区。校园是在近代上海日据时期建成的一所中学校园基础上，从1952年院系调整后开始建设的，不到10年时间，形成了以南北楼、图书馆为轴线的新中国初期典型学院派风格的校园格局与风貌，也建成了以文远楼为代表的中国早期现代主义建筑的优秀作品。改革开放后，随着同济大学的发展需要，校园建设从未停止过，而体现同济建筑学科特色的设计探索也在这些校园建筑的风貌上清晰呈现。

同济校园的空间格局和各个时期各种风格的历史建筑形成的整体，已经被列入上海市历史风貌街区。校园无疑是学校百余年发展历程的持久见证，这里也留下了许许多多杰出前辈人物的足迹。回到四平路同济大学主校门进入校园，左右分别是逸夫楼与行政楼，再向前，两侧是南、北教学楼，中间是中央大道、毛主席像及其后面的图书馆形成的中轴线序列，这个对称布置塑造了校园最有仪式感的空间，而逸夫楼与行政楼区域，虽然建筑已在20世纪八九十年代更新，但半个多世纪一直是新老校长日常办公和开展其他重要活动最频繁的区域。1993年底竣工的逸夫楼，由同济建筑设计研究院总建筑师、中国工程设计大师吴庐生先生设计，以自由布局和清新色调在校园建筑中别具一格，特别是经建筑师的妙笔点化，建筑内部本来供交通疏散的普通空间，组织成有可以亲切交流的小阶梯平台、有抽象浮雕装饰、有透过天窗洒下自然阳光以及简约绿化的中庭，不大的空间焕发出独特的魅力，又很好地连接了各方向和楼层的办公、会议厅。逸夫楼一建成，就引起建筑界的广泛关注，并获得一系列国家级优秀建筑设计奖。作为同济大学的学术交流中心，这里也是举办高水准的中小型国际、国内会议的场所，举办过的各类活动不计其数。特别是2013年4月13日逸夫楼底楼报告厅举行的"李国豪诞辰100周年纪念大会"意义深远。这个主题为"学之师表，国之英豪"的活动，正是为了纪念1979年率先提出"两个转变"办学方针的老校长，后来的名誉校长，杰出的科学家、教育家、社会活动家，著名桥梁与土木工程大师，两院院士，曾任民盟上海市委领导和上海市政协主席的李国豪先生。

毋庸置疑，被尊为"同济之魂"的李国豪校长是同济大学历史上最优秀的代表之一，无论是就读大学期间还是毕业后的继续深造和成长成才。回望他的人生轨迹，不由得令人深深感佩于他的卓绝才学以及他对同济大学的一世深情和毕生奉献。

"二战"结束以后，李国豪毅然归国，回到母校同济大学执教，从此他再也没有离开过同济大学。他先后担任土木系主任、工学院院长、学校教务长、第一副校长等。"文革"结束以后，李国豪又担起了同济大学校长的重任，推动和带领同济大学进入了一个新的更快的发展时期。他倡导并亲自组织实施同济大学的"两个转变"，引领学校向恢复对德联系和德语教学传统转变，由土木为主的单科性大学向以理工为主的多科性大学转变，这为同济大学目前综合性、国际化建设格局的确立奠定了坚实基础。①

他审时度势，提出建设教学和科研两个中心，组织学校大批科技人员走上经济建设第一线，促进教学、科研与经济建设紧密结合，并身体力行，带头参加重大工程。

担任名誉校长以后，李国豪仍时时刻刻关心、关注学校的发展，为学校争取支持奔走呼吁。为实现综合性大学的理念，恢复医学专业，他亲自出访海内外，广泛联络校友，推荐优秀人才。在每一个关乎同济大学发展的关键时刻，李国豪总是高瞻远瞩，发表真知灼见，使全校上下信心倍增。

2003年，李国豪当选首届"上海市教育功臣"。获得这一殊荣，他当之无愧，实至名归！近70年教书育人生涯，李国豪呕心沥血，诲人不倦提携后学，尽享桃李芬芳。即便是在担任校长期间，李国豪仍悉心指导、培养了大批博士研究生。他的许多学生已经成为我国桥梁和结构领域的领军人物，他的两个20世纪50年代的学生项海帆和范立础，分别在风工程和抗震工程方面继续发展，成绩卓著，已成为我国工程院院士。

---

① 《桥梁大师李国豪》，同济大学出版社，2011年2月。

身在同济园，心怀天下事。作为杰出的科学家、矢志树人的教育家，李国豪还将目光投向广阔的社会大舞台，竭尽所能为国家的经济和社会发展进步奉献着智慧和心力。1979年他担任上海市科协第二届主席，积极团结、组织科技界恢复开展学术活动，大力推动科技进步和学术繁荣。彼时身为同济大学校长的李国豪，还肩负宝钢建设顾问委员会首席顾问的重任，他凭着深厚的学术造诣、服从真理的科学精神和知识分子的社会担当，攻坚克难，成功破解了宝钢"钢桩基础水平位移"难题。他还对宝钢一期工程最终得以重新上马，起到了关键性的作用。

1983年他担任上海市第六届政协主席，开创了由大学校长担任政协主席的先例。在任期间，政协工作开展得有声有色：他把来自各个界别的每一位委员都视为值得深交的挚友、诤友，带领全体委员积极参政议政，为上海及全国的发展出谋献策；他直接推动首创了"上海政协之友社"，并亲任理事长，汇聚起一大批老委员、老同志发挥余热、再做贡献；他倡导建立起"委员沙龙"，在宽松活跃的氛围中，委员们谈笑风生，热烈探讨诸多热点话题。

晚年，他还在操心着国家、上海的大事，他与其他科学家一道奔忙，提出并论证了建设上海洋山深水港的可行性和重要性。斯人虽去，卓著功勋永载史册！

李国豪校长之后的一任校长仍然是民盟知名盟员、民盟中央名誉副主席江景波。

1978年，江景波迎来了事业上的春天。他形象地说那时"像个久旱逢甘霖的孩子"，一头扎进教学科研事业中，废寝忘食，希望能补上失去的时光。也是在这一年，当了24年讲师的江景波晋升为副教授，后来被任命为同济大学教务处长、副校长。1984年初，经全体党员、党外讲师和副科级以上1100多人民主推荐，江景波以935票当选同济大学校长。这让曾被认为"海外关系复杂"的他感到自己得到了"莫大的鼓舞和无限的信任"。

担任校长的5年，正值中国高等教育全面改革的发端，江景波干了一件大事：倡导发扬"同舟共济"的同济精神，进行全国第一个校长负责制的试点，当时产生了极大的轰动。他主张，学校党委与大学校长不是管理与被管理的关系，而是监督与被监督的关系。他倡导积极探索多元化高校办学体制，着手学校领导体制、人事制度和后勤管理改革，努力把同济大学建成教学和科研中心。②

　　江景波制定了同济大学的发展规划，在充实教师队伍、提高师资力量、改善教学条件、加强科技开发、扩大对外联系等方面，都产生了重要的管理效应。在政治思想工作方面，江景波反复强调，越是深入改革，就越要加强政治思想工作，设置了政治思想工作机构，配备了专职、兼职人员，制定了政策和制度，并拨专款加强班主任、政治辅导员的工作。在教学方面，他提出"严格要求、更新内容，教得活、学得活、少而精"的方针，提倡教师将科研中获得的最新成果充实到教学内容中去，加强基础，拓宽知识，培养能力，出好人才。在学校管理方面，江景波坚持民主集中制，建立了校务会议制度，学校重大问题的决策都在校务会议上讨论决定。他还十分重视教代会、工代会的作用，经常去教室、食堂、宿舍、实验室、图书馆，与教师、学生对话，听取他们的意见建议。每年主动向教代会、工代会作报告，汇报工作，让教职工代表进行考评，这一举措在当时也是开风气之先。③

　　20世纪90年代，时任民盟上海市委主委的谈家桢找到江景波，希望当时作为兼职副主委的江景波能去民盟"坐坐班"。江景波与民盟市委机关有了八个月的"亲密接触"。这段机缘不仅让他对民盟有了更深的感情，也把在同济大学的改革精神带到了民盟上海市委机关。

---

② 《同济"牧马人"江景波：担纲校长争当改革弄潮儿》，中国新闻网，2018年12月3日。
③ 殷志敏，民盟市委宣传部：《深切怀念江景波先生》，2020年2月16日。

在完成学校的管理和教学工作外，江景波每周坚持到机关召开工作例会，记录各个部室的每项重要工作并逐条跟踪；与机关干部轮流约谈，了解工作推动进展；大胆使用人才，重视参政议政，带头搞调研写提案；把《上海盟讯》从小开版改为大开4版，并公开发行；主张机关干部学电脑，用电脑，提高工作效率。④此外，当时党派机关收入较低，江景波极力向有关方面争取，提高机关干部的职称和收入问题，并拿出津贴请机关干部吃点心，交流工作，加强联系。

他总是说，"要听党的话，始终跟党走，加强学习，好好工作，党派之中也大有可为"。在民主党派主持工作期间，江景波始终强调民主党派要积极开展社会调研，履行参政议政职能。他自己也身体力行，在教育领域提交了许多提案建言，以推动教育事业发展。自1992年起，江景波担任了全国政协常委，1996年还当选为民盟中央副主席。2003年后担任民盟中央名誉副主席。

江景波将他所取得的一切，归结于"中国共产党和民众所给予培养和信任的结果"。从艰苦岁月一路走来的他，深感当前社会的来之不易，唯有继续尽所能回报社会与他人，才能不辜负这个伟大的时代。

参考文献

（1）《建筑材料学报》，2012年01期。

（2）杨彩亮：《同济大学逸夫楼浅评》，《新建筑》，1998年04期。

（3）程国政：《桥梁大师李国豪》，同济大学出版社，2011年版。

（4）"同济之魂"李国豪，《中国科学报》，2013年5月3日第7版。

（5）《同济"牧马人"江景波——担纲校长争当改革弄潮儿》，中国新闻网，2018年12月3日，https://www.chinanews.com.cn/cul/2018/12-01/8689971.shtml

（6）《我与民盟——江景波老校长的回忆》，《同济盟讯》，2012年12月。

（7）民盟市委宣传部殷志敏：《深切怀念江景波先生》，2020年2月16日。

---

④《我与民盟——江景波老校长的回忆》，《同济盟讯》，2012年12月。

屋檐听雨

南京西路 *170* 号

国际饭店

——陶行知最后的新闻发布会

国际饭店（Park Hotel）是近代上海最有影响力的饭店之一，由当时的著名建筑师、匈牙利人拉斯洛·邬达克设计，于一九三四年落成。饭店作为当年标志性的建筑，见证了上海近代历史的变迁。国际饭店，不仅是当时的『第一高楼』，更是反内战、争民主的标志性建筑。

　　国际饭店（Park Hotel）是近代上海最有影响力的饭店之一，由当时的著名建筑师、匈牙利人拉斯洛·邬达克设计，于1934年落成。饭店地下2层，地面以上24层，高度达83.8米，钢框架结构，钢筋混凝土楼板，造型强调垂直线脚，顶部层层收缩，更显挺拔高耸。国际饭店是装饰艺术风格的杰出作品，摩登上海的象征，也是民族资本在近代上海租界呈现强大竞争力的标志。

　　国际饭店不仅在建成之时就获得了"远东第一高楼"的美誉，这个"第一"还保持了五十年之久。当年，能在这座摩天楼里请客的人，都被认为是特别"有路道"（方言，指人脉广，有能力的）。饭店自建的文史馆内展陈着许多弥足珍贵的历史资料，徜徉其间，能够领略20世纪30年代老上海的风情。

　　1991年，国际饭店被列入第一批上海市优秀历史建筑名录；2006年，它被国务院列为全国重点文物保护单位，2011年被列为全国中华老字号。国际饭店客房装饰典雅、宽敞舒适，设施设备一应齐全，豪华房内更为客人提供了宾至如归的舒适与温馨。饭店的"圆点大堂吧"可以满足宾客对于各种饮品和精美西点的需要；中餐厅"丰泽楼"可容纳350人同时入席；"摩天厅""银河厅"等宴会厅更是举办高档宴请的最佳选择；位于一楼回廊的幸河日本料理餐厅，可以品尝异域风味美食；饭店传承数十年的银丝卷、蝴蝶酥等特色中西点，深受市场欢迎，成为近年来的营销亮点。饭店拥有设备完善的多功能会议厅，能满足各类会务的需求；饭店的康乐美容中心、国际酒吧等娱乐设施，使客人尽情体验国际大都市的惬意。2009年局部装修，楼高24层，客房总数261间（套）。

饭店作为当年标志性建筑，见证了上海近代历史的变迁。其中有这样一段历史，值得我们铭记。

1946年6月以来，蒋介石欲霸东北三省，由于兵力接济不足，继6月7日宣布停战十五天后，于6月21日又宣布停战延长八天。人民不能忍受这种虚假的和平，他们要用自己的方式来表达和平的愿望。

6月23日上午，数十万上海民众汇集在北火车站，欢送上海各界争取和平反对内战请愿团的代表赴南京请愿。参加游行者来自三百多家单位，约五万多人。主席台由两辆卡车布置而成。从台上放眼望去，只见一条条人龙蜿蜒向北火车站行进。"不愿做亡国奴的人，联合起来!""反对内战!""我们要和平!""我们要民主!""保障人民自由!""实行四项诺言!""和平、民主万岁!"口号声、呐喊声此起彼伏，各色旗帜在晨风中飘扬，全上海人民怒吼了！

这是上海民主力量的一次大示威，陶行知自始至终是最积极最活跃的一位民主斗士。在欢送大会开始前，一个青年挤到陶行知的身边，关切地说道："也许今天又要重演较场口的事件，先生要小心些!"陶行知昂然回答道："那不是我们的事，重演不重演是政府的事，你来参加，难道不是准备挨打的吗？"那天，大批特务已经预伏在火车站内，滋事捣乱，有的还爬上高楼散发反动传单。

　　大会开始了，群众高呼："人民万岁！"陶行知与大会主持者王绍鏊、林汉达，请愿代表费延芳、雷洁琼等人登上卡车搭成的主席台，他用洪亮的声音发表了简短而沉痛的演讲："八天的和平太短了，我们需要永久的和平！伪装的民主太丑了，我们需要真正的民主！我们要用人民的力量，制止内战，争取永久的和平！我们要用人民的力量，反对独裁，争取真正的民主！"下午一时，请愿代表乘坐的火车启程了，成千上万的民众由大会主席团率领向市区进发，开始示威大游行，历时近三个小时。①

　　上海共产党组织的领导人刘晓、刘长胜和张执一、张承宗、张祺、陆志仁、马飞海，学委张本、吴学谦、陈一鸣、李琦涛和秘密从延安来沪的中央青委书记冯文彬都到了现场，有的在北站附近秘密指挥点就近指挥。

　　游行队伍里第一次喊出了"反对美国干涉中国内政！""立即撤退美国驻华海、空军！"队伍在街上行进，口号在空中回荡，充分反映了全国人民要民主、反内战的共同心愿，喊出了各阶层人民的正义呼声。沿街贴满了标语，散发有《告工友书》《告市民书》《告老板书》《告警士书》等传单。游行队伍中还出现了许多漫画，画出美国援蒋、助长内战所招致的灾难，画出了工厂倒闭、工人失业、人民饿肚子啃树皮的惨状。

　　大场山海工学团的农友，先期来沪的晓庄、育才、社大师生和小教联、中教会几百名教职员工，大学教授和社会贤达，女工夜校的工人也都参加

――――――――――

① 马国平：《陶行知在沪的最后岁月》，《民主》1991 年第 10 期，第 27 页。

|国际饭店

了大会和游行。游行队伍所到之处，店职员自动组织茶水站、医务站。有的店员还提着茶壶，捧着茶碗，送到游行者的嘴边。各行各业的队伍浩浩荡荡，滚滚向前，直到下午三点到达复兴公园才解散。这是历史的潮流，谁也阻挡不了。

由于上海民众的严密防范，请愿代表得以安全离开上海。然而，在到达南京下关车站时，却发生了一起流血惨案，马叙伦、阎宝航、雷洁琼等请愿代表遭到了所谓"苏北难民"的毒打。陶行知得知"下关事件"的真实惨状，义愤填膺，对前来采访的《时代日报》记者顾征南说："这是流氓法西斯行为，是重庆较场口事件的继续。"

沈钧儒、郭沫若、黄炎培等人闻讯立即赶赴南京慰问，冯玉祥将军请辛志超先生前去慰问。南京各界人士和青年学生冒着危险去医院探望。叶圣陶致书《大公报》和《文汇报》向南京政府提出强烈抗议。还与陶行知和茅盾、夏衍、许广平、巴金等上海文化界二百五十九人联名发表《反内战，争自由宣言》。

26日，"下关惨案"发生的消息传到上海，全市各界人民群情激愤。刘晓立即提出迅速行动起来，以全国和平联合会暨上海人民团体联合会的名义发表宣言，对国民党的暴行表示严重抗议，要求惩办凶手，并设法租借了国际饭店的宴会厅，由陶行知出面以全国和平联合会暨上海人民团体联合会的名义，举行中外记者招待会，陶行知直接用英语向他们控诉了国民党特务制造的下关惨案的真相：上海各界发起和平运动的联合团体是发起于5月5日，其中包含五十四个单位，目的是推进民主。因无民主，中国人民即无法前进。和平运动是在5月发起，在6月23日大会正式成立。会员有十万人，联合团体派遣十一名代表赴南京，是为和平去请愿。联合会是要真正的和平与民主，是要有民主有正义的和平。

他严正指出：这种对和平代表有组织的殴打，并非"苏北难民"所为，完全是政府中某个团体所指使，他们罪责难逃！

陶行知面对众多的外国记者，用英文慷慨激昂地痛斥中央社的无耻宣传。他抑制不住心中的愤怒，连声音也有些颤抖了。他说："这就是黑暗统治下的中国！这就是与人民为敌的政府！我们要坚持到民主和平降临中国，我们要为民主斗争，因为没有民主谈不上和平。"②

"在最近几天内，联合团体要发表一宣言给美国人民，其中要求美国人不要促进中国内战的爆发……并要求美国人民对于铲除中国法西斯的斗争加以援助。"

"中国在建设上需要帮忙，但不需要在破坏上帮助，美国继续不断地支持国民党，只能鼓励法西斯分子打内战。"

陶行知讲话后，散发了上海人民团体联合会的书面抗议书，抗议国民党的野蛮暴行。"六二三"运动是抗战胜利之后，上海人民革命力量的第一次大汇合大检阅。国际饭店，不仅是当时的"第一高楼"，更是反内战、争民主的标志性建筑。在这里，使人民进一步看清国民党反动派破坏和平、坚持内战独裁的反动本质，将和平民主的希望，建设新中国的希望寄托在中国共产党的身上，拉开了反对美蒋统治的爱国民主运动的序幕。在这次运动中，上海进步文化界始终走在运动的前列，发挥着积极作用。这次运动壮大了人民革命力量，同样也锻炼并壮大了上海革命文化队伍。

---

② 马国平：《陶行知在沪的最后岁月》，《民主》1991年第10期，第28页。

余庆路 **146** 弄 **13** 号
陶行知旧居
——生命最后的 100 天

爱棠新村十三号是一栋三层楼的连体花园别墅，朝南有宽敞的花园，底楼是会客厅、餐厅，二层、三层为卧室和书房等。抗战胜利后，大孚出版公司从重庆迁到上海，便在爱棠新村十三号任宗德、周宗琼寓所开展工作。一九四六年七月，上了国民党黑名单的陶行知暂时迁居于此。

　　余庆路北起淮海中路，南至衡山路，辟筑于20世纪20年代初期，以曾任法国驻沪总领事爱棠的名字命名为"爱棠路"。这个法国人爱棠，原是法商利明钟表行的一名职员，1853年6月起署理法国驻上海领事，是法国第二任驻沪总领事，此人组织和领导了法租界公董局和巡捕房的建设。1861年法租界扩张，余庆路就是在法租界向上海西面扩张过程中修筑的马路。爱棠因扩张有功，便以他的名字来命名这条马路。

　　1943年租界结束后，爱棠路改名为"余庆路"。这条长仅700多米的道路两侧是一幢幢南欧风格的房子，梧桐叶丛中的交叉树影间隐隐露出暗红色的屋顶和浅黄浅绿的墙壁。余庆路146弄弄口一侧墙上的牌匾上镌刻着"爱棠新邨"几个大字，这条新式里弄内并存着毗连式楼房和花园洋房，共有三层楼房24幢，其中5幢是花园住宅。

　　"爱棠新村13号"是一栋三层楼的连体花园别墅，朝南有宽敞的花园，底楼是会客厅、餐厅，二层、三层为卧室和书房等。抗战胜利后，大孚出版公司亦从重庆迁到上海，便在爱棠新村13号任宗德、周宗琼寓所开展工作。这幢别墅的二层专辟为大孚出版公司办公处。所以讲到这幢别墅，还是得从大孚出版公司开始讲起。

　　皖南事变后，国民党掀起了第二次反共高潮。重庆笼罩在白色恐怖之中。《新华日报》社、生活书店等革命宣传、出版机构遭到破坏。中国共产党为适应新的斗争形势需要，以周恩来同志为首的南方局领导建立了第二、三出版机构。1945年年初，伟大的人民教育家陶行知奉周恩来之命，来到重庆家院坝16号国防动力酒精厂总管理处，为创办第三线出版社事宜，商与周宗琼、周竹安。1939年秋，《新华日报》社迁址重庆，周宗琼即由熊瑾玎（《新华日报》社总经理）介绍参加了革命，之后她与任宗德在经济上大力支持《新华日报》社。共产党派周竹安担任酒精厂总管理处秘书。经周竹安安排，周宗琼结识了陶行知。陶行知对周宗琼说：重庆形势险恶，生活书店等出版机构，随时有可能被敌人封闭，因此必须筹办一个新的出版机构，紧急时出来接替。陶行知又说，这是南方局周恩来同志指示的。

创办出版社首先需要资金，刚巧周宗琼手中有一笔款子，那是酒精厂刚分配给她的5000万元酬金，她便将这笔钱全数献出。陶行知与周宗琼、周竹安商量，决定邀请翦伯赞、任宗德、沙千里一起筹办出版社。一次酝酿时，郭沫若说："人们要大声疾呼，就叫'大呼'出版公司吧！"后在重庆市社会局办理工商登记时，陶行知、周竹安考虑此组织为党的三线机构，按隐蔽斗争的方式，名称宜隐蔽些，遂取"大呼"的谐音，易名"大孚"。

"大孚"建立时，由吴树琴（陶行知第二任夫人）、周宗琼、周竹安、任宗德、周茂僧、程昆林等组成董事会；总编辑由陶行知担任，翦伯赞、周竹安、王敏任编辑，沙千里任总经理。"大孚"的组织机构，是陶行知请示周恩来后确定的。办公处设在家院坝16号国防动力酒精厂总管理处内。

抗战胜利后，任、周夫妇来上海发展，买下爱棠新村13号作办公处。1946年4月，陶行知来到上海，便立即投入上海反内战、争民主的斗争中。随后，遵照中共南方局的指示，大孚出版公司亦从重庆迁到上海。很快，便在徐家汇附近的余庆路爱棠新村13号任宗德、周宗琼寓所开展工作。大孚出版公司遵照党的指示迁至上海，在山东路开业，大孚出版公司的招牌是陶行知题写的，以后这一手迹就印在"大孚"版书籍的封面上，

| 陶行知

成为永久的纪念。有关"大孚"事务, 陶行知常和翦伯赞、沙千里、任宗德商于爱棠新村13号, 这里也兼作"大孚"办公处。

陶行知先生由重庆回到上海之后, 更加积极、更为广泛地投入到争取民主和平的人民运动中。他四处奔走演讲, 为反内战、争和平, 反独裁、争民主而大声疾呼。陶行知是民盟中央常委、教育委员会主任委员, 他到上海后马上参加了民盟在上海的领导工作。他代表进步团体会见社会贤达, 欢迎国际友人, 举行记者招待会, 在各种场合揭露蒋家王朝的反动统治。他还通过加拿大友人文幼章经办的刊物, 发表英语文章, 向全世界公开中国的真实情况。7月间, 陶行知的老朋友, 好战友李公朴、闻一多先后在昆明惨遭国民党特务杀害。噩耗传来, 陶行知愤怒不已, 严厉声讨抨击国民党反动政府的法西斯暴行。陶行知是民主运动的先锋, 更遭到反动势力的忌恨, 他的住处开始被特务监视, 他的行踪有人尾随。国民党反动派加紧了对民主运动的镇压和对民主人士的迫害, 时局愈来愈险恶。陶行知被列为黑名单中的第三名, 生命受到威胁。虽然那时他已经下了献身的决心, 但又感到未完成的事甚多, 尤其是他那倾注了毕生心血写就的诗作, 亟待编定, 以付梓出版。为此, 他不得不转移住所, 暂时迁居爱棠新村13号。繁忙紧张的工作使本来就患有高血压的陶行知的身体日益变坏, 有时血压竟高达200mmHg左右, 但他仍然像荷戟上阵的斗士努力工作着。

|陶行知旧居

7月22日,陶行知出席了两年前在上海逝世的文化战士邹韬奋灵柩的安葬仪式。陶行知宣读了他赶写出来的祭文,表达了对韬奋早逝的痛惜之情和与反动派斗争到底的决心。7月23日,一些进步人士在愚园路民社党党部商讨出版发行李、闻惨案纪念集的事情。朋友们知道陶行知的处境危险,又在忙于整理自己的诗稿,以为他不会来了。但是陶行知还是如约而来,他微笑着,竭力想掩盖因劳累而疲乏的神色,对大家说:"我有一个想法,我们应该联络在沪的国际知名人士,成立一个国际性的人权保障会,以保障人民的基本权,向国际社会伸张民众的呼声。"他这个想法产生于李、闻二人被暗杀这一震惊海内外的惨案发生时,当时他与郭沫若、马叙伦、茅盾等30余人致电美国哥伦比亚大学,要求他们派人来调查,向世界公开惨案的真相。陶行知由此想到成立一个国际性的人权保障会,保护民主人士的生命安全。能够胜任其事的最佳人选还是他自己,在众人的推举下,陶行知慨然接受下来,立即着手组织筹备工作。可是,当这个组织成立之时,他已经无法看到。这天晚上,陶行知应郭沫若之邀到狄思威路(今溧阳路)郭的寓所,在那里意外地见到了周恩来,陶行知很惊喜,听到了周恩来对时局的剖析和对民主运动的指导,回到住处时已近子夜时分。①

陶行知着手整理诗稿,经常工作至深夜。终因刺激太深,营养不良、劳累过度,突发脑溢血,于7月25日逝世,享年55岁。7月25日晨,陶行知突发脑溢血昏厥倒地,任宗德发觉后打电话给沈钧儒求救,说是陶先生"中

---

① 马国平:《陶行知在沪的最后岁月》,《民主》1991年10期,第28—29页。

风"病倒不知人事了! 沈钧儒立刻和大儿子沈谦同去, 他是一个靠得住的有经验的医生, 据他说: "时间已迟, 无法救治了!" 沈钧儒又向周恩来报告。

7月25日中午, 正在接见记者的周恩来得讯后, 立即把接见之事交与助手, 与邓颖超驱车赶来爱棠新村13号探视。面对一大群泪流满面的在场者, 素来冷静理智的周恩来也无法抑制自己的感情, 他眼里溢满泪水, 强忍住没流下来。他紧紧抓住田汉的手, 倾吐出对逝者的深情和对生者的关心。"你们都得保重啊, 文化界的朋友们无论如何再牺牲不了了!"接着, 他默默地走到陶行知先生的遗体前, 俯身拉着陶行知的手, 含着热泪说: "陶先生, 你放心去吧。你已经对得起民族, 对得起人民。你未了的事业会由朋友们, 你的后继者们坚持下去。你放心去吧! 我们一定要争取全面永久的和平, 并实现民主来告慰你。朋友们都得学习你的精神, 尽瘁民主事业, 直至最后一息, 陶先生, 你放心去吧!"

当天下午周恩来回到南京, 晚上他致电中共中央, 称"陶行知是一个无保留追随党的党外布尔什维克", 其逝世是"中国人民又一次不可补偿的损失"……如果他临终能说话, "相信他必继韬奋之后请求入党"。

随之, 遵照周恩来的指示, "大孚"出资并主持了陶行知的葬礼活动, 翦伯赞、任宗德和王敏参加在震旦大学举行的陶行知追悼大会。追悼会现场人山人海, 特别是许多青年学生纷纷挂上挽联, 现场气氛悲情感人; 追悼会上翦伯赞介绍了陶行知生平事迹, 在场人听了纷纷落泪, 为陶行知献身民主的精神所感动, 决心沿着他的足迹在反独裁、争民主的道路上继续前进。中华人民共和国成立后担任中央人民政府政务院文教委员会委员的著名教育家陈鹤琴系陶行知挚友, 他作的悼词将会场气氛推向高潮。

2006年6月, 为纪念陶行知, 徐汇区政府在余庆路146弄口, 镌刻了一块碑, 上书: "陶行知旧居。余庆路146弄13号。捧着一颗心来, 不带半根草去。"

高阳路 **690** 号
麦伦中学旧址
——教会学校的红色记忆

一八九八年，英国基督教伦敦会在山东路麦家圈创办『麦伦书院』。一九二八年，麦伦书院更名为私立麦伦中学。一九三一年，沈体兰到校任校长一职，首先制定校训、校歌，并确立校庆日。校训于一九三三年由蔡元培先生题词，为『忠信勤勇』四字。要求学生对祖国要忠诚热爱，对人要讲求诚信，处世要勤劳节俭、勇者不惧、无私无畏，这些中华民族传统美德和品质，今天仍有沿用的价值。

| 麦伦书院

1898年，英国基督教伦敦会在山东路麦家圈创办"麦伦书院"。为纪念伦敦会传教士麦特赫斯特(Medhurst)博士，书院命名麦伦。"麦"指麦博士，"伦"指伦敦会。次年，校址迁往虹口兆丰路（今高阳路，继光中学现址）。

麦伦书院前后历任六位校长，均是英籍，至1927年夏晋麟博士出任校长，学校成为由中国人负责办理的私立完全中学。1931年，沈体兰出任校长。1953年麦伦中学更名为继光中学。

| 沈体兰

1934年，麦伦中学计划建造一个室内体育馆，沈体兰一边四处募集资金，一边变卖了自己祖上的房产，共得大洋3200元，全部捐给校方，约占募捐总数的三分之一。第二年，沈体兰又发起募建了现代化的教学大楼——科学馆，此楼于1937年初建成。师生们为铭记他对麦伦中学的无私奉献，就把这个馆命名为"体兰馆"。体兰馆三层楼房，方方正正，很庄严。大门朝南，门楣上方有大大的"体兰馆"三个繁体字，是马叙伦的手笔。

| 沈体兰雕像

将教会学校办成民主革命教育基地

1928年，麦伦书院更名为私立麦伦中学。1931年，沈体兰到校任校长一职，首先制定校训、校歌，并确立校庆日。校训于1933年由蔡

| 麦伦校歌

元培先生题词，为"忠信勤勇"四字。要求学生对祖国要忠诚热爱，对人要讲求诚信，处世要勤劳节俭、勇者不惧、无私无畏，这些中华民族传统美德和品质，今天仍有沿用的价值。校歌由曹亮作词、胡周淑安谱曲。"伟哉麦伦我校，时代之光耀，放射趁今朝，普照人类仗吾曹，年少英豪。"

上海麦伦中学的校庆日是5月5日，沈体兰说："5月5日是伟大思想家、革命家马克思的诞辰日，麦伦以这一天作为校庆是很有意义的，也是很光荣的。大家要把麦伦办成马克思主义的教育阵地，我们麦伦一直要为共产主义而高举马克思主义旗帜。当兹国运濒危，强邻压境之今日，欲图民族之生存，必先为统一救亡团结御侮之努力。"

麦伦的校训，要求学生对祖国要忠诚热爱，沈体兰身体力行，也是这样要求自己的。

他为人正直，思想进步，支持爱国运动。虽然当时有国民党派到学校来的军训教官坐在台上，但他毫无顾忌，激烈地抨击日德意法西斯，抨击帝国主义，抨击不抵抗主义。

沈体兰与1939届高中毕业生合影

而这一年也是日本帝国主义占领东北，并向华北推进的时刻，在这样的历史关头，沈体兰明确提出"要把麦伦办成民主革命的教育基地""要把学生培植成为公道而牺牲、为大众而奋斗的勇士，成为有爱国精神和救国能力之公民"。在此鼓舞下，麦伦中学的许多青年学生为了不做亡国奴，纷纷走上了抗日救亡之路。

召集大学教授宣扬马列主义

不仅学校硬件设施得到改善，学校教师队伍的建设也是摆在沈体兰校长面前的首要工作。他虽是一名虔诚的基督教徒，麦伦也是一所教会学校，但国难当头，他一改旧例，不要求同学做礼拜或参加其他宗教活动，而是每星期一、四举行两次周会，由他或其他教员讲话。同时，他聘请挚友曹亮（中共地下党员、上海文化界救国会领导人之一）为教务主任，聘请富有活动能力的张以藩为训育主任、办事干练的陈其德为总务主任，组成一个志同道合的领导班子，还聘请了因支持学生运动而被大学解聘的许多爱国进步人士和学者、专家来校任教，如：全面抗战前有魏金枝、曹孚、吴仞之、黄九如（1956年加入民盟）等；全面抗战后有林庚汉、刘晓（中共江苏省委书记）、朱泽甫、关健夫、蓝仲祥、唐守愚、楼适夷、林淡秋、赵朴初、王楚良、盛雨辰、邱汉生、吴逸民等教授；学校还邀请著名的学者、爱国进步人士和国际友人来校作报告，如：郭沫若、翦伯赞、沈钧儒、马寅初、雷洁琼等。此外还有外籍教师白约翰、韩露思夫妇和校董路易·艾黎，他们都是学识渊博、对中国人民非常友好的国际友人。这些教授在传授各自专业时，经常联系国内外时局，进行讲评，引导学生关心国事，明辨是非，激发学生爱国精神和崇高志向。他们的报告使同学开阔了眼界，提高了政治觉悟，懂得了许多革命道理。麦伦中学的教育贯穿着爱国主义思想，特别是公民课，讲授"政治经济学"与"社会发展史"。在1940年以后，沈体兰还亲自讲授毛泽东的《新民主主义论》。

麦伦聚集如此多的教授、专家、学者，都为后来由沈体兰和张志让等发起成立的上海大学教授联谊会（简称"大教联"）做了前期准备，麦伦因此也成为后来上海各大学民主教授联谊会的主要活动场所。

上海各大学民主教授联谊会成立

抗战胜利后，国民党不久便发动内战，变本加厉地实行独裁和专制，使国统区一度出现的一点民主空气荡然无存，民盟也进入了历史上最困难的时期。为了开展民主进步活动，同时筹备召开民盟一届二中全会，重庆、昆明、成都等地的民盟领导人纷纷来沪。在中国共产党政策指引下，上海各阶层人民掀起了全市性的反蒋群众运动，民盟积极参加了这些波澜壮阔的斗争。

1946年，沈体兰从重庆回到上海，继续担任麦伦中学校长，并兼任圣约翰大学教授。

1946年5月6日，民盟、民进等53个党派和人民团体组成的"上海人民团体联合会"举行会议，呼吁"立即停止内战，实行政协决议"。在上海各界人民团体联合发起组织的"美军退出中国"宣传周中，沈体兰主持召开外国记者招待会，用英语演讲，反对美国干涉中国内政，全文登载于英文报刊。

沈体兰和周谷城、张志让、马寅初、楚图南、叶圣陶等人在中共上海局的领导下，组织发起成立"上海大学教授联谊会"。"大教联"

|麦伦中学部分教师

的会议每次都由沈体兰主持，集会的场所都是由他设法解决。"大教联"要求会员在讲课时激励学生的爱国思想，斥责国民党政府的独裁腐败。沈体兰带头在报纸上公开亮相，他们在当时上海的重要报刊，如《文汇报》《大公报》《联合晚报》上撰写文章宣传进步的政治主张，进行了颇有声势的斗争。在"上海各大学民主教授联谊会"活动中，沈体兰联合28位民主教授发表意见书，提出反对内战、反对逮捕爱国师生等6项抗议。

1947年3月，他又与马寅初、孙起孟发起组织"上海市教育者人权保障会"，支持学生反饥饿、反内战的斗争。5月，与张志让等9位教授会见市长吴国桢，要求释放因反对美国扶植日本军国主义而被捕的学生。[1]

1948年深秋的一天，上海市国民党警察局派了两名警察到学校找沈体兰校长。警察开了三名学生名单：朱宗正、陈一飞、陈一心，要逮捕这三位正在学校上课的学生党员。

沈体兰严正地说：学校是教育机关，我要对学生负责，要对家长负责，你们绝不能在这里带走学生！[2]

国民党警察慑于教会势力，一时也无计可施，于是他们追问沈体兰：如果我们来抓，需要办什么手续？

沈体兰明确地告诉他们：要通过教育局批准！

① 刘冀：《爱国民主战士沈体兰》，《江苏地方志》1994年第3期，第73页。
② 同上。

| 被捕释放的同学被高高举起

这两个警察就无可奈何地走了。警察走了以后，沈体兰马上把这三个学生找来，让他们赶快躲一躲，并通知时任教务主任的余之介老师，把那几名学生的学生证上照片撕掉，又把那三人家里的地址改掉。

与此同时，许多知名教授通过"上海各大学民主教授联谊会"活动，纷纷在报纸上抗议、谴责国民党当局殴打、逮捕爱国学生，形成了强烈的社会舆论。

得到了沈体兰和其他教授的帮助，麦伦学生党员很快秘密地离开了学校，等到国民党警察再来麦伦中学时，黑名单上的三人已经无影无踪了。

过了几天，沈体兰把校学生会正、副主席叫到家中，嘱咐他们："我要出去一段时间，整个学校就交给你们了。你们要把同学们组织起来，千万要把校舍保护好，把图书、设备、仪器保护好，迎接新中国到来。"之后，他就神秘地消失了。

那么沈体兰究竟去了哪里？原来中共中央发给香港分局的电报明确指示"设想新政协"大约在明春召开，故各方人士须于今冬明春全部运入解放区……在中共上海党组织安排下，沈体兰踏上了人生的新征程。作为教育界的代表和上海市各大学民主教授联谊会领导人之一，他先秘密转道香港，与柳亚子等人会合，然后加入了"知北游"的行列。

抵达北平后，沈体兰与其他民主人士很快就参与了新政协的筹备工作。1949年6月15日，新政协筹备会在中南海怀仁堂开幕，选出毛泽东等21人组成常务委员会，负责日常事务，沈体兰被推选为筹备会副秘书长，这对于沈体兰而言，无疑是党和人民的高度信任、社会各界的首肯，让他倍感光荣。此后的三个多月时间里，他没有辜负党和人民的嘱托，夜以继日地全身心投入到新政协的筹备工作之中。

1949年10月1日下午三时，作为人民政协和建国大业的亲历者、见证者，沈体兰与民主人士们一同登上天安门，光荣地参加了彪炳史册的开国大典!

1950年沈体兰任华东军政委员会教育部副部长，1953年调任华东体育委员会主任。1955年起任上海市体委主任。1958年起任上海市政协副主席。他还先后担任全国人大代表和上海市人大代表，市人民委员会委员，全国政协委员，中国民主同盟中央委员、上海市委常委，民主促进会上海市委常务理事等职。

结语

沈体兰接任麦伦中学校长，至1950年出任华东军政委员会教育部副部长而离校，先后长达近二十年。当时上海市副市长盛丕华在体兰馆碑石上题词赞赏他："……把一所外国教会办的旧麦伦，一手改造为进步的革命的新麦伦，他对民主教育的贡献是有着全国性重大意义的……在反动统治下，一贯地传播进步思想，提倡爱国运动，培养革命干部，麦伦始终站在前哨。"

淮海中路 *1300-1326* 号
恩派亚大厦旧址
——淮海路上的民盟情报站

民盟上海市地下支部于一九四七年底成立。为了躲避国民党的耳目，确保盟员的安全，民盟活动由地上转为地下，由公开转向秘密，地下支部以每周开会汇报工作、交换情报不作记录的方式来应对新的斗争形势。霞飞路恩派亚大楼，即淮海中路的淮海大楼曾是民盟的地下情报站。

淮海大楼建于1934年，初落成时，西文名称为Empire Mansions，现在则称其为恩派亚公寓或恩派亚大楼，也有人根据Empire的意译，称其为"帝国大厦"。该大楼占地面积6280平方米，建筑为现代派风格，钢筋混凝土框架结构。沿街周边式布局，底楼为商店，既方便楼上的居民，又可使街景美观。中间六层两翼四层，20世纪80年代公寓改建后，中间增至七层，两翼增至五层。街坊内有汽车库和网球场，现常熟路一侧设有供汽车进出的过街楼。

恩派亚大厦属于典型的装饰艺术派（Art Deco），轮廓简单明朗，外表呈流线型，图案呈几何形或具象形演化而成。恩派亚大厦由三个单元组成，展开的面积很大，建筑师以每层窗间墙连接起来，成为一条条浅白色的、舒展的水平线条，然后在三个单元的入口处或过街楼处设计冲出屋面的竖线条装饰。那三根浅白色竖线条，从底楼顶上笔直向上，一直要到尽头处打了个褶，既避免线条单调又不影响效果，在咖啡色建筑材料的衬托下，显得突出与醒目，并使原来不高的建筑群体有屹立向上的气势。大厦中间单元为六层，两侧跌落两层为四层，以浅白色为基调，给人一种欲飞翔的白鸽视觉形象。1985年为解决住房紧张问题，在中间单元加建一层，两边单元各加建一层，原来的建筑比例被破坏。

古玩店内传情报

1948年，辽沈、淮海、平津三大战役令蒋介石赖以维护反动统治的主要军事力量几乎被消灭殆尽，全国已处于革命胜利的前夜。然而，在国民党疯狂的垂死挣扎之中，国统区却呈现一片肃杀之气，令局势变得

|介如古藏社旧址

更加险恶，民盟组织的联络和行动也变得越加艰难。

出于保障爱国民主人士和盟组织安全的考虑，同时也是为了更有力地同国民党反动派较量斗争，1948年10月，民盟上海市支部决定建立直属情报站，下设两个独立小组。曹鸿翥担任直属情报站站长，成员有杨柳村、江波等盟员。曹鸿翥1946年由黄炎培、王绍鏊介绍加入民盟。曹鸿翥经营一家名为介如古藏社的古玩店，该店位于霞飞路恩派亚大楼，即今天淮海中路的淮海大楼。

直属情报站便以古玩店为掩护，将联络点设在其中。一方面，曹鸿翥通过古玩生意结识了上海警备司令部的一些上层人物，成功通过策反工作收买了内线，从他们手中获取警备司令部准备抓捕的爱国民主人士名单等情报。一旦搜集到抓捕名单的情报，曹鸿翥马上派古玩店店员通知抓捕对象让其迅速转移。另一方面，民盟及其他党派从多个渠道收集到的情报也会集中到古玩店，然后由曹鸿翥安排发送给有关方面。

黎明前夕的1949年，局势日紧，草木皆兵。年初，国民党特务头子毛森下令要限时限刻摧毁仍在活动的上海民盟组织，民盟上海市支部的负责人均被列入特务捕杀的黑名单，若抓不到活的，则可就地枪杀。5月9日，应罗隆基的要求，原本决定晚八点在霞飞路（今淮海中路）嵩山路的申江医院单间病房里召开民盟上海区执行部和民盟上海市支部负责人联席会议。然而，当天下午三点，从直属情报站传来情报，会议已被国民党特务获知并布置了详细的抓捕方案，计划当晚包围并逮捕参会者。获悉这条重要情报后，组织部立刻分头通知上海民盟组织负责人当晚会议取消，组织部部长尚丁亲自在申江医院边门远处阻止前去参加会议的盟员同志。晚九点，申江医院全部被国民党特务包围，唯一没有及时离开医院的民盟上海市支部民运委员会成员彭文应翻天窗从屋顶惊险脱逃。国民党特务未能抓到彭文应，气急败坏，只能将他家和他经营的中外贸易公司洗劫一空。

到了1949年5月15日，应罗隆基的要求，再一次决定召开民盟上海区执行部和民盟上海市支部负责人联席会议，这次会议定于下午二时在福开森路（今武康路）20号的一个大花园洋房中召开，这是一处很隐蔽而不容易被人注意的地方。当天上午十点得到情报，此会已被特务知晓，国民党警备司令部决定进行围捕。组织部当即分头通知参会者停止集会，并派一人去弄堂口阻止。下午二时，国民党特务包围了那所花园洋房，民盟派去监视的同志见状只能马上撤离。不巧的是，史良的联络员田蕙菁迟至下午二时半前去，刚跨进花园大门，便被守候在此的特务逮捕，入狱后受尽酷刑，直到上海解放才出狱。之后，特务还一直在大花园洋房中守候了多天，最后毫无所获失望而归。

正是由于曹鸿翥领导的民盟直属情报站搜集到敌特方面准确而及时的情报，才使上海民盟组织得以提前应对国民党特务的袭击，几次化险为夷，避免了重大损失。

无线电波中迎解放

民盟上海直属情报站下设的两个独立小组，一个以古玩店为掩护，收集敌特方面迫害民主运动的情报；还有一个以无线电商店为掩护，收录新华社的广播，翻印供各级组织学习。

这家无线电商店叫做皇家无线电行，以前位于建国西路104号，靠近瑞金二路的一个弄堂口，由直属情报站成员江波经营，顾孟武、沈其遽等盟员都在此工作过。穿过店堂后面有一个又暗又窄的小房间，盟员同志在这里戴着耳机秘密收录解放区短波新闻，边收听边抄录，空隙时再进行复写。收听设备的开关安装在前面店堂柜台的暗处，柜台上从不离人，大多时候由店主江波自己担任瞭望。要是发现可疑情况就随时关闭设备开关，同时用约定的暗号通知小间里抄录的同志，把有关物件藏起或销毁。当时店铺斜对面即是国民党警察局的内部机关，而这项在敌人眼皮底下进行的活动一直坚持到上海解放。

1949年元旦前夕的一个深夜，把门窗全部蒙黑后，江波套上耳机，在小间里照例开始秘密工作，收听新华社电讯。打开短波收音机，竟清楚地听到了用记录速度广播的新华社新年献词《将革命进行到底》。这是毛泽东主席为新华社写的新年献词，是向全世界宣告中国人民解放军将渡江南进，把革命进行到底的鼓舞人心的好消息。江波兴奋地一边听一边记，用最快速度整理完毕后，再用很小的字抄在薄纸上。完成所有工作时，已经鸡叫头遍，等不及天亮就把稿子送交尚丁的机要交通员同时也是直属情报站成员的杨柳村。紧接着，尚丁布置学生区分部的交通大学小组，把《将革命进行到底》这篇重要文章油印几百份，准备分发给上海民盟十二个区分部进行学习。

为了不出差错，如期完成计划，那天尚丁特意身着西装，戴一顶深咖啡色的礼帽，乔装打扮为阔绰商人，杨柳村乔装成他的一个小伙计，江波则乔装成司机，开了一部奥斯汀小轿车，直奔交通大学。汽车顺利地通过交大校门，直驶学生宿舍。民盟小组的同志早已等在那里，马上把一捆捆伪装好的印刷品从房间角落里提了出来，迅速地放进汽车坐垫下面的空档里。一切安置停当，三人坐进汽车，当车子经过校门时，尚丁还举了一下礼帽，和传达室人员打了个招呼，随后便堂而皇之地驶出了交通大学。到了南京西路的大华商场，把油印材料搬到一间小阁楼上，几个盟员一起迅速地分发了全部文件，圆满完成了这次任务。

虽然国民党特务头子发誓要摧毁民盟地下组织，但在直属情报站出色工作的协助下，民盟组织始终岿然不动，度过了黎明前的黑暗，迎

| 皇家无线电行店旧址，今建国西路138号

来了上海解放的曙光。尤为值得自豪的是，民盟上海市地下组织没有一个出卖同志和组织的叛徒。

　　如今的淮海路焕然一新，经过淮海中路和常熟路路口，还可见到转角处那幢记录了许多历史往事的老楼，只是当年的古玩店早已不在，留下的唯有繁华；而建国西路上也不见了当年那间毫不起眼的无线电铺的踪迹，只剩独具上海风貌的路边小楼。当年沪上的惊心动魄，已被时光永恒地镌刻在历史中。

淮海中路 *966* 号 *5* 号楼
虹桥疗养院旧址
——张澜、罗隆基虎口脱险

虹桥疗养院是旧时上海滩首屈一指的肺病治疗康复机构，坐落在沪西虹桥路二〇一号。一九三八年，该院迁入法租界霞飞路九〇〇号继续开业。一九四九年，中共党组织经过周密筹划，成功营救出在此「养病」的民盟领导人张澜、罗隆基，粉碎了国民党欲将他们杀害的阴谋。

| 淮海中路966号，徐汇区中心医院5号楼（原虹桥疗养院）

20世纪30年代，肺结核一直都是中国最致命的传染病之一，常有"十痨九死"之说，而针对需要隔离和特殊治疗的肺结核病医疗机构十分有限，由中国人自己建造的更是寥寥无几，虹桥疗养院的建设正是要填补这个空白。由沪上名医丁福保、丁惠康父子于1932年筹建的虹桥疗养院，是旧时上海滩首屈一指的肺病治疗康复机构。疗养院从筹建到落成历时两年，建筑及设备约耗资30余万元。1934年6月，虹桥疗养院落成，院址坐落在沪西虹桥路201号。项目由启明建筑师事务所奚福泉设计，安记营造厂承造，包括一栋四层主楼和一栋一层副楼，均为钢筋混凝土结构。虹桥疗养院建筑呈典型的现代派风格，被建筑史家普遍认为是中国近代史上"最具代表性的现代主义建筑"。

| 虹桥疗养院主楼外观及剖面图，退台式设计让每一层病房都可享受充足的阳光

　　1934年元旦，创建人丁惠康即在《申报》上为疗养院做了第一次有关的报道："各项建设，大抵集中租界，而我华界则寥寥不可多见，未免相形见绌。尤以卫生设施之不周，云泥相判，更不能令人无憾。夫卫生之设施，岂特国际观瞻之所在，实与整个民族之健康，有深切之关系……在今日相形见绌之际，吾人之努力，又岂容片刻缓哉……"①

　　1934年6月17日，虹桥疗养院正式揭幕，上海市市长吴铁城亲临现场剪彩，社会名流如杜月笙捐赠化验器材、孙科捐赠太阳灯（当时被认为是治疗肺结核的有效设备），成为上海滩一时之新闻。虹桥疗养院开业后除了收治肺结核病人，还配合中国防痨协会开展胸部X光检查业务，定期发布检查结果，在当时产生了一定的社会反响，促进了结核病的防治。

　　当时的虹桥疗养院建筑及设计均为一流，其建筑形式完全符合内部功能要求，没有任何与结构无关的装饰，重视功能实用，注意卫生及环境，造型美观大方，已深得现代主义建筑的本质特征。该建筑设计对肺病治疗所的室内环境及疗养功能的考虑，极为细致周到。病房全部安排在走廊南面，且每间病房前都有室外阳台，供病人接收"日光疗法"；

---

① 丁惠康：《虹桥疗养院建筑之起点及经过》，《申报》1934年1月1日，第24版。

走廊北面安排了卫生间、淋浴房、消毒室、医生卧室等附属用房，二层还有光疗室和大手术室。再看小矩形体量，二至三层是有独立卫浴设备的高级疗养病房，配有更大的内凹阳台。为了降低噪音，疗养院内包括病房、诊室、走廊等处都铺设了橡皮地板。而为了丰富病人的精神生活，主楼平台东侧还专门设有音乐室一间，配备无线电、钢琴，以供消遣。疗养院收治之病员多来自沪上名医诊所转诊，住院者多为有产阶层，至于工薪阶层，即便是普通病房，恐亦难于问津。②

1935年，国立上海医学院院长颜福庆借用该院作为上海医学院第二实习医院。1937年"八一三"事变爆发后，虹桥疗养院被迫停业，部分医疗设备则无偿供给伤兵医院使用。上海沦陷后，沪西虹桥一带治安混乱，局势动荡，1938年，该院迁入法租界霞飞路900号继续开业。

如今徐汇中心医院内的5号楼，正是虹桥疗养院这一时期的院址。这栋建成于20世纪20年代的建筑以清水砖墙为主，建筑为假四层砖混结构，装饰艺术派风格，布局对称，立面强调垂直线条，构图以左右两块前出墙体把整个立面分成五段。中间入口拱形门洞，挑出弓形雨厦。立面两侧凸窗形成超越屋檐的垂直构图，仍然带有英国维多利亚女王时代建筑风格的遗韵，顶部则采用了典型的法国孟莎式屋顶。这幢建筑的精美更多还是从丰富的装饰中显现的，凸窗立面顶部装饰了鹰翼和火轮组成的浮雕图案，很可能是当年公司的徽记，像是古埃及鹰翼太阳神图案中演化而来，而火轮上的图样更像来自古希腊神庙山花顶上的装饰物。19世纪至20世纪初的西方，历史样式混杂使用的设计现象非常普遍，这幢建筑也因这样的手法而给人们留下更深的印象。

1949年，中共党组织经过周密筹划，成功营救出在此"养病"的民

---

② 卢永毅、陈艳：《虹桥疗养院作品解读：略论中国近代建筑中的功能主义》，《建筑师》2017年第5期，第52—53页。

盟领导人张澜、罗隆基，粉碎了国民党欲将他们杀害的阴谋。1958年，虹桥疗养院与怡和医院合并为淮海医院，1961年更名为上海市徐汇区中心医院，现为该医院行政楼。

张澜，是中国早期的民主革命家。他曾领导过四川保路运动，在抗日战争时期被聘为国民政府的参政会参政员。1941年，中国民主政团同盟在重庆成立，张澜被推为主席。后来，他又成为中国民主同盟的主席。

1949年初，蒋介石的"和平"阴谋破产后，被迫宣布"引退"。1月24日、25日，代理总统李宗仁先后派甘介侯、邵力子拜访张澜，请求张澜重新出面调解国共关系，重开和谈。张澜明确拒绝说："不行!不行!从前国共两党之争，我们是第三者，但现在局势已经变了，现在是革命与反

|1949年，张澜、罗隆基被国民党软禁于虹桥疗养院期间留影

民盟总部被迫解散后，张澜行动失去自由，沈钧儒与张澜协商后，决定潜赴香港继续开展活动，图为沈钧儒临行前和同仁合影。右起：沈钧儒、陈叔通、罗隆基、陈新桂、张澜、叶笃义、张茂延

革命之争，而我们站在革命的一边，所以不能充当调解人。"[3] 这清楚地表明，张澜在历史的关键时刻，坚定地选择了革命的立场。

当时留沪的民盟领导人虽然一致拒绝出任调人，但南京方面不死心，继续派代表到沪纠缠；同时新闻记者也每天访问民盟人士和谈信息。留沪的民盟同志中，有些人考虑到张澜年老体弱口齿钝，独在寓所应付南京代表和记者不甚妥当。大家商量结果，主张表老到虹桥疗养院去住，以便有事可推给同院的罗隆基代办（答）。罗隆基自1947年11月上旬，即民盟被迫宣布解散起，一直到上海解放，始终住在虹桥疗养院的一间头等病房里。因为罗隆基年轻些，原来就是民盟的发言人，而且生活在一起，彼此交换意见也方便。张澜同意这么办，所以也就住进了虹

---

③《中国民主同盟六十年》，群言出版社，2001年版，第83页。

桥疗养院，国民党特务则化装为医护人员轮班去监视。

张群被任命为西南军政长官公署主任，上任之前，他到虹桥疗养院拜访张澜。张澜告诫他说："到四川去，应该为四川人民做些好事，首先应该释放政治犯，停止征兵征粮，更不宜在四川打内战。"张群赴川，果然按张澜意见释放了关在渣滓洞的21位民盟盟员（其中包括多名中共党员），将征兵名额由原来的42万人减至6万余人，取消了原拟新建6个师的决定，减少了征粮。事后，张群通过留川民盟中委范朴斋将所做之事转告张澜，以示尊重。④

1月底，时任国民党西康省主席的刘文辉派代表杨家桢来拜访张澜。张澜告诉来者说："蒋介石即将彻底失败，川康的问题要看自己的力量如何来做决定……时局两三个月后就有大变化，最后决战在四川，快回去准备，好迎接解放。"⑤

蒋介石一直对张澜的不合作姿态深为记恨。1949年解放前夕的上海风雨飘摇，蒋介石在准备逃往台湾前，特务头子毛人凤下了一道密令：像张澜、罗隆基这样的民主人士，要随国民党一同前往台湾。民盟"这些人不归我所用，也断不能资敌"。

中共中央得悉这一消息后，周恩来指示上海局党组织，与国民党中央监察委员杨虎联系，设法营救。

抗战前，杨虎任上海警备司令，因拒绝日方的无理要求，奋起抗击日军，引起蒋介石的不满，仅委以监察委员的虚职，明升暗降，夺走杨虎手中的兵权，由此引发杨虎极大的怨气。

抗战期间，周恩来对杨虎作了大量争取工作，杨虎日益趋向进步。内战爆发后，中共驻上海办事处撤离时，杨虎设宴饯别，周恩来希望他

---

④ 崔宗复：《张澜先生年谱》，重庆出版社，1985年版，第140页。
⑤ 同上。

『老建筑是有精神的。』

上海文化出版社

|张澜（左）、郑定竹（右）

与中共上海党组织保持联系，共图民主大业，他欣然允诺。

当中共党组织与杨虎联系，请他帮忙营救张、罗时，杨虎慨然应允，把这一任务交予自己的老部下、警备司令部稽查处三大队大队副阎锦文及队员庄儒伶、潘云龙执行。

4月南京解放后，人民解放军进逼上海，国民党垂死挣扎，加紧了对张澜等民主人士的迫害，国民党特务包围了虹桥疗养院，严密监视和控制张澜的行动。即便这样，上海警察局长特务头子毛森仍害怕张澜、罗隆基逃脱，1949年5月10日，下令上海警备司令部第三大队队副阎锦文前往抓捕。阎锦文闯进疗养院，见了副院长郑定竹，声言要把张澜、罗隆基带走。郑定竹倾向革命，不满蒋介石专制独裁，对张、罗两位民主人士的斗争精神深为敬仰，与之交往甚频。他见军警来捕人，认为这一去凶多吉少，于是挺身而出，仗义救助。郑对阎锦文说："两位先生患的都是重病，入院后一直由我负责治疗，每天要输液，有时还要接氧气，离开医院随时会有生命危险，请准予就院监守，以便继续治疗，对病人负责到底。"阎锦文说，如果不带走，必须要人担保才行，郑定竹副院长说他愿意做担保。阎锦文又说，你肯不肯用自己的身家性命来担保?郑定竹副院长毅然答应了下来。接着他们一起到办公室写了书面担保，签名盖章后交给阎锦文。阎锦文经请示后，同意改为拘留院内，严加看守，把张澜、罗隆基拘押的地方划为禁区，荷枪实弹的士兵不分昼夜轮班警戒，任何来往的人都在监视、盘查之下，只有个别医生护士可与张澜、罗隆基接触。后经再三请求，才允许张澜的女儿张茂延、张淑延探视。⑥

此后，按杨虎叮嘱，阎锦文以检查监守为名，几乎每日去疗养院，行暗中保护张、罗之实。阎锦文对那些看守说，时局吃紧，警惕有人劫狱，如果有人来提审或转移这两个要犯出院时，坚决拒绝，必要时开枪抵抗。为掩人耳目，每至疗养院时，阎总是吆五喝六，凶相毕露，吓得医生、护士不敢仰视。

5月12日，解放大军发动对上海蒋军的攻势。杨虎预感到国民党当局撤离上海之前必然要对张、罗下毒手，于是要阎锦文向张、罗言明真情，以便取得他们的配合。不料，阎向张、罗表明营救之意，两人却不屑搭理。阎锦文只得直言相告说这是杨虎交给的任务，并告之自己与杨虎的关系，两人仍不置信否。阎锦文又把杨虎的电话号码交上，要他们直接与杨通话释疑。张、罗恐误入圈套，累及杨虎，拒不通电话。⑦

5月24日下午七时，上海警察局局长毛森命令阎锦文，限晚十时以前将张澜、罗隆基押解到黄浦江上一艘轮船上。阎锦文知道这是国民党撤离上海的最后一只船，是要把张澜和罗隆基劫持到台湾。阎锦文布置

⑥ 王晓莉：《张澜：从"川北圣人"到共和国副主席》
　 http://dangshi.people.com.cn/n/2013/0205/c85037-20441201-3.html
⑦ 陆茂请：《民主斗士张澜罗隆基上海脱险记》《法制博览》2016年第001期，第86-87页。

一些士兵将院内外严密警戒，并将开来的一辆小汽车停放在病房大楼前，让士兵把守住楼梯口，不许任何人上楼，甚至医务人员也不行，然后独自上了楼。阎锦文先来到罗隆基的病房，大声吼叫着要把人带走，又轻声地告诉罗隆基，他是按杨虎的指示来救他们的，并嘱咐一定要听从安排。当他来到张澜房间吼叫着要带人走时，张澜坚决地表示宁死也不去台湾，要枪毙就在这里枪毙吧!阎锦文此时急了，不知道该如何跟他解释，只得回到罗隆基的房间，催促罗隆基去劝张澜。罗隆基也有些信不过阎锦文，便问道："有什么凭据让我相信你是杨先生派来救我们的?"阎锦文拿不出证据，急得手足无措。双方正不知如何是好，罗隆基忽然想起杨虎的太太田淑君，便立即与她通话，得到确认后才放心了。罗隆基将这一情况告诉了张澜，这样张澜才同意离开。

张、罗上了一辆军用吉普车，此时全城已经戒严，阎锦文凭着警备司令部的证件通过了道道岗哨。一个多小时后，毛森在看守所等得发急，觉

|民盟中央主席张澜在全国政协一届一次会议开幕式上讲话

得情况有异，赶忙另派警察局特务赶往虹桥疗养院，却扑了空，这才知道阎锦文已经"变节"，立即驱车追赶。机警的阎锦文在离开虹桥疗养院后，叫司机将吉普车驶入小巷，一路狂奔，来到环龙路59号杨公馆。此刻，中共便衣队早已等候多时。第二天，巷战基本结束，仅苏州河以北尚有零星战斗。⑧

国民党上海警备司令部在撤离上海之前发出一条通缉令，悬赏30根金条，捉拿张澜、罗隆基、阎锦文三人。黄浦江上的轮船推迟到当夜十二点之后，才无可奈何地启锚逃往台湾。蒋介石得悉张澜、罗隆基失踪后，气得暴跳如雷，大骂军统是一堆饭桶，下令悬赏通缉，又令军统少将行动科科长朱山猿追捕阎锦文。

陈毅进入上海后立即代表党中央来看望张澜。5月29日，张澜在上海致电毛泽东、朱德、周恩来、董必武，庆祝解放上海取得胜利。在电文中，张澜除表示祝贺外，还关心新国家的建设，他说："上海为东亚著名大都市，国际及国内人才多集于此，今后工商业之新发展，尤为新民主国家所依赖。兹值战后困难较多，如何安定，如何建设，想早在诸公运筹策划中，澜不久将与罗努生兄等来平聆教。"⑨

6月1日，毛泽东、朱德、周恩来、董必武等复电张澜："表方先生：艳电敬悉。革命军事迅速发展，残敌就歼，为期不远。今后工作，重在建设。亟盼各方友好，共同致力。先生及罗先生准备来平，极表欢迎。"⑩

6月18日，张澜、史良、罗隆基等在沪民盟中央领导人，应中共中央之邀启程赴北平参加新政协筹备会。在17日出发前夜，民盟上海市支部假座清华同学会，由支部主委彭文应主持，举行了隆重简朴的欢送大

⑧ 陆茂请：《民主斗士张澜罗隆基上海脱险记》《法制博览》2016年第001期，第86-87页。
⑨《张澜文集》四川教育出版社，1991年版，第358页。
⑩《张澜文集》四川教育出版社，1991年版，第359页。

会，郭则沉、顾执中、孙大雨等支部成员出席，会场内喜气洋洋，在场人员的笑语声中，洋溢着对即将建立的新中国人民政权的美好憧憬。

席间，张澜主席神色庄重地即席发表演讲，扼要分析了中国共产党夺取全国武装斗争胜利后的形势，对今后中国民主同盟的性质、任务和努力方向作了阐述，并号召全体盟员"向共产党学习"，与中共精诚合作。

张、罗前往北平，出席了中国人民政治协商会议筹备会。在中国人民政治协商会议上，张澜当选为中央人民政府副主席，罗隆基于新中国成立后被任命为政务委员。

参考文献：

(1) 中国民主同盟中央委员会：《中国民主同盟六十年》，群言出版社，2001年版。

(2)《张澜纪念文集》，四川教育出版社，1999年版。

(3) 崔宗复：《张澜先生年谱》，重庆出版社，1985年版。

(4)《张澜文集》，四川教育出版社，1991年版。

(5) 卢永毅、陈艳：《虹桥疗养院作品解读：略论中国近代建筑中的功能主义》，《建筑师》，2017年第5期，第52—53页。

南京西路 *742* 号
新华电影院
——追悼"川北圣人"张澜主席

新华电影院原名夏令配克影戏院，伫立在南京西路七四二号（原静安寺路），于一九一四年建成。一九三九年，由夏令配克影戏院改造后的大华电影院外观简洁大气，焕然一新。一九五五年二月九日，民盟主席张澜在北京因病逝世。为了举行一次庄严肃穆的追悼大会，最终决定把会场放在新华电影院这个大场地。

1955年2月9日，民盟主席张澜在北京因病逝世。噩耗传来，上海全体盟员都沉浸在深切的哀悼中。为了悼念张澜主席，上海支部决定在2月15日上午九点半举行一次庄严肃穆的追悼大会。因为社会各方人士都要积极参加，人数众多，因此选择会场成了一个难题。思考再三，支部最终决定把会场放在新华电影院这个大场地。大会现场庄严肃穆，正中悬挂着张澜主席的大幅油画遗像，遗像下面堆满各方所献的花圈，主席台两旁高大的圆柱上悬挂着一副大挽联，上面写着"大智、大勇、大仁，革命斗争终一世；立功、立言、立德，人民事业共千秋"。大会由支部主任委员沈志远主持，由陈仁炳报告张澜主席的生平事宜。

时任上海市市长陈毅代表中共上海市委、上海市人民政府和人民解放军驻沪部队致悼词。他首先指出他是以一个同志和战友的身份，对这位前辈教育家和长期从事民主运动的社会活动家的逝世表示深切哀悼。

接着，他举出了张澜主席一生所做的几件值得大书特书的大事：第一件大事是在辛亥革命以前，帝国主义觊觎中国路权妄想霸占我国铁路，满清王朝准备把川汉铁路的路权卖给帝国主义国家，但是四川人民不干，结果发动了反对满清卖国政府的保路运动。实际上，这是表示中国人民对帝国主义和封建统治的仇恨，在政治上要求民主，张澜主席当年领导了这场运动，因此受到了四川总督赵尔丰的仇视，当时就逮捕了参与活动的包括张澜主席在内的13人，但是张澜主席不为威武所屈，刀斧在前还是据理力争，这13人后来的发展是不同的，有的消沉了，有的陨落了，但是张澜主席始终坚持正义，坚持中国人民的利益，以后一直以这种精神从事革命活动。

第二件大事是在窃国大盗袁世凯称帝的时候，张澜主席又挺身出来声讨袁世凯，在西南一带影响很大，张澜主席这个活动值得大家深深向他表示敬佩。

第三件大事是在抗日战争时期，张澜主席始终坚持抗战，坚持团结，反对投降。对分裂活动，特别在皖南事变前后，他始终为反对蒋贼的投降阴谋作不屈不挠的斗争，在他的积极活动下团结了当时的民主政团，并在这个基础上同共产党合作。那时蒋介石有权有势，相形之下，共产党是弱小的，当时反抗蒋政权是要冒着生命危险的，但是张澜主席所领导的中国民主政团联盟，竟敢于和蒋介石分庭抗礼，对外坚持抗战反对妥协，对内坚持团结反对分裂，这是一个很坚贞的考验，是一个关键问题，永远值得大家纪念。说到这里，陈市长作了回忆，那时候他在苏南苏北一带搞革命。张澜先生的反抗精神就是直接支持了他们的抗战，因为当时国际形势非常恶劣，希特勒气焰万丈，蒋介石跟在汪精卫的后面消极抗战，积极投降。他借口新四军在敌后，发动了皖南事变，杀了项英，抓了叶挺。以此对外向日本人献媚，对内威胁民主政团。当时的青年党、民主社会党都附和蒋贼，唯有张澜先生支持了我党我军，严正地指出这是蒋介石破坏抗战的行为。这样帮助共产党挽

1914年静安寺路上建成
的夏令配克影戏院

196

回大局起了很大的积极作用，就当时的情况来说，新四军和八路军远在敌后，党的领导又处于边区，整个大后方的对蒋斗争就靠民主政团同盟来支持。先生在这种情况下，率领着民主政团同盟的同志们坚决巧妙地对蒋贼作不懈的斗争。这充分表明了先生坚持抗战反对投降的正确立场，是最值得我们怀念和学习的。

第四件大事是在抗日战争胜利以后，蒋介石悍然以抗战英雄自居，随便发号施令，美式装备的新一军新五军新六军就被急忙用美国飞机美国军舰从空中和海上运至武汉、南京、上海和东北，妄想独吞抗日战果。国民党从各方面包围了解放区，局势如此严重，特别是在1947年二三月间，蒋介石侵占了张家口，侵占了当时的淮阴和整个陕北。他认为消灭共产党已不成问题，就召开了臭名远扬的伪国大，这时民盟和现在的各民主党派，如果都参加了这个伪国大，那么他们的政治生命也都完了，就不会在以后参加一系列的比如反饥饿反内战等政治运动了，这就破坏了我们的统一战线，但是民盟在张澜先生的领导下始终支持团结，反对内战，不参加也不承认蒋介石自吹自擂的所谓国大会议。这种态度直接保持着民盟在政治上的纯洁性，间接支持了我们的解放战争，在政治上孤立和暴露了蒋介石的反动本质，其意义非常重大，今天当我们告别先生的时候，也是值得我们好好怀念的。

陈市长在举出了张澜主席生平这四件大事之后，特别强调后两者是具有关键性的问题，也是两个重大考验，一方面说明张澜主席立场的坚定；另一方面也说明统一战线的正确。他说，毛主席说过，中国革命有三大法宝，就是统一战线、武装斗争和党的建设。张澜先生坚持进步立场，既反对阴谋破坏抗战的皖南事变，又拒绝参加臭名远扬的伪国大，这就是在关键问题上保持了和共产党紧密团结，就阶级关系上说是保持了小资产阶级的联盟队伍，这都保证了统一战线的稳固。陈毅市长的高度评价让在场的同志们欣慰不已。

中共上海市委各部负责人、市政府副市长、市政府各部门负责人、市协商委员会、各民主党派上海市地方组织代表及各人民团体代表等共700余人参加悼念大会。此次大会在新华电影院百年历史中，留下了浓墨重彩的一笔。

新华电影院原名夏令配克影戏院，伫立在南京西路742号（原静安寺路）上，于1914年建成。实际上，这家电影院并非是上海的第一家影院。商人雷玛斯（A.Ramos）于1903年从西班牙来到远东第一大都市上海淘金，在考察了许多项目后他决定接受同为西班牙人加仑·白的电影放映业。他先是挑选了虹口区乍浦路溜冰场作为放映场地，后又转移到大马路同安茶室，之后又搬迁至福州路的青莲阁楼上的小室内并雇用人手身着奇装异服在门口敲锣打鼓招揽生意。通过这番折腾，雷玛斯赚到了人生的第一桶金，他不再满足于小打小闹，而是决定自己开设一家专业影院。经过多番考察，他选择了当初的美租界，也是广东来沪人员聚集地的经济繁荣的虹口区开设专业化影剧院。于是雷玛斯在海宁路乍浦路路口租借了一个溜冰场，用铁皮围绕搭建了上海首家正式电影院——虹口活动影戏园，俗称"铁房子"。这个电影院可以容纳250名观众，从此电影放映走出了"寄人篱下"的困境，有了自己的独立空间。对时髦事物好之若鹜的上海市民很快就填满了这个铁皮屋子，让雷玛斯赚得盆满钵满。

1914年，雷玛斯重新选址（就是选在当年的静安寺路、现在的南京西路），决定创办一个豪华影剧院——"Olympic"。为什么取名"Olympic"已不可考，或许雷玛斯是一个体育爱好者，但其翻译颇为有趣。与我们常见的"奥利匹克"不同，而是翻译成"夏令配克"。乍看之下，有些让人摸不着头脑，但用沪语读之，则觉得是神来之笔，语音语调与原来发音极为神似。与用粤语读"曲奇"饼干颇有异曲同工之妙。夏令配克影戏院内有1000余

│1939年12月10日，中国商人潘志衡收购夏令配克影戏院后重新装修，更名为"大华电影院"

个座位，建成时规模和装潢都是沪上第一，风光无限。它虽然以西方影片为主，首映法国无声影片《何等英雄》（拿破仑传），但也放映中国影片和提供地方戏舞台，令其声名大作。

1926年3月，雷玛斯变卖资产，整理了其二十多年来在上海经营电影业的巨额收入，决定叶落归根回到故土养老。消息一经传出，中国商人张石川、张长福等立即集股，租下了夏令配克、维多利亚、恩派亚、卡德、万国五家影院，并于1926年4月2日组织成立中央影戏公司，其目标为"提倡国产电影"。不久后，夏令配克又被转租给雷玛斯多年来的竞争对手赫思倍。上海迎来了影院的大发展，大光明、国泰、南京等一批新影戏院建成开业后，原来的夏令配克则显得设备陈旧、建筑老化，逐渐被市场淘汰，在1934年10月8日放映完《孤军魂》后停止营业。1937年淞沪抗战后夏令配克一度沦为日本军人的马厩和难民收容所。1939年12月10日，中国商人潘志衡将之收购后重新装修，更名为"大华电影院"，并加入米高梅电影院系，当时放映的原版片《乱世佳人》连映42天，首创沪上影院卖座最高纪录。

1941年日伪接管大华电影院，将之交付伪中华电影公司使用，直到抗战胜利后被国民党军队接收。1951年4月1日，大华电影院正式由上海市文化局接管，并更名为新华电影院，回到了人民的手中。改革开放后新华电影院于1986年12月12日重新装修，并更新先进设备升级为特级影院，在1994年土地征收改建中被拆除，原址上建起了商务楼，服务于现代经济。

夏令配克影戏院建成之时，沿街主立面左、中、右三段式对称构图，大小不一的开窗以圆拱造型统一成一体，形式明显带有西方古典建筑韵味。1939年改造后的大华电影院外观简洁大气，焕然一新。主立面虽然仍然对称构图，但形式语言大有转变：底层入口上有雨棚和流线型条形装饰，上部全实墙面，中央垂直体块突出，两侧标有"Roxy"醒目字样，从街道远处就能看到。整个立面横竖相间，虚实呼应，是装饰艺术和流线型风格的结合，并也融入了现代主义建筑的纯净。无论是原来的折中风格还是后来的摩登造型，这座影院在80年的历史中一直是上海西区一道亮丽的风景线，同时，她也见证了上海滩的百年沉浮，创造了中国电影史上的几个"第一次"。

20世纪最初的那些年头里，尽管电影的放映在大城市已经相当常见，但中国人自己拍摄电影的观念尚未生根，中国第一部国产长故事影片《阎瑞生》于1921年7月1日在夏令配克电影院盛大首映。之后场场爆满，日均票房收入超过1300块银元，创造了纪录，成为当时一个现象级话题。由但杜宇编写、殷明珠主演的爱情片《海誓》，也于1922年1月23日首映于夏令配克。这是中国第一部国产无声爱情故事片。中国第一部侦探武打片《红粉骷髅》也于1922年5月10日首映于该院。1929年2月9日放映了美国有声影片《飞行将军》，尽管影片仅有声响而无人物对白，但这是中国第一次公映有声电影，具有划时代的意义，在当时被称为"旷世奇观"。

原本播放电影并非特许经营，也非严格控制的行为。但夏令配克却碰到了历史上第一次电影审查。影片《贞洁》有一个裸体出镜的场景，写到画家拉麦克在野外溪水边无意碰到美女入浴的场景。但租界的警备部审片组提出一份报告，认为该片有伤风化。在1918年12月底至1919年1月，夏令配克影戏院打算重映《贞洁》，上海租界工部局董事会根据警备委员会捕房审片组所提出的禁演该片的报告，先后举行六次会议讨论是否该让此片上映。这生动展示了电影审查制度的雏形。

夏令配克已然湮没于历史长河之中，新华电影院也为经济建设而捐献其地，但它们所见证的那段历史却值得我们回味和思索。

原爱多亚路 *870*号

红棉酒家旧址
——聚餐会中的爱国民主活动

红棉酒家选址爱多亚路八七〇号，在今延安东路、西藏中路路口。房子是一栋三层建筑，归属于宁商总会。一九四六年夏初，根据中共中央的指示，上海党组织决定发动上海爱国民主力量开展一次要求和平、反对内战的人民运动。为争取永久和平，上海人民团体代表团决定赴京请愿。代表在红棉酒家聚会，研讨筹备大会和请愿的各项重要事宜。六月十日，在红棉酒家推选赴京代表。

| 红棉酒家，延安路西藏路西北拐角

204

1933年,上海北四川路新亚酒店开幕。至此,新亚酒店在广州、香港、上海都已设店,三地的酒店都以冯达纯为总监督,锺标为总经理。冯达纯,广东肇庆人,创办有南华置业公司、嘉华储蓄银行、新亚酒店等企业。锺标别号君准,1889年生于广东浮云,毕生从事兴办旅店、酒楼的事业。

　　上海新亚大酒店开幕后,因装潢富丽、菜点出众等特色,很快就顾客盈门,营运十分成功。但好景不长,先是卢沟桥事变,再是上海"八一三"抗战。新亚酒店为日敌强占,无奈停业。从1937年11月12日上海沦陷到1941年12月8日日军发动太平洋战争前,上海租界区域四周都为沦陷区所包围,形似"孤岛"。由于大量资本和人口涌入"孤岛",形成了一段被史学家称为"畸形繁荣"的时期。为适应这种形势,新亚与人合作在租界范围内新开多家粤菜餐馆,有新华酒家、京华酒家、金门大饭店、荣华酒家、康乐大酒楼、红棉酒家等。

　　红棉酒家选址爱多亚路870号,在今延安东路、西藏中路路口。附近有清虚观、群贤坊、上元企业公司、大三元酒家、上海时疫医院、大陆饭店等,马路正对面是童涵春国药号,隔着西藏中路斜对过是大世界。真是市区繁华中心地段,商业黄金位置。房子是一栋三层建筑,归属于宁商总会。

　　1939年10月17日下午3时,红棉酒家股份有限公司创设大会在爱多亚路870号召开,议决公司章程并选举董事及监察人。10月29日《申报》刊出了红棉酒家的开幕广告:红棉酒家今日开幕,厅堂富丽,座位舒适,高尚粤菜茶点,大小宴会,中西皆宜;茶点供应时间:晨八时至下午五时。

　　红棉酒家创设时,股份总金额数为法币10万元,分为1千股,每股100元。股东中以盛丕华持股最多,持有100股。盛的儿子盛康年名下还有60股。按1940年公司会计文书,董事有:盛丕华、汪寰清、吴正矱、袁履登、黄庭伟、锺标、吴启周;监察人为徐永玉,即徐永祚。

　　锺标任红棉酒家总经理,原新亚经理黄庭伟任经理。一切制度、陈设、用具、器皿等均仿效1939年7月开幕的京华酒家。但菜肴的品种质量更高过京华,如将原新亚名菜"古劳熏鸡"精制成"咖啡熏鸡"。咖啡香气浓烈，扑鼻醒神，广为食客赞赏。"红棉"用料考究，食材均选用来自特产地的上品原料，如乳鸽必用石岐鸽，网鲍必用崖城鲍，山瑞（又名鼋，生于山溪之间，故有山瑞之名）来自广西，鱼翅自吕宋进口，江瑶柱则购自日本。更有名厨师李华惟、陆十二等掌勺。

1939年10月30日，也即红棉酒家《申报》开幕广告次日，京剧名旦王瑶卿携众来沪。当晚金廷荪借座红棉酒家，为一行人众洗尘。上海三大亨黄金荣、杜月笙、张啸林屈指而下必数金廷荪，人称"金牙齿阿三"。此人喜接近伶界，伶界中人尊为三爷而不名。甫一开业，即有此热闹，红棉酒家可称是开门红了。

孤岛时期，上海有四大酒家说法。红棉酒家外，还有南京路广西路路口的新华酒家，四马路（今福州路）浙江路路口的京华酒家和南京路先施对面的荣华酒家。1941年12月17日《申报》刊有题名"四大酒家"的联名广告。此四大酒家名头是新亚一系借广告造势而成？还是先有四大风闻，然后此四家酒店再扯顺风旗，广而告之，扩大影响？不管是哪一种，都可见经营者之智。

红棉酒家上海全面沦陷时期的情况，借助期内所登《申报》广告，可窥一斑。兹录三则如次。1942年9月3日广告：红棉酒家新辟大礼堂，喜庆宴会，富丽堂皇，如蒙赐顾，请先预定。1943年2月3日广告题名"红棉酒家增设咖啡茶座启事"：农历春节，本酒家照常营业，为添加顾客暇余清兴起见，增设咖啡茶座，特备各式饮品，精美西点，定于农历元旦日起每日晚宴后亦继续供应，谨此预告。1944年4月19日广告：红棉酒家新辟临遨轩，康脱莱拉司大乐队演奏，歌后兰苓、呵倍娜小姐主唱，随时供备粤菜西食、鱼翅、焗鱼、烧鸡鸭、麦饭、点心、咖啡，每客二百五十元。

由于爱多亚路870号原为宁商总会会所，盛丕华、锤标等投资在此开设红棉酒家，宁商总会成员就要求红棉每星期招待他们一餐，这就成了红棉酒家最初的星期聚餐。聚会内容起先主要是谈生意，后逐渐成为议论时局的集会，经常邀请一些教授、专家及各界爱国人士演讲，积极支持抗日救

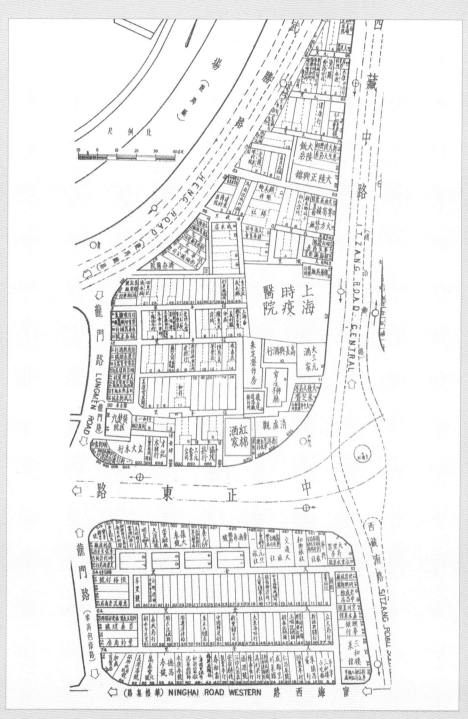

| 当时的地图

亡运动。抗日战争胜利后，红棉酒家三楼改称"红楼"，专供民主人士活动之用。民主运动的重要人物沈钧儒、张澜、罗隆基、郑正铎等几乎都到过"红楼"，曾参加过"红楼"里举行的演讲或座谈，时有诗句："座上客常满，樽中酒不空。"所以，"红楼"俨然成为上海的"民主之家"。郭沫若有一次参加"红楼"聚餐以后，对此感叹地说："我到这里才真正闻到民主的空气。"便于掩护的聚餐会，使信息能够被迅速传播扩散，成为一个半公开的宣传方式。尤其是大型聚餐会，参与人员数量多且来自方方面面，消息隔天就不胫而走，传遍了上海的角角落落。

　　1946年，是抗战胜利之后，中国两种命运开始进行决战的关键一年。这一年对于红棉酒家来说，也是格外的不平凡。1946年5月，上海工委在红棉酒家组织茶话会，欧阳山尊在会上传达了毛泽东在延安文艺座谈会上的讲话精神。参会的人有郭沫若、郑振铎、许广平、夏衍、蔡楚生、冯乃超、周信芳、姜椿芳等文化名人。这是上海文艺界进步人士第一次听到延安文艺座谈会讲话的传达。

　　1946年夏初，根据中共中央的指示，上海地下党决定发动上海爱国民主力量开展一次要求和平、反对内战的人民运动。上海人民团体联合会立即会同民盟、民建以及其他党派团体，积极响应中共上海地下党的号召，成功地组织了"大革命以来上海乃至全国的第一次声势浩大的群众运动"。为争取永久和平，上海人民团体代表团决定赴京请愿。为此，上海人民团体联合会、上海人民反对内战运动大会的负责人以及和平请愿代表加紧了工作，频繁在红棉酒家聚会，研讨筹备大会和请愿的各项重要事宜。6月10日，在红棉酒家推选赴京代表。6月21日，为赴京事宜在红棉酒家商谈，决定23日起程。下关事件发生后，民盟上海支部发言人在谈话中指出，马叙伦先生等系代表广大人民之意志去京呼吁和平者，反动派下此毒手，完全证明反动派等决意与人民为敌而不要和平。各界知名人士也都纷纷在报上发表文章，谴责当局罪行。另外还有更多的市民群众和学生投入到这场抗议政府当局暴行、声援人民代表的运动中去，并自愿为受伤代表捐献钱款和药品，形成了一个"和平献金"运动高潮。据统计，到7月上旬，为下关事件的"和平献金"运动，共捐得法币达一千多万元之巨。

7月17日，民盟政协代表在红棉酒家招待工商界人士，对李公朴、闻一多被害极为愤慨，表示应发动全国人民反对内战。8月31日，中华全国文艺协会总会在红棉酒家举行茶话会欢送被迫出国考察的冯玉祥。酒会的会场设在面向爱多亚路的大厅里，长桌子铺着洁白台布，备有酒和茶点。10月4日，民盟在红棉酒家举行记者招待会，罗隆基代表民盟表示反对召开分裂的国民大会。12月18日，民盟主席张澜由川抵沪，受到上海广大盟员的热烈欢迎，次日在红棉酒家设宴欢迎张澜主席。

1949年5月25日，距离上海解放还有两天。木业公司经理老共产党员艾中全与上海局文委书记唐守愚一起，开着奥斯汀小汽车，分两次把在江西路、北京路的人民保安队领导接送到红棉酒家。在壮阔的上海解放战争中，这算一个小小的插曲。7月上海工商界人士组织了上海市各界慰劳解放军总会工商界分会，参与慰问人民军队活动。会址就设于红棉酒家。工商界劳军分会通过捐献和义卖总收入达59.8亿元（旧人民币），超出预定目标近1倍。10月9日，中国人民政治协商会议第一届全国委员会举行第一次会议。在会议召开前夕，上海市副市长潘汉年在红棉酒家举行茶话会，招待各方准备出席政协的代表。

1950年红棉酒家歇业。在呈报上海市人民政府劳动局的报告中，酒店自述了解散的原因："年末营业亏损甚巨，危机日益加深。所有存货均已在维持职工生活之挣扎中陆续变卖殆尽。近经劳资双方不断商讨，佥以值兹政府厉行节约之际，此种消费事业原在淘汰之列。职工等亦应转向生产事业，争取正确劳动目标。爰由董事会及职工大会分别作成解散之决议。"西藏中路路西的一排房子，20世纪50年代拆除至武胜路。90年代上海城市更新，一直拆到了延安东路，包括大陆饭店、上海时疫医院，以及曾经的红棉酒家等建筑。红棉酒家所在位置，现在已经是绿地和马路了。

中山东一路 *15* 号

华俄道胜银行旧址

——徘徊在黄浦江畔的民盟身影

中山东一路十五号，是一幢古典主义建筑风格的建筑。一九五八年十一月十三日，民盟上海市委由南京西路八六〇弄一号迁至此楼，与民革、民进、农工、九三、台盟合署办公。民盟市委搬迁后的第一个大型活动就是十二月十四日召开的民盟第三次全国代表大会决议和精神传达会议。

|建筑装饰细节

　　浦江西畔的外滩，是上海最有代表性的近代建筑楼群，在这些大楼中间，也就是今天的中山东一路15号，矗立着一幢古典主义建筑风格的建筑。1958年11月13日，民盟上海市委由南京西路860弄1号迁至此楼，与民革、民进、农工、九三、台盟合署办公。

　　这幢大楼原为华俄道胜银行大楼，建于1905年，由德商培高洋行设计，项茂记营造厂建造。华俄道胜银行是沙皇俄国与法国设立的银行，总行原在圣彼得堡，1896年起在沪设立分行，为中国第一家合资银行。十月革命爆发后，苏联政府没收总行，该行总部改迁巴黎，继续在华经营。1926年因总行投资失败被迫清理，在华分行随之倒闭。1929年国民党政府中央银行迁此办公。1949年上海解放后，大楼由人民政府接管。

　　如今我们凝视这幢上海最早的古典主义风格的建筑，可以想象它在当时的威风和气派。大楼由德国建筑师培高设计，砖墙结构，钢梁楼层，采用花岗岩外墙，并在主层两侧镶贴乳白色釉面瓷砖，摒弃了当时普遍采用的以纸筋灰浆粉刷的手法，形成华贵外表，开创了沪上建筑新时尚。这幢大楼最出色的，首先是它的立面设计，其横三段、纵三段的构图，底层双柱门廊入口，第二、三层开窗与墙面的虚实关系以爱奥尼式巨柱组构起来，比例得体，郑时龄院士等学者将其原型追溯到法国凡尔赛宫花园内的小特里阿农宫。大楼内部的设计也十分出色，中央大厅有贯通三层的中庭，大理石楼梯登上二层，是爱奥尼柱式回廊，三层由12根复合柱式和彩色玻璃窗围合，檐口上部12组浮雕，最后托起中庭彩色玻璃天棚，使整个大厅极尽华美典雅。这幢大楼还是上海最早建有电梯的建筑之一。大楼中庭周围的会议厅、议事室等则采用古朴大方的木装修，在庄重的大理石内墙映衬下，更有一种低调的奢华。

| 华俄道胜银行

民盟市委搬迁后的第一个大型活动就是1958年12月14日召开的民盟第三次全国代表大会决议和精神传达会议，这个会从下午1点半一直开到晚上7点半。从12月17日起，民盟市委委员又开始集中学习，讨论的热点集中在中共八届六中全会通过的"关于人民公社若干问题的决议"上。对于人民公社，民盟市委委员们用了"具有共产主义萌芽一种新的社会组织，像初升的太阳"这样的形容词。苏步青先生更是豪情满怀，用"时不待我"来描述："我们有什么特权让人家等待下去？形势发展很快，你不上去，人家都上去了。所以我们要正确看清形势，我们再也不能高人一等，我们应该赶快提高觉悟，努力地赶上去。"

1961年"七一"前夕，在相对宽松的环境下，时任民盟市委主委的陈望道先生曾在中山东一路15号给民盟同志讲述翻译《共产党宣言》的前前后后。那天，望老一改往日的严肃，脸上洋溢着一丝笑意，语言生动活泼。比如，他讲特务盯梢："回头一看，他就擦洋火"；讲借鉴古今中外："伸一只手向古代要东西，伸一只手向外国要东西。"那个结尾更是令人惊叹："现在有些人对毛主席著作不够严肃，有的随便抄，甚至抄错了，有的有庸俗化倾向。"在林彪造神的年代，望老的讲话，空谷足音，能有几人？

在中山东一路15号民盟会议里，有一些细节令人回味。1962年3月23日，民盟市委欢迎10位同志加入民盟，其中的潘序伦引人注目。1956年民盟大发展，这位中国现代会计学创始人加入了民盟。不料1957年讲了几句不合时宜的话，被扣上"右派分子"帽子，开除出盟。1960年9月总算摘掉了"右派分子"的帽子，于是他老人家又有了加入民盟的想法。在这次会议上，潘先生说："我在1956年民盟恶性大发展时期，曾盲目地、被动地加入民盟，后来受到了开除盟籍的处分"，"这几年来通过学习，我明白认识到民主党派在社会主义革命和社会主义建设中的责任。我今天再次入

| 中山东一路15号现外观

盟，在于通过民盟组织，争取党和群众在我进一步的根本改造方面，给我以更多的教育和帮助。"

从1958年11月到1966年8月，民盟上海市委机关在中山东一路15号度过了坎坷的七个年头。这期间，除去烟火气息，也有温馨的片断。1999年1月，为纪念沈体兰先生诞辰100周年，冯英子先生为我们生动刻画了20世纪60年代发生在中山东一路的一幅画面：

大概是60年代吧，民盟上海市委还在外滩十五号办公的时候，有几个学习小组，我和沈体兰先生编在一个学习小组内。那时国际上有什么动态，国内有什么重大措施，学习委员会就召开学习会议，听听大家的意见，实际上也就是希望大家在这个问题上表表态，使政府听到一些来自民间的声音。

　　民盟许多学习成员，大多是一些老头子，我记忆中有刘海粟、贺天健、杨仲子、应云卫等一些人。沈体兰先生在这群人中，看样子还是比较年轻的，每逢这样的会议，他发言积极，条理清晰，议论国家形势，头头是道，很得大家的好评。我也是一个发言的积极分子，那时在这些人中，我年纪较轻，头脑中的框框也少，一讲话，海阔天空，沈先生大大赞成我的发言态度。中间休息时，我们也大谈自己的观点，兴致很浓。

　　这种温馨，不仅活在生活在那个年代的民盟盟员的记忆里，而且通过英子先生的笔，深深地印刻在我们的脑海之中。

南京西路 *722* 号

棉纺织工业同业公会旧址

——见证上海民盟盟员大会的召开

南京西路七二二号建成之时就是一座俱乐部建筑，仿欧洲文艺复兴式府邸风格，共两层，面积达五一二六平方米。建筑平面长方形，呈中心和东西两翼布局，立面也是对称式构图，屋面为红色机平瓦四坡顶。上海解放后，南京西路七二二号迎来了它的新生，先后作为上海市政协办公楼、上海市联谊俱乐部，一度还成了上海政协的俱乐部。并于一九五一年和一九五八年召开了两届上海民盟盟员大会。

南京西路上有一座仿文艺复兴式的建筑隐藏在高楼林立的街道中，百年间她的名字不断变换，四周的景物不断变换，驻足的旅人不断变换，而她却依然伫立在原地，见证了叶家挥金如土繁华落尽的兴衰，见证了十里洋场百年风雨的荣辱，见证了中国凤凰涅槃脱胎换骨的重生。

诞生于半殖民半封建时代

南京西路722号原名为"全国体育会和赛马总会俱乐部"，为上海巨贾叶贻铨所建。叶贻铨，字子衡，其父叶澄衷是当年在沪浙商的领袖人物，早年因粗通英语与外商合作获利颇丰，产业逐渐做大，涉及地产、钱庄、船舶等行业，受盛宣怀赏识任中国通商银行总董，显赫一时。叶贻铨为其第四子，早年留学日本，回沪后欲往英商跑马总会（今上海人民公园和人民广场）观看赛马。尽管叶贻铨出自豪门，但是在国中之国的租界内，英商跑马总会实行会员制，禁止外人入内，一个印度门卫就把叶挡在了门外，这令叶贻铨颜面扫地，遂决心自建跑马总会和跑马场。

1909年，叶贻铨发行股票集资50万两白银成立了"万国体育会"（International Recreation Club），并把自己的会所设在静安寺路126号（今天的南京西路722号）万国商团中华队总部的洋房里。并于1911年正式建造这栋仿文艺复兴式建筑，起名为"全国体育会和赛马总会俱乐部"。

根据《上海静安》[1]记载，南京西路722号建成之时就是一座俱乐部建筑，仿欧洲文艺复兴式府邸风格，共两层，面积达5126平方米。建筑平面长方形，呈中心和东西两翼布局，立面也是对称式构图，屋面为

---

① 沈敏、陈海汶，《上海静安》，上海文化出版社，2004年。

红色机平瓦四坡顶。居于中心位置的体量突出于两翼，底层两侧圆高窗，中央是有双柱拱券门廊的主入口，门廊地面汉白玉和黑色大理石拼花铺地，屋顶为二层的大露台。两翼底层为塔什干柱式的连续券廊，楼层立面再有后退，形成长长的屋顶平台和汰石子宝瓶栏杆装饰。整个立面底层用斩假石饰面，楼层是红砖清水墙，仿隅石转角装饰，窗户风格细致。进户门廊带有小的古典柱石支撑，门厅中央有弧形雕饰，雕刻也尽显繁复。楼内功能多样，设有舞厅、小剧场、酒吧、餐厅等，而且舞厅有装修考究的弹簧地板，内部采用柚木墙群。底层走道有彩色玻璃镶嵌的装饰平顶，形式别致，工艺精湛。

辗转易手于山河破碎间

由于跑马场占地非常大，上海繁华的市区地价高，且黄金地段多为租界所有，所以叶贻铨主导的万国体育会在宝山县江湾镇购买了1215亩土地，并于1910年开始建造跑马场，并命名为"万国体育会江湾跑马场"，简称"江湾跑马场"。虽然跑马场第二年就竣工并投入使用，但是

当年万国商团中华队
总部地址方位图

222

|美国海军俱乐部

|美国海军俱乐部地址方位图

运营却不乐观，几乎无利可图。一是因为跑马场坐落于江湾镇，而富人多住在市区，交通不便；二是因为叶贻铨模仿英商跑马总会，也实行会员制，受众群体有限；三是英商跑马总会在半殖民地的上海势力庞大，很难撼动其垄断地位。雪上加霜的是1937年淞沪会战爆发，江湾镇是战场之一，跑马场先毁于战火，后又被日军占领作为仓库和营地。而汇丰银行又逼叶贻铨偿还借款，无奈之下叶只能将南京西路722号建筑卖给美国海军陆战队第四团。从此"全国体育会和赛马总会俱乐部"改名为"美国海军陆战队第四陆战团团属俱乐部"简称"美国海军俱乐部"。

随着美日矛盾的加剧，太平洋上空的战争乌云越来越浓密，双方开战已是时间早晚的问题，美国海军陆战队第四团计划撤出中国，并出售其在

|今日建筑历史介绍铭牌

中国的资产。于是，1941年11月前，美军又将南京西路722号出售给了上海的犹太商人，犹太人将其命名为犹太人总会。这也是如今上海市南京西路772号的历史建筑介绍铭牌中，介绍其为原犹太人总会的来由。

抗日战争胜利后的1948年9月，犹太总会又以40万余美元售给上海市棉纺业同业公会（有一说法是卖给了"联记"，联记是上海几家主要纺织厂联合起的记名，南京西路722号权属为六家纺织厂所共有，因此该建筑大门口曾挂出棉纺织工会的招牌）。

重生于新中国，见证上海民盟盟员大会的召开

上海解放后，南京西路722号迎来新生，先后作为上海市政协办公楼、上海市联谊俱乐部，一度还成了上海政协的俱乐部。并于1951年和1958年召开了两届上海民盟盟员大会。

1951年10月21日，上海市民盟支部[2]第一次盟员大会在南京西路722号棉纺织工业同业公会[3]大礼堂召开，373人出席会议。大会选举产生了民盟上海市支部第一届委员会[4]，任期为1951年10月至1953年10月，其中，委员17人，候补委员5人。[5]主任委员是沈志远，副主任委员是

---

[2] 1956年5月1日，民盟上海市支部改称为中国民主同盟上海市委员会。

[3] 未能查到该建筑所有权何时从棉纺织工业同业公会转到上海市纺织管理局，估计应该是"三大改造"期间。1961年该建筑又移交给房地产管理局。

[4] 从1946年民盟上海市支部筹备委员会直到1951年上海市支部临时工作委员会，其委员均由民盟总部或者总部华东区执行部指派，其正副主任委员则由委员中选举产生。其间，1949年8月任主任委员的闵刚侯和1950年任主任委员的刘思慕以及该届的副主任委员系由总部华东区执行部指派。自1951年10月上海市民盟支部第一届委员会开始，委员均由盟员（代表）大会选举产生。

[5]《中国民主党派上海市地方组织志》，上海社会科学院出版社，第147页。

|建筑内景

|建筑内景

彭文应、申葆文、王子成。⑥

　　大会首先由执行主席彭文应作报告，随后中共上海市委常委、副市长潘汉年代表中共上海市委祝贺民盟上海支部委员会正式成立，并预祝民盟今后的工作继续向前发展。接着支部临时工作委员会代主委苏延宾向大会作了两年来盟务工作的总结报告，报告分为两个部分：一是两年来工作的回顾和收获，总结了上海民盟组织从建国前到"三大运动"⑦期间取得的成绩和不足，指出通过三大运动、盟组织的工作以及正确的发展计划，盟组织在群众中的威信大大提高了，上海民盟通过组织建设促使盟员在工作和学习中深刻认识上海民盟的作用和任务；二是对两年来几个主要问题进行分析，分别从领导、组织、工作三个方面对工作中的不足进行了反思，要求广大盟员团结起来在巩固已有成绩的同时，克服过去的缺点，在中国共产党和民盟总部的领导下，开创上海盟务更光明的前途。下午由申葆文担任执行主席，监选人民盟总部中常委沈志远代表总部报告了民盟成立十年来的发展历史，希望全体盟员进一步加强团结，向人民民主统一战线的领导党中国共产党学习，学习马列主义、毛泽东思想，并且要注意联系群众，树立民主集中的领导，掌握批评与自我批评的武器。大会召开之时正逢中国人民志愿军赴朝作战一周年前夕，支部委员会在大会闭幕前向毛主席和中国人民志愿军发了致敬电。

　　1958年4月26日，上海民盟第四次盟员代表大会再次在南京西路722号（此时已改名为上海市政协第一会场）召开。出席代表499人。中共上海市委书记处书记魏文伯代表中共上海市委到会讲话。会议由陈望道作《关于上海民盟整风运动的报告》，报告回顾总结了民盟开展整风运动的情况，提出民盟今后的中心工作是：继续推动和帮助成员及所

<hr>

⑥《中国民主党派上海市地方组织志》，上海社会科学院出版社，第144页。
⑦三大运动是指建国初期的抗美援朝、土地改革、镇压反革命这三场运动。

联系的群众，加速完成社会主义的自我改造，首先是彻底完成政治立场的改造，使成员从资产阶级知识分子改造成为又红又专的工人阶级知识分子；使组织从资产阶级性质的政党，改造成为社会主义服务的政治力量，为"长期共存、互相监督"创造条件。大会还制定了《中国民主同盟上海市委员会的改造规划》《中国民主同盟上海市委员会整改方案》。⑧大会选举产生了民盟上海市第四届委员会，任期为1958年4月至1961年4月。其中，委员45人，候补委员6人，常委17人。主任委员是陈望道，副主任委员是廖世承、刘思慕、苏步青、苏延宾、褚一石、寿进文，秘书长由寿进文兼任。⑨

⑧《中国民主党派上海市地方组织志》，上海社会科学院出版社，第145页。
⑨《中国民主党派上海市地方组织志》，上海社会科学院出版社，第148页。

淮海中路 **622** 弄 **7** 号
上海社科院小礼堂
——思想碰撞下的文化盛事

淮海中路六二二弄七号，原为上海震旦女子文理学院的旧址，现为上海社会科学院的本部大楼。上海社科院与民盟渊源颇深，民盟上海市委第一届主任委员沈志远先生同时也是上海社科院经济研究所前身——中国科学院上海经济研究所的筹建者和创办人。

　　淮海中路幽美、繁华，自1901年辟筑以来历经一百二十余年的风雨，见证了近代上海的沧桑巨变。淮海中路初名西江路，1915年，为了颂扬法国将军霞飞在马恩河会战中的功绩，更名为霞飞路。1922年3月，霞飞将军访沪，为此路举行了揭碑仪式。后又改名为泰山路、林森路等，1950年5月，上海市人民政府发布公告，将此路改名为淮海路，以纪念解放战争的重要里程碑——淮海战役。徜徉于淮海路，除了沿街可见的鳞次栉比的店面、电影院、剧院之外，在梧桐深处还散落着花园住宅、里弄、公寓，以及学校。淮海中路622弄，曲径通幽处，穿过泰山公寓，两棵参天广玉兰掩映着一幢古朴的五层建筑，这就是我们文章的主角——上海社会科学院的本部大楼。

COUVENT DU SACRÉ-CŒUR · AVENUE JOFFRE · 1928

|下面法语: 圣心修道院, 霞飞路, 1928

　　这幢大楼是上海震旦女子文理学院的旧址, 上海震旦女子文理学院为上海耶稣圣心修女会创办, 与金陵女子文理学院、华南女子文理学院并列为民国时期三大女子大学。20世纪20年代, 天主教圣心会进入上海, 1926年购入法租界蒲石路181号民房, 由法国建筑工程师设计, 于1928年建成"圣心女子修道院"主楼。该建筑前临霞飞路后靠蒲石路, 是一幢坐北朝南的三层钢筋混凝土建筑, 建筑基调朴素大气, 楼顶曾设塔楼。主楼的朝南一侧为办公室和教室, 朝北一侧为寝室、洗漱间等, 每个房间都安装了热水汀。[1]在上海教区主教惠济良先生的倡导下, 1937年9月, "震旦女子文理学院"正式创办开学。入学的学生即暂借修道院建筑上课, 后又在西边建造大礼堂及由邬达克设计、利源合记建筑公司承建的四层大厦, 于1939年建成使用[2](为今向明中学校舍)。

　　震旦女子文理学院成立后, 初期学生较少, 后逐步发展, 1939年, 该校已具规模, 分为文理二学院, 文学院主要课程有中国文学、英国文学、法国

① 参见上海市地方志办公室编著:《上海名街志》, 上海社会科学院出版社, 2004 年, 第 104 页。
① 张赐琪:《从修道院到社科院的历史见证》, 载《中国天主教》2009 年第 4 期。
② 《震旦女子文理学院》, 载《申报》1939 年 2 月 1 日。

文学、教育、历史、经济、艺术，以及政治学、社会学、哲学、心理学、体育学等。理学院的课程主要有生物学、化学、物理学、数学、地理学。③有诸多名师在此授课，例如钱锺书先生于1941年于此教授《诗经》，其夫人杨绛女士也任教于外文系，教授西方文学。此外，雷洁琼、刘季高、郑永惠、顾翼东等也均任教于此。

新中国成立后，1951年9月，震旦女大并入震旦大学，1952年院系调整时，震旦大学不同的院系分别调整至华东师范大学、上海交通大学、复旦大学、华东政法学院、同济大学等。1952年至1977年，淮海路该校址由上海市委党校使用。1978年9月，上海社科院由万航渡路迁入此地。

上海社科院创建于1958年，是新中国最早建立的社会科学院，由当时的中国科学院上海经济研究所和上海历史研究所、上海财经学院、华东政法学院、复旦大学法律系合并而成。上海社科院是上海唯一的综合性人文和社会科学研究机构，是全国最大的地方社会科学院。上海社科院与民盟渊源颇深，民盟上海市委第一届主任委员沈志远先生同时也是上海社科院经济研究所前身——中国科学院上海经济研究所的筹建者和创办人。

沈志远先生是中国最早研究和传播马克思主义哲学和政治经济学的学者，为中国经济学理论做出了重要贡献，他的《新经济学大纲》《研习〈资本论〉的准备》等著作影响了中国一代代的经济学人，他的《黑格尔与辩证法》《辩证唯物论与历史唯物论》等也是马克思主义哲学理论的重要研究著作。④建国后，民盟中央常委李文宜提议调沈志远去上海主持民盟工作。当时沈志远已被内定燕京大学校长，他对李文宜的提议表示为难，李文宜说："燕大校长固然重要，但上海全市的知识分子能团结在党的周围，那不是更好吗？"沈志远到沪后即参加了上海市第一次盟员大

③《震旦女子文理学院》，载《申报》1939年2月1日。

④ 沈骥如：《马克思主义政治经济学中国化的翘楚——著名经济学家沈志远的探索与贡献》，载《上海经济研究》，2019年第6期。

会的筹备工作，几经努力，终于使盟员大会顺利举行。在这次大会上，沈志远当选为民盟上海市支部主任委员。沈志远先生以其卓越的人格魅力和细致的工作，推动上海民盟的发展，吸收了一批文教界有地位有影响的知识分子加入民盟。⑤上海社科院1978年复建后，在傅季重、龚方震等主委的主持下，民盟工作也不断得到了发展。

在知识分子集中的上海，2010年，一个以文化为主题的论坛的想法在民盟上海社科院主委、上海社科院思想文化研究中心研究员马驰先生的心中开始酝酿。在此之前，上海社科院与中科院上海分院的民盟组织已经共同召开了多次论坛，人文社科学者与自然科学研究者尽兴畅谈，思想的火花在社科院的小礼堂中灼灼生辉。2010年是费孝通先生诞辰百年，"文化自觉"是费老晚年关注的重要命题，在《关于"文化自觉"的一些活动》中费老谈道："'文化自觉'这四个字正表达了当前思想界对经济全球化的反映，是世界各地多种文化接触中引起人类心态的迫切要求。人类发展到现在已开始要知道，我们各民族的文化是从哪里来的？怎样形成的？它的实质是什么？它将把人类带到哪里去？"⑥费老倡导的是一种"从传统和创造的结合中去看待未来，也就是，以发展的观点结合过去同现在的条件和要求，向未来的文化展开一个新的起点。"⑦第一届文化论坛，在纪念费老的主题之下，与会学者围绕着费老来沪调研的往事、费老的参政议政、用自己的知识去服务社会、影响社会、改造社会等追忆往事，并且通过对费老的著作的解读，阐释费老对民族理论、民主政治的思想。第一届文化论坛的成功举办对于上海民盟与民盟社科院委员会都是一个巨大的鼓舞。

自2010年起，每年金秋，丹桂飘香之时，上海社科院的小礼堂都是群贤毕至，在这幢历史底蕴厚重的建筑中，新时代的民盟故事在继续书写。十年

⑤ 王海波：《沈志远的人生沉浮》，《世纪》，2012年第4期。
⑥ 费孝通：《关于"文化自觉"的一些自白》，载《学术研究》，2003年第7期。
⑦ 费孝通：《费孝通文化随笔》，群言出版社，2017年，第288页。

时间,"文化论坛"已经成为民盟中央、民盟上海市委与上海社科院共同的文化品牌。2011年是中国共产党建党90周年和民盟成立70周年,围绕着"多党合作"这一主题,学者们展开了讨论。梁漱溟、沈志远、陈望道、李公朴等民盟先贤既是当今民盟学者们的研究学术对象,更是他们的精神归宿。论坛中的发言慷慨激越妙语连珠,各位学者回忆前辈的作为,以表示对他们的敬意,在民盟的舞台上,心怀国家、心怀人民的人层出不穷,直至如今。

从2012年开始,文化论坛的主题围绕着"文化"二字,进一步彰显出传承与发展。2012年的"文化自觉"、2013年的"文化自省"、2014年的"文化自信"、2015年的"文化自主"、2016年的"民盟精神与中国文化"、2017年的"文化视阈下的历史与现实"、2018年的"文化担当"、2019年的"文化传承"……2020年的"文化创新",每年都有来自上海、江苏、江西、安徽等省市的百余名盟员参加。十年的时间,上海社科院小礼堂见证了民盟"文化论坛"的开启、发展、壮大。文化,载附着人类最为灵性的部分,支配着整个政治社会的精神秩序,终古常新而又与时相应。民盟文化论坛追慕着民盟先贤依仁蹈义的光辉,也将继续与时代潮流相激相荡,融汇错综。

参考文献

(1)中国民主同盟上海市委员会编:《民盟先贤与文化复兴:民盟上海市委文化论坛文集》,上海社会科学院出版社,2016年。
(2)上海市地方志办公室编著:《上海名街志》,上海社会科学院出版社,2004年。
(3)费孝通:《费孝通文化随笔》,群言出版社,2017年。

兰室寻幽

永嘉路 *321* 弄（集益里）*8* 号
张澜寓所
——见证民盟被迫解散的小楼

永嘉路三二一弄又名集益里，属于新式里弄，建于一九三九年。门牌八号的小楼，曾是四川和成银行宿舍。第一任中央人民政府副主席、中国民主同盟主席张澜，中国民主同盟名誉副主席叶笃义于一九四六至一九四八年居住于此。

永嘉路321弄8号原永嘉
路集益里8号张澜住所

张澜在出席全国政协一届一次会议时
签到

　　永嘉路跨徐汇、卢湾（2011年并入黄浦）两区，东起瑞金二路，西至衡山路。1920年，由法租界公董局修筑此路，长2072米，以法国邮船公司职员名命名为西爱咸斯路，1943年以浙江永嘉改今名，沿路均筑有住宅。永嘉路的风貌与其周边的马路，具有相同的格调：梧桐遮掩下的洁净街区、幽深的弄堂；道路两旁散落着的德、法、西班牙等各式花园洋房，石库门里弄，现代风格的老公寓，以及成排的新式弄堂洋房，由此构成了具有海派风格的独特风景线，永嘉路（衡山路—陕西南路）段为上海64条永不拓宽的街道之一。

　　永嘉路321弄又名集益里，属于新式里弄，建于1939年，共12幢，面积2023平方米。建筑均为假四层砖木结构，平面呈方形，红瓦坡顶，方形门窗，水泥拉毛墙面。

　　门牌8号的小楼，曾是四川和成银行宿舍。中华人民共和国第一任中央人民政府副主席、中国民主同盟主席、全国人大常委会副委员长张澜，中国民主同盟中央委员会名誉副主席叶笃义于1946—1948年居住于此。2014年4月4日，上海市人民政府公布集益里8号张澜寓所为上海市文物保护单位。

　　1946年间，为召开中国民主同盟的中常会，讨论时局问题，做好民盟一届二中全会的准备工作，张澜先生以74岁高龄抱病抵沪。由于未在上海置业，受四川和成银行董事长吴晋航的邀请，居住于集益里8号。

当时，安排张澜先生居住事宜的是上海和成银行资方代理人胡明绅与其太太伍坤璋。集益里8号二开间三层楼的房子腾出来作为上海民盟总部的办公场所，朝南的一间房间供张澜先生家庭食宿，先生住三楼，秘书叶笃义住二楼。

1946年12月18日，张澜抵上海，受到李济深、沈钧儒、黄炎培、章伯钧、张申府、华岗、王炳南、陈家康等及报馆记者约百余人的热烈欢迎。因拒绝参加"国大"，先生发表书面谈话称："民盟不应参与分裂的'国大'。""至于参与政府与否，在内战不停止，政协决议未实现之前，民盟根本不考虑此事。"[1]

12月22日至12月23日，民盟中常会在先生寓所举行，主要讨论民社党出席分裂"国大"的问题，先生提及民社党参加"国大"系属憾事，极表惋惜。12月24日，民盟中常会通过决议：将参加"国民大会"的民社党员，一律开除出盟，并致函民社党："民主社会党违背政协，参加'国大'，与本盟政治主张显有出入"，"已碍难在本盟内继续合作"，"应予退盟、开除盟籍"。[2]随后，民盟中常委又几次聚会集益里，为具有重要意义的民盟一届二中全会做准备。

1947年1月6日，张澜先生在中国民主同盟一届二中全会开幕式上说道："人民是国家的主人，人民组织国家的唯一目的，旨在谋全体人民的福利。"[3]"民主同盟的目的是中国的民主，是中国的真民主。民主与反民主，真民主与假民主之间，就绝对没有中立的余地，这是民主同盟坚定不移的方针。"同时在此次会议上强调了要拥护政协，谋取全体人

① 崔宗复：《张澜先生年谱》，重庆出版社，1985年版，第126-127页。
② 崔宗复：《张澜先生年谱》，重庆出版社，1985年版，第128页。
③ 龙显昭：《张澜文集》，四川教育出版社，1991年版，第293页。

1947年10月，国民党悍然宣布民盟为"非法团体""严加取缔"，中共和民盟各地方组织纷纷抗议国民党反动派非法解散民盟。中共认为非法压迫民盟是蒋介石政府的政治破产，连美国驻华大使司徒雷登也承认蒋介石解散民盟是"失策"。图为1947年11月1日《华商报》等报纸的有关报道和评论

民的福利，中国民主同盟必须有"淡泊宁静"的胸襟，而后才能担当起"任重致远"的责任，所以宁可长期不参加政府，而断不可失去自己的立场。[④] 会议报告中还提出以下四项政治主张：努力促成合谈、重新举行政治协商、实行以往的政协决议、成立联合政府。[⑤]

一届二中全会后，民盟加强了对国统区大规模民主运动的推动。自1947年3月中共代表团从国民党统治区撤退后，民盟便成为国民党的主要压迫对象，视民盟为眼中钉，对民盟的迫害日益加剧。1947年初，国民党捏造了一个"贩卖毒品"的罪名，逮捕了民盟西北总支部主任委员杜斌丞，10月7日，以"贩卖烟毒"等莫须有罪名把杜斌丞公开枪决了。民盟以张澜主席的名义在报上登了一个公开声明——"将案情诉诸全国及全世界之公道正义"。而美国的司徒雷登则以"不便干涉中国内政"为辞，给了民盟一个软钉子。10月20日，民盟南京梅园新村总部突然被包围，对罗隆基的监视尤其厉害，当时民盟领导人几乎都在上海，罗隆基一人坐镇南京，代表民盟同各方交涉。他一连打了好几个电话到上海向张澜告急，请示办法。随后张澜在寓所召开紧急会议，参加者有张澜、黄

---

④ 龙显昭：《张澜文集》，四川教育出版社，1991年版，第296页。
⑤ 叶笃义：《虽九死其犹未悔》，北京十月文艺出版社，1999年版，第47页。

炎培、沈钧儒、章伯钧、史良、叶笃义。最后决定推举黄炎培和叶笃义即日由上海到南京，会同罗隆基和司徒雷登交涉。10月29日，国民党中央社发表了所谓民盟参加叛乱经过的报道，国统区各地军警机关陆续公布取缔民盟活动的办法，限令民盟盟员登记自首。此时在南京的罗、黄、叶三人，已经不是争人权、争自由的合法斗争，而只是在答应停止活动和解散前提下如何做文章了。

黄炎培与陈立夫等交涉，交涉结果是最后形成一个书面文件，将于11月6日在蒋管区各报上发表解散公告。司徒雷登也要求得知最后的交涉结果。罗、黄、叶三人在特务"护送"下，携带与国民党多次交涉而写成的《公告》，由南京回到上海。11月5日民盟在沪中委召开紧急会议讨论。这次出席的中委只有7人：张澜、黄炎培、沈钧儒、罗隆基、史良、叶笃义、张云川。先生的卧室在三楼，几位盟员都挤在那个小房间里开会，当时楼下客厅已经挤满了军警和等候在那里准备发表新闻的各报社记者，集益里8号门前的小弄堂里挤满了军警特务的汽车。会议从上午九时一直开到下午三时。

会上由黄炎培汇报交涉的经过，随后宣读由罗、黄、叶三人由南京带回的那份宣布解散的书面文件。沈钧儒、史良、张云川最初表示不同

1947年11月7日，民盟中央主席张澜以个人名义发表声明，声明说：余迫不得已，忍痛通告全体民主同盟盟员，停止政治活动，并宣布民盟总部解散，但我个人对国家之和平民主统一团结之信念，及为此而努力之决心，决不变更。并呼吁盟员：继续为国家之和平民主统一团结而努力。图为当时香港《星岛日报》的报道

意，提出是否还有讨论其他办法的余地。张澜最初也表示犹豫，最后经黄炎培陈说利害，加之罗隆基、叶笃义两人附和，最终大家勉强同意下来，达成一致。根据国内形势和民盟的处境，为了保存实力，决定公开发表《公告》。[6]

叶笃义拖着沉重的脚步，走下楼梯，把这个令人痛心的文件交给等候在那里的大批记者。当晚，张澜彻夜未眠，在二楼那间不到20平方米的卧室里踱来踱去。次日凌晨，他让叶笃义根据他的口述，草拟了一份个人声明。次日，《在民盟总部解散后的声明》以张澜主席的名义在报上刊登，全文如下：

> 余迫不得已，忍痛于11月6日通告全体民主同盟盟员，停止政治活动，并宣告民盟总部解散。但我个人对国家之和平民主、统一团结之信念及为此而努力的决心，绝不变更。我希望以往之全体盟员，站在忠诚国民之立场，谨守法律范围，继续为国家之和平民主统一团结而努力，以求达到目的。

张澜希望通过这份书面谈话，使全体盟员了解到，他在头一天以民盟主席名义发布的解散公告，在形势上是"迫不得已"的，在心情上是"忍痛"的。即使这样一个照顾到客观形势号召盟员"谨守法律范围"的书面谈话，除了当时苏联在上海所办的中文《时代日报》于11月7日全文发表之外，其余所有中文报纸都拒绝或不敢登载。张澜沉痛地对叶笃义说："杀头我是不怕的。我之所以这样做，完全是为了照顾到全体盟员的安全。至于我的一切早已置之度外了。"

民盟被迫宣布解散后，国民党抢占马斯南路民盟办事处，沈钧儒等迁来集益里8号与先生同住。不久，周新民（中共党员、民盟中央常委）自香港返回上海汇报工作，经研究，决定在香港成立民盟临时总部。沈

---

⑥ 叶笃义：《虽九死其犹未悔》，北京十月文艺出版社，1999年版，第54页。

钧儒于12月27日化装秘密赴港。张澜因年高体弱，不便出境，加之内地遭难的盟员尚需他筹措营救，故毅然决定留在上海。[7]

1948年1月5日至19日，民盟在香港召开一届三中全会，张澜先生特去信祝贺，并由沈钧儒在会上作了宣读。全会决定：在先生仍在上海不能来港期间，暂由沈钧儒、章伯钧以中央常委名义，轮流代理负责，领导全盟工作。三中全会后，沈钧儒特派全会的参加者、在上海银行工作的青年中委罗涵先返回上海，向先生汇报全会情况。张澜主席对全会精神表示支持，不时与香港民盟组织保持联系，并积极筹集经费，支援活动。[8]

在民盟不得不转入地下活动，工作人员陆续部分撤离时，有消息传来，国民党特务要对张澜的秘书——范朴斋、叶笃义二人下毒手，叶笃义此时为张澜的生活秘书，与先生一同住在寓所内。在这紧要关头，范、叶二人深夜转移到胡明绅与伍坤璋夫妇位于福煦路的家中，居住在小孩睡的后房间，食宿都在里面，由伍坤璋负责安排照顾。当时一旦有外面打来电话，先由伍问清情况，有人来访敲门，先由伍应付。这样过了五天之后，胡明绅设法弄到了去香港的船票，才安排二人秘密地离沪去港。[9]

二人走后，张澜仍住在集益里8号，他的两个女儿也仍与他住在一起，生活非常简朴，原来的厨师和服务人员都遣散了。据张澜大女儿张茂延回忆："1947年至1949年，住在上海的日子是很艰苦的。我父亲廉洁奉公、公私分明，除了政治压迫外，经济压迫也不小，国民党垮台前四大家族搜刮民脂民膏，加以战火连年，经济大崩溃，物价一天涨几次，公教人员和工人大都在饥寒线上挣扎，我们住在集益里的生活勉强温饱。为了老人的健康，平时散步时常在地摊上挑选价格低廉的食物，早上在菜市上买点破壳鸡蛋作为营养品。那年冬天特别冷，屋檐下结了长串的冰柱，没有火烤，小

---

⑦ 崔宗复：《张澜先生年谱》，重庆出版社，1985年版，第136页。
⑧ 崔宗复：《张澜先生年谱》，重庆出版社，1985年版，第136页。
⑨ 《史海拾贝》上海文史资料选辑——第八十三辑，1996年版，第33页。

偷又偷走了父亲唯一的御寒皮衣，靠四川的哥哥寄来一件棉袄过冬。七十八岁的老人在大雪纷飞时独坐窗前，看书写字，研究古代哲学。"⑩

然而国民党当局并没有放过张澜，集益里民盟总部周围常有特务监视，后又托人拉拢张澜与罗隆基，玩弄假和平的阴谋，遭到张澜的拒绝。1949年2月3日，张澜、罗隆基被国民党特务软禁于虹桥疗养院，图谋杀害。险恶的环境，艰苦的生活，使这位古稀老人的身体每况愈下，一直到5月26日才在中共地下党的帮助下虎口脱险。

1949年6月18日，张澜告别上海，赴北平参加新政治协商会议。对于张澜，陈毅说他有两个特点：一是诚实无欺，从无虚伪，因此立场坚定，敢说敢为，不畏强暴，敢于与反动势力作斗争；二是有远见，善于辨明是非，因此坚持正义，始终与得人心者在一起。毛泽东曾有言评价——老成谋国！在中国人民政治协商会议第一次全体会议上，张澜当选为第一届中央人民政府副主席。

参考文献：

（1）崔宗复：《张澜先生年谱》重庆出版社，1985年版。

（2）《张澜文集》四川教育出版社，1991年版。

（3）叶笃义：《虽九死其犹未悔》北京十月文艺出版社，1999年版。

（4）《史海拾贝》上海文史资料选辑——第八十三辑，1996年版。

（5）《民盟总部在沪活动纪实》群言出版社，2012年版。

---

⑩《民盟总部在沪活动纪实》，群言出版社，2012年版，第99页。

愚园路 **1292**弄（桃源坊）**51-53**号

沈钧儒旧居

——幽静弄堂里的抗日热情

位于长宁区愚园路一二九二弄的桃源坊，建于一九三四年，弄内建筑有独立式花园住宅，也有新式里弄住宅。桃源坊由浙江兴业银行于一九三〇年购地开发，是近代上海公共租界西区外华人聚居的中高档居住小区。桃源坊五一至五三号是民主革命斗士沈钧儒先生（字衡山）在一九三四至一九三六年间的寓所。

位于长宁区愚园路1292弄的桃源坊,建于1934年,弄内建筑有独立式花园住宅,也有新式里弄住宅,砖木结构,总建筑面积约为1620平方米,其中三排三层新式里弄共有18个单元。桃源坊由浙江兴业银行于1930年购地开发,历经数年建成,是近代上海公共租界西区外华人聚居的中高档居住小区,为拥有厨卫、车库和小花园等各种现代生活设施齐备的西式建筑,建筑风格简洁,只在大门和阳台铁艺栏杆等局部点缀装饰艺术风格的抽象装饰,而房屋材质中却处处显现其成熟精良的建造品质。

桃源坊51—53号是民主革命斗士沈钧儒先生(字衡山)在1934—1936年间的寓所。沈老对所谓置业没有什么兴趣和想法,住过的房子多数都是租的。在沪沈老喜欢锻炼,还写过一本书叫《沈钧儒健身法》,每天早上起床后,他都会在寓所的楼道上运动。沈老特别爱吃江浙沪一带的菜,有时候晚上参加宴会后,他习惯回家再吃一些夜宵,如海蜇头、油炸花生米、太仓肉松、牛腱子等。他在一首诗里写过,"我是浙江籍,我是苏州生"。江浙一带多产优质绿茶,江浙人喜欢喝绿茶,他也不例外,以致影响带动衡山家族(其后人以沈老的号"衡山"作为家族名)也多爱喝绿茶。

沈老是在1934年9月12日从西摩路(今陕西北路)西摩别墅342弄1号迁居至此处的。在这幽静的弄堂里,他迸发出火热的抗日激情。1935年12

|沈钧儒

|建筑外景

月12日，为支持北平学生"一二·九"抗日救亡运动，上海文化界联合发表《上海文化界救国运动宣言》，沈老等发起《宣言》征集签名。签名者有上海文化界知名人士马相伯、邹韬奋、陶行知、李公朴、章乃器、王造时、金仲华、钱俊瑞等283人。《宣言》表达了各界爱国人士的共同要求及主张，进一步推动了上海救亡运动的发展，直接促成了各方面救国会的成立。12月18日上海文化界救国会宣告成立，沈老与俞承修、朱扶九、施霖、陈霆锐、江一平、查人伟等被推选组成法权研究委员会。次年1月28日，沈老代表上海文化界救国会出席上海各界救国联合会在上海市商会大礼堂召开的成立大会，并纪念淞沪抗日战争四周年。沈老被选为上海各界救国联合会主席兼执行委员会委员。在上海各界救国会的号召和鼓舞下，全国各地的救国组织也如雨后

252

春笋般破土而出。为了进一步团结全国各界爱国人士,更有力地为抗日奔波、为救国呼号,沈钧儒、章乃器、邹韬奋、李公朴等救国会领袖决定发起组织全国各界救国联合会(以下简称"救国会")。

1936年5月31日,救国会在上海举行了第一次代表大会。会议在上海博物院路(现名虎丘路)中华基督教青年会全国协会内秘密举行,全国各地约60多个团体的代表到会。会上讨论并通过了《抗日救国初步政治纲领》《全国各界救国联合会成立大会工作检讨》《全国各界救国联合会章程》,沈老当选为执行委员、常务委员并兼任组织部长。救国会提出的"团结御侮"和"停止内战,抗日救亡"的主张,成为当时全国各界人民的共同要求和一致呼声。

救国会成立以后,为防止国民党政府迫害,许多会议都是在桃源坊沈老寓所秘密举行的。据救国会的同志回忆,客厅墙壁上悬挂着沈老已经去世夫人的遗像,老人家贴身的衣服口袋里天天放着夫人的相片。他把自己的书斋命名为"与石居",并咏诗道:"吾生尤爱石,谓是取其坚。"信念坚定、意志坚韧、性格坚毅,正是沈钧儒先生几十年民主革命生涯的真实写照。

陆璀同志(曾任全国妇联常委兼国际工作部部长、对外友协副会长)曾回忆,当年在沈老寓所亲历的一件往事:"1936年8月下旬,第一次世界青年大会将在瑞士日内瓦召开。当时总部设在巴黎的世界学生联合会得知,中国发生了轰轰烈烈的学生救亡运动,曾为此发起了'世界学生支援中国学生周',并希望中国学生派代表出席世界青年大会,以使中国学生的抗日救国运动能够和全世界青年的反法西斯反侵略运动汇合起来。由于国民党政府的新闻封锁和全国学联处于半地下状态,因而世界学联未能了解中国全国学生救国联合会(以下简称'全国学联')已于1936年5月下旬在上海正式成立,他们只能同时向北平、上海几所世界知名的大学发出电报通知,所以全国学联在7月下旬才看到这样一份电报。学联常委认为,为了扩大中国学生运动的影响力，争取世界青年运动的支援，我们应该派代表去参加。但那时学联很穷，不可能派一个代表团，顶多只能派一位代表。当时学联决定派我（时任全国学联宣传部长）参加，但出国的路费从何而来呢？救国会的沈老慨然答应帮助筹措。在我取得护照并办妥最后一个签证后，李公朴先生急忙带我到愚园路沈老寓所去取钱。因事先约定，沈老果然在家等候。我们直接进入他家，不及寒暄，沈老打开抽屉，拿出了四百元法币递给了我（我就是用这笔钱买了从上海经海参崴到欧洲的船、车联运票）。沈老还亲自送我到大门口，和我握手道别，并祝我一路平安。当时他老人家慈祥的微笑，向我频频招手的形象，就像一张永不褪色的照片，深深地留在了我的记忆里。中国的全国学联能够第一次派出代表去出席世界青年大会，其中就有沈老的那份决定性的贡献。"

1936年，上海抗日救亡运动蓬勃开展，救国会利用"五卅""九一八""一·二八"等国耻纪念日举行群众性的游行示威，每逢游行示威时，总有一位髯须半白、飘飘垂胸的老人走在队伍的最前列，那就是沈钧儒先生。沈老当时已年逾花甲，每次参加游行活动却一走就是几十里，若无其事。10月19日，伟大的无产阶级革命家和文化战士鲁迅先生逝世，沈老在覆盖着鲁迅先生灵柩的绸布上，奋笔写下了"民族魂"三个大字，充分表达了全国人民的爱国热情和鲁迅先生的救国精神。胡愈之先生（曾任新中国首任国家出版总署署长、全国人大副委员长）回忆："是年10月鲁迅先生逝世，上海数十万工人、店员、学生和知识分子，在警察、巡捕、特务监视和弹压之下，举行声势浩大的出殡仪式，沈老和宋庆龄先生主持了这次激动人心的葬仪，他在一幅素绢上亲笔题了'民族魂'三个大字，亲自覆罩在鲁迅的灵柩上。他在鲁迅墓前发表的演说中指出，'威武不能屈，富贵不能淫，贫贱不能移'这就是鲁迅精神，这也就是伟大的中国人民的优良传统。"救国会声势浩大、深得人心的抗日救国活动，使国民党政府如芒刺在背，急欲置之于死地而后快。

　　1936年11月22日深夜，寒冷和恐怖笼罩着整座上海城。经过一天的劳累奔波，沈老在桃源坊53号寓所里安然就寝。为了抗日救国，他早已作好了随时被捕的思想准备。然而，谁又能想到，国民党政府竟如此卑鄙，在夜深人静的时候，在人们的睡梦中，秘密地施毒手，连一个安稳觉也不给予爱国救国的人们。11月23日凌晨2时半左右，国民党当局屈服于日本的压力，以"托名救国，肆意造谣，勾结'赤匪'煽动阶级斗争，更主张推翻国民政府，改组国民政府，种种谬说均可复按"的罪名，悍然逮捕了救国会的领袖沈钧儒、李公朴、沙千里、史良、王造时、章乃器、邹韬奋，是谓闻名全国的"七君子事件"。张耀曾先生（辛亥革命先驱、法学学者）11月23日日记如下："今午前四时顷睡梦中，忽被女仆敲门唤醒，谓沈先生来，以为衡山有急事也。入客室视之，乃为衡山子。惊询所以，则衡山已为捕房及公安局人在三时左右撞宅门捕去矣。"韬奋先生在他的《经历》一书中有这样的描述："沈先生这次在上海被捕之后，曾在捕房看守所里冰冷的水门汀上静坐了一夜——在那样令人颤抖的一个寒

救国会领袖在苏州狱中合影，左起：王造时、李公朴、邹韬奋、章乃器、沙千里、沈钧儒(史良被押在女牢)

1948年5月，沈钧儒和各民主党派、无党派的民主人士发表声明，响应中共中央关于召开新政治协商会议的号召和接受中共的领导。这是沈钧儒与在港的民主人士合影。
左起为马叙伦、何香凝、沈钧儒、蔡廷锴、谭平山、郭沫若

中央人民政府任命沈钧儒为最高人民法院院长的通知书

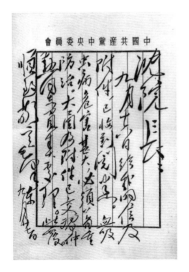

毛泽东主席就民盟中央副主席，最高人民法院院长沈钧儒提出的工作问题复函手迹

夜里！但是这种苦楚在他是丝毫不在乎的。自从我和沈先生同被拘捕以来，每看到他那样的从容、那样的镇静、那样的只知有国，不知有自己的精神，我不由得受到了很深的感动，反顾我自己这样年轻，为着爱国受点小痛苦，真算得什么！""七君子"中沈老德高望重，经验丰富，且平易近人，和蔼可亲，是救国运动中最热心的领袖，爱护众人犹如爱子，大家敬佩地推他为"家长"，并约定如果被反动政府拉出去枪毙，大家将在行刑前高唱《义勇军进行曲》，高呼"打倒日本帝国主义！民族解放万岁"的口号。

"烽火连三月，家书抵万金"，沈钧儒在家书中不仅透露了当时朝野各方对于"七君子"事件的态度，沈老还就其前因后果以及其内心感受诉诸于笔端。1937年5月2日，沈老在监狱中给长子沈谦写下一封家书，明确表达了他坚定抗日的决心："以后仍将愿意继续努力抗日工作，尤愿在政府领导之下，牺牲一切。"透过这封家书，遥想沈老当年在苏州法庭上的风采，深刻感悟沈老伟大的爱国主义精神！

沈钧儒等人深夜被捕之后，当局曾

|沈钧儒写给沈谦的信

下达禁令，不许各报刊发消息，但《华美晚报》和《立报》未按禁令行事，前者还标列出被捕七人的名单。"七君子"消息传出，全国哗然。救国会以宋庆龄、何香凝等为首的16位知名人士发表了《救国入狱运动宣言》，"救国入狱运动"在上海和全国各地引起了强烈的反响，国民党当局迫于各种压力只能将"七君子"无罪释放。1937年7月31日，"七君子"被捕入狱整整八个月零八天后在全国人民的声援下被交保释放。出狱后的沈老对记者说："钧儒等今天步出狱门，见抗敌之呼声，已遍布全国，心中万分愉快。当不变初衷，誓为国家民族求解放而斗争。"沈钧儒一生忠实地践行着自己的誓言。

1941年，沈钧儒倡议组织中国民主政团同盟，后改组为中国民主同盟。1942年，沈钧儒及其领导的救国会正式加入民盟。

新中国成立后，他任中央人民政府最高法院院长，为建立人民的法治体系、巩固人民民主专政做出了很大贡献。著有《制宪必携》《宪法要览》《普及政法教育》等。1963年6月11日，沈钧儒在北京与世长辞，享年88岁。

沈钧儒坚信："唯民主可以革专制之积威，唯法治可以纳庶政于轨物。""沈钧儒是中国民主法治运动的旗手"，这一评价比其他任何赞美之词都更准确也更突出了他在中国近代历史发展中的重要地位。

新川路 *218* 号
地杰人灵"内史第",
百世流芳黄炎培

江南名宅『内史第』位于浦东新区川沙新镇新川路二一八号，原名沈家大院，为清朝内阁中书沈树镛祖上所建。『内史第』之所以为江南名宅，一是建筑本身的价值，二是名人辈出。如今，『内史第』已基本复原了黄炎培、宋氏家族、胡适等人昔日的生活场景。

260

2013年4月16日，江南名宅"内史第"正式对外开放。这座传统院落式住宅位于上海市浦东新区川沙新镇新川路218号，原名沈家大院，为清朝内阁中书沈树镛祖上所建。

　　清咸丰九年（1859年），沈树镛中举后入京任内阁中书。这个官职品级并不算高——从七品。如果清朝时一个县的"一把手"知县是正七品（相当于现在的正处级），那么这个县的"二把手"县丞就应该是正八品（相当于现在的正科级），而内阁中书则算是现在的副处级。按清制，内阁中书掌管撰拟、记载、翻译、缮写之事，也就是帮皇帝抄抄、写写、记记，是皇帝的秘书班子成员，其中汉人定额为三十人。也就是说，你如果看到清朝时的诰敕（圣旨），其实就是这些内阁中书撰写和誊录的。如果干了一定年限后外放做官，一般都会越级提拔为正五品的同知或直隶州知州（相当于现在的正厅级）。所以，沈树镛在上任前对沈家大院进行修缮，并起名为"内史第"，以官职"内"和志趣"史"为宅第的名字。另有一说，是因为原来"中书"在宋代后又称为"内史"，"内史第"由此而来。改名之举，大约是为了光宗耀祖吧。

　　"内史第"之所以为江南名宅，一是建筑本身的价值；二是名人辈出。修复后的"内史第"坐北朝南，三进院落，雕花仪门，飞檐翘角，大门上方"内史第"为中国书法家协会主席张海书写。第一进天井内松竹幽雅，两侧为东西两楼。第二进是正厅，悬挂着黄炎培题写的匾额"立本堂"，立本堂原为沈家大院祖厅，取意为做人要有根本的准则。第三进为内宅，二层楼房，正楼与东西厢房是主人与家属内眷的饮食起居地。

　　如今，"内史第"已基本复原了黄炎培、宋氏家族、胡适等人昔日的生活场景。内宅的二楼已被布置为系列展览，用图片、实物、雕塑、视频

|黄炎培

等分别展示了黄炎培和其子侄、宋氏家族和沈家的生平事迹与历史贡献。

据史料记载，"内史第"坐落的新川路原为王前街，是一条繁华的老街，各种商店鳞次栉比。"内史第"则高墙大院，依水而建，河边还有一棵古银杏，一派乡土与现代繁华的交错。距离"内史第"东侧仅百米，就是川沙明城墙的东南角处，上有魁星阁一座，文气相望，可谓相得。

1988年，川沙旧区改造时，"内史第"曾被拆除了前两进，只保留了最后一进的黄炎培故居。后经许多有识之士和黄炎培之子黄万里的呼吁，终于在2003年启动修复项目，2009年动工修复，投资1.2亿元重建了前两进宅院和沿街房。我们现在看到的"内史第"在面积上增加了三倍。但与历史原貌相比，为了避让门前的主干道新川路，其门面向里缩进约5米，并少了一堵门墙。如今，"内史第"占地3423平方米，总建筑面积1868平方米，空间设计注重轴线，大量采用了灰雕、琉璃、瓷贴等民俗性装饰，加上青砖、黛瓦、白墙的组合，透露出浓浓的江南情韵。而各种木雕、砖雕、石雕精美绝伦，梁壁鎏金镶紫，花草树木入庭，尽显官宦书香之气。

出生和成长于此的黄炎培先生曾撰诗称赞"内史第"："歇浦一衣带，中外寰瀛通。其左蔚人文，百年学有宗。"地杰人灵，莫过于此，整个江南估计也难找出和"内史第"一样名人辈出的宅第了。

居于此的名人大体有这么几个部分：

第一，沈家。"内史第"主人沈树镛就不用说了，他的儿子沈毓庆曾中秀才，是中国毛巾工业的先驱。1900年，沈毓庆以土布机为基础成功改造出毛巾木机，在"内史第"创建了第一家毛巾厂——经纪毛巾厂，上海川沙也就成了中国毛巾生产的发源地。

第二，黄家。黄家是沈家的女婿，沈树镛的姐姐嫁给了黄炎培的祖父黄典谟，沈家几代都是一脉单传，沈树镛去北京上任后，家里门庭冷落。于是，出嫁在南汇瓦屑的沈树镛姐姐一家就搬进来住了。其后，黄家就这样在"内

旧时建筑俯瞰图

史第"开枝散叶了。教育家、实业家、政治家、中国民主同盟主要发起人之一黄炎培，以及他的子侄辈的民主战士黄竞武，哲学家黄方刚，会计学家黄祖方，民建中央副主席、水泥专家黄大能，水利学家黄万里，音乐家黄自，物理学家黄长风等，都是一时之俊杰。现在"内史第"展品中有一台黄自曾用过的施特劳斯钢琴，是他的子女捐出来的。

第三，宋家。也就是宋嘉树和倪桂珍夫妇及其子女。当年宋嘉树和倪桂珍结婚，由倪桂珍的父亲倪蕴山（沈树镛的弟子）向沈家租借"内史第"第二进西厢南侧上下四间房，做女儿女婿的新房。1893年，大雪纷飞中，宋庆龄在这里出生，1894年宋子文出生，1897年宋美龄出生。宋家六个子女中有五个在"内史第"出生。当时，宋嘉树和沈毓庆合作办厂经商，直至1904年宋嘉树完成了资本的原始积累，携全家离开川沙迁至上海市区，只留宋子文在川沙读书。后来，宋氏三姐妹宋蔼龄、宋庆龄、宋美龄，分别嫁给了孔祥熙、孙中山、蒋介石，宋嘉树堪称中国"最牛岳父"。

第四，胡家。是指北大校长、思想家、文学家、新文化运动倡导者胡适。虽然胡适的籍贯是安徽绩溪人，其实他出生在上海大东门的"瑞馨泰"茶叶店里。胡氏家族早就在上海经商发展，胡适的父亲胡铁花在《钝夫年谱》中记载："余家世以贩茶为业，先曾祖考创开万和字号茶铺于江苏川沙厅城内，身自经理，借以资生。"这是胡家在浦东地区开设经营的第一家茶庄，茶庄取名"胡万和"，意为"万事和为兴"。当地有民谚云："先有胡万和，后有川沙

川沙新镇新川路218号——
黄炎培故居

县。"可见当时茶庄的名气。胡家曾经因茶庄遭火灾而借居于"内史第"。当胡适的父亲调任台湾后，母亲又带着胡适在离茶庄仅百米的"内史第"租住了一年多。所以，后来胡适从安徽重返上海的六年求学生活中，也经常会来川沙，川沙就是他的第二故乡。

1992年"内史第"被列为上海市文物保护单位"黄炎培故居"，2003年被命名为上海市爱国主义教育基地，2003年挂牌"宋氏家族居住纪念地"，2018年挂牌"民盟（上海）传统教育基地"。挂牌"民盟（上海）传统教育基地"是因为黄炎培1941年发起成立中国民主政团同盟，并任中央常委会主席，1944年中国民主政团同盟改组为中国民主同盟。所以，黄炎培是民盟事实上的首任主席。

黄炎培早年就父母双亡，9岁时黄炎培就到外祖父孟荫余开设的"东野草堂"私塾接受传统教育，同时，"内史第"的大量碑帖、书籍都成了他获取知识的源泉。姑父沈毓庆对他也是悉心教诲，他写过一篇《题肖韵姑父遗像》诗，前言中说道："川沙百年来文化中心，必推我姑父沈肖韵先生家，先生禀承家学，器识文艺，为时推重，与物无忤，对之如饮醇醪。甲午后，锐然以新知识授我后进。"

21岁的黄炎培在松江府以第一名取中秀才。23岁时，他考取了南洋公学特班（上海交通大学前身）读书，和老师蔡元培结下深厚情谊，和他同在特班学习的还有邵力子、李叔同、谢无量、胡仁源等，南洋公学特班的学习生活让他大量接触西学，由此逐渐形成了自己的世界观、价值观。24岁他又中江南乡试举人，但此后黄炎培没有继续投身于科举之路，他已经迫不及待地要用自己的行动来改造这个世界了！

黄炎培的实践之路从改革教育开始。1903年，他返回家乡川沙，把"观澜书院"改为"川沙小学堂"。黄炎培认为"要救国，只有办学堂"，"教育救国"是他早期救国思想的核心，他办学着重于"唤醒民众"。此后，他创办了一系列的中小学校，包括浦东中学及浦东第一所女校"开群女学"。"开群女学"是黄炎培在开办川沙小学堂的同时，和堂兄黄洪培、堂嫂陆开群在"内史第"创办的，专收四邻女生入学，学习科目与男生基本相同。作为浦东中学的第一任校长，他把学校建设成国内一流的名校，享有"北南开、南浦东"的盛誉，学子之中星光璀璨，名人如云。其后，他创办或筹办学校的"触角"探到了大学，创办了东吴大学（今南京大学）、暨南大学等若干大学。再后来，他又创建了中华职业教育社及中华职业学校，有力推动了中国近现代职业教育事业的发展。

除了"教育救国"，"实业救国"也是他的思考与实践。根据"上川铁路小火车站碑记"介绍，1921年浦东同人会首领黄炎培召集乡绅合议，成立上川铁路交通股份有限公司，并发行股票筹措资金。1922年动工，终建

|上川铁路旧貌

|建筑外景

成由浦西庆宁寺至浦东川沙，后又至南汇祝桥的上川铁路小火车。"保运输之权利，图沿海实业之振兴"，上川铁路的开通极大便利了川沙乃至南汇地区的出行，改变了江南地区传统划船出行的慢速交通，对社会经济的发展起到了巨大作用。

但是，不论是"教育救国"，还是"实业救国"，最终，他认识到社会是一个整体，只有政治制度好了，救国之路才行得通。特别是1931年"九一八事变"后，他走上了抗日救亡、改造政体的道路，创办刊物，发表文章，进行演讲，组党结社……中国当下的八个民主党派，其中民盟、民建都是他参与创办的。民盟成立之初包括三党三派（中国青年党、国家社会党、中华民族解放行动委员会、中华职业教育社、中国乡村建设协会、全国各界救国联合会），而民盟的成立，是中国在政治舞台上第一次出现国民党、共产党以外的第三方政治力量。

"内史第"的第三进院内播放着"窑中对"的视频故事。这是1945年，为了恢复陷于停顿中的国共和谈，黄炎培和其他五位参政员从重庆飞到延安进行访问斡旋，受到毛泽东、朱德、周恩来、刘少奇等中共领导的热烈欢迎。访问结束离开前，在毛泽东的窑洞中，黄炎培与毛泽东有了一段对话，他说："我生六十余年，耳闻的不说，所亲眼见到的，真所谓'其兴也勃焉，其亡也忽焉'。一人、一家、一团体、一地方，乃至一国，不少单位都没有能跳出这周期率的支配力……一部历史，'政怠宦成'的也有，'人亡政息'的也有,'求荣取辱'的也有,总之没有能跳出这周期率。"毛泽东答道:"我们已找到跳出这周期率的新路,就是民主。让人民监督政府,政府才不敢松懈。人人都来负责,就不会人亡政息。"

延安的情景让黄炎培耳目一新,回来后立即写了一本《延安归来》,书中记载了黄炎培一行在延安亲身感受,以及中国共产党和解放区在政治、经济、军事等方面的成就,这本书在国统区产生了巨大的积极影响。他写道:"延安的街道是整洁的,阶下有水道,没有一寸土是荒着的;没有看见茶馆,没看见一个游手好闲的人,没有看见一个面带烟容而颓唐的人。男女都气色红润,尤其是女子,特别秀硕。不论男女都穿制服,女子学生短发,有一种蓬勃的朝气。当地老百姓,衣服也都很整洁,衣料是蓝或白的土布。"可见,这次行程使黄炎培认识到中国的希望在延安这边。

黄炎培一向有两个清名:不敛财,不做官。他一生兴学,口才出众,筹款无数,但清廉自守,善用善款。民国初年,他曾两拒袁世凯和北洋政府请其担任教育总长的召唤。袁世凯无奈地送他八个字:"与官不做,遇事生风。"后来,蒋介石也曾多次封官许愿,但也被他一一婉拒。

新中国成立后,周恩来总理亲自到黄炎培家中,请他担任政府公职,他推辞说:"我今年72岁了,还能做官吗?"周总理真挚地回答:"这不同于旧社会的官,现在是人民的政府,不是做官,是做事,是为人民服务。"于是,他慨然以72岁的高龄出任新中国政务院副总理兼轻工业部长。

从沈树镛改建"内史第"至今已160余载,从黄炎培在"内史第"呱呱坠地至今已140余载。百年风流,雨打风吹去也。

今天,走进"内史第",我们慢慢体悟着时空中依稀留存的一个个精彩人生,体悟着过去历史的风云激荡和他们的富强中国梦,令人不由地想对他们说一声:你们的梦想,中国人民已经实现了!

愚园路 **1376**弄（亨昌里）**24**号
李公朴故居
——平淡而峥嵘的岁月

愚园路一三七六弄亨昌里，建造于一九二五年，是大名鼎鼎的先施公司和永安公司为了解决职员的居住问题而在愚园路上合资兴建的一处新式里弄。李公朴故居二十四号为弄内第四排中的一幢。

亨昌里这组新式里弄建筑为外廊式风格，南立面上下都有连续半圆形拱廊，双坡顶，顶上开老虎窗。据建筑史学家的研究，外廊式建筑源于欧洲列强在热带和亚热带的殖民地为适应地方炎热气候条件而建造的西式住屋，它最大的特点是立面有外廊，建筑形式有券廊式，也有柱廊式。在上海租界发展的前期，外廊式是外国人建造建筑普遍采用的样式；到20世纪初，这种样式逐渐被新古典主义等其他样式所取代，到20年代，沿用外廊式风格的建筑已经不多，亨昌里就是其中之一。另外，从其建筑立面的连续带拱形、开间宽窄不一但又更加轻盈流畅的特点来看，外廊式风格在这个时候也已"变异"。

从地理区位来看，先施、永安两家公司是颇有眼光的，整条亨昌里的主弄堂南通愚园路，北通白利南路（今长宁路），毗邻兆丰公园（今中山公园），在繁荣的沪西越界筑路地区中（后来孤岛时期的沪西"歹土"），是一处闹中取静之地。所谓越界筑路地区，是上海租界当局依据《洋泾浜土地章程》第六条的规定："工部局无论何时都可以在租界以外买地、筑马路和游艺场"，在租界以外建筑马路，并进而形成新的街区。租界当局在这些街区派驻警察、征税，提供自来水、电话、电信等公共服务。上海的公共租界和法租界自1860年起就不断越界筑路，并伺机将越界筑路地区并入租界，以扩大租界的面积。1914年，在袁世凯政府的允许下，上海法租界一次性将其越界筑路地区全部并入（当时的上海地图上标注为"法新租界"），此后法租界也未再有新的越界筑路。而公共租界的越界筑路工作，在五卅惨案后基本上停止运作，而越界筑路地区，大多直到租界收回都未能正式划入租界，成为中外双方的共管地带。鲁迅曾戏称越界筑路地区为"且介"，也即半租界之意。

越界筑路地区的工商业较上海的中国地界繁荣，生活水平又较租界低廉，是当时许多中上层市民优先考虑的居住区。此外，由于越界筑路地区类似一处共管区域，政出多门，警权分散，"租界当局只负责马路治安，马路两侧则无权过问"。亨昌里所在的愚园路除了位于静安寺地区的一小段路已经正式划入公共租界外，向西延伸的2378英里直至"极司菲尔地区"都属于越界筑路地区。

亨昌里最初的住户是先施和永安两家公司的高级职员，但也有不少革命家曾藏身于此开展秘密活动。中共中央的理论刊物《布尔塞维克》其编辑部就设在亨昌里48号（今34号）。这份刊物的编辑们，都是中国革命史上赫赫有名的大人物。而就在距离《布尔塞维克》编辑部旧址咫尺之遥的24号，在抗战前的某一段时间李公朴先生及其家人曾在这处住宅里生活过。从笔者实地走访的情况来看，亨昌里24号现在还是一幢住宅，整幢住宅的外观基本完好。《上海城建档案》记载了《布尔塞维克》编辑部的室内式样："楼下前客堂是会客室……后客堂是餐厅，两间有拉门隔开。"二楼则有南间和北间（整个房间坐北朝南），作为办公室兼起居室。

令人有些意外的是，亨昌里24号住宅并未看到有任何李公朴故居的标志。这似乎也不太重要——有哪个中国人会不知道李公朴呢？这

|李公朴

位"牺牲在暗杀政治下的第一人"（沈钧儒语），有一位不太有名的胡笛先生（应该是刘时平先生的笔名），在纪念李公朴时直接引用了鲁迅先生在《华盖集续编》中所说的话：死者倘不埋在活人心中，那才是真（真）死！另外有一位更有名的吴晗先生说，公朴的死，"不是结束，而是开始"。

翻检一下1946年7月李公朴遇刺后的那些报刊，沈钧儒、张申府、章伯钧、吴晗、周建人、陆诒、田汉都纷纷提笔，写下自己痛悼哀思李公朴之情。而闻一多先生，也正是在发表完悼念自己战友李公朴的演说后，以身殉道的。

不过李公朴前半生的日常生活细节，我们的确知道的很少。比如，李公朴究竟是什么时间入住亨昌里的，我们并不清楚。现在只知道，李公朴在抗战前夕一直住在亨昌里。

李公朴是1930年11月8日回沪的，回沪不久妻子张曼筠就有了孩子。李公朴的女儿张国男（随母姓，名字谐音"国难"），儿子李国友（意为"国家之友"）。李公朴的岳父（书画家张筱楼）和岳母也和女儿女婿住在一起。六口之家，需要一处较大的居室，类似亨昌里这样的房产自然成为李公朴的选择。

与最后轰轰烈烈的岁月相比，李公朴居住在亨昌里的那段时间主要从事新闻和教育工作，相比之下有一种平淡感。李公朴在这段时间结识了《申报》的总理（即总经理）史量才，很快投入《申报》工作。李公朴的组织能力是超凡的，他在《申报》主编《业余周刊》、开辟"读书问答栏"，创办了《申报》流通图书馆和《申报》补习学校（史量才遇刺后，改名为量才补习学校）。

随着当局压迫日深，李公朴计划创办一份独立的杂志，引导青年走向进步爱国之路。1934年11月10日，上海杂志公司发行了一份半月刊《读书生活》，主编是李公朴。在《我与〈读书生活〉》一文中，他对自己的办刊和出版理念都有表述，并对这种理念的由来给予了解释。他讲："《读书生活》杂志的本身，就是一个理论与实践联系很密切的学校"，"这'学校化'了的杂志，也就创造了杂志的'书报化''讲义化'的新教育方法"，从而"实现了广大的社会教育"。杂志怎么实现"讲义化"呢？它刊载了"艾思奇的哲学讲话，夏征农的文学讲话，曹伯韩的算学讲话，高士其的科学讲话，以及本社同人共同担负的读书写作问答"，并且"特别注意到'通俗化'的问题"，从而"不仅帮助了大批的失学青年解决了读书问题，而且在实际上更帮助了许多的被关在学校大门内读死书的学生，有了很好的读活书的机会"。读书生活出版社出版的也是"一种新形式新内容的通俗读本"，"不仅是合乎实际的社会生活，而且是大量的散播了一些新文化的种子"。①许多在学、失学、待业、职业青年都从《读书生活》中汲取养分。

1936年5月底，李公朴加入了新成立的全国各界救国联合会，并被选为常务委员。胡愈之先生（新中国首任国家出版总署署长，原全国人大副委员长）曾说："你在上海有四五千读过补习学校的学生，有一二万流通图书馆的读者，他们都被你引上了抗日的大道。救国会遭当局惧怕，救国会的领导人中，你和韬奋先生，特别被当局所忌，因为你们两个都是拥有广大群众的。"②

1936年11月23日，因领导和参加救国运动，李公朴与沈钧儒、邹韬奋、章乃器、史良、王造时、沙千里在上海被国民党逮捕。

李公朴的女儿张国男说她现在对父亲的第一个记忆，就是1936年李公朴被捕的那个深夜。那年的11月下旬，上海已经有点秋意，23日凌

---

① 李晓虎：《走近李公朴》，《书屋》2016年第11期，第25页。
② 徐雍安，亨昌里：《李公朴沪上生活剪影》，《档案春秋》2016年第11期，第62页。

晨，刚刚愉快度过了五周岁生日的小国男已经睡熟，突然她被吵闹声惊醒。睁开眼，满屋的国民党警察和法租界巡捕气势汹汹，蛮横无理，父亲正和他们争辩。后来只听父亲说了一声"我跟你们走"，便什么东西都没拿就跟他们走了。窗外汽车引擎声消失后，街上和家里一片寂静，母亲坐在沙发上沉默无语，面色苍白。小国男非常害怕，胆怯地问妈妈："爸爸到哪里去了？"母亲说："被他们抓走了。""他们为什么抓爸爸？""因为你爸爸爱国。"母亲像是答复小国男，又像是在问别人："难道爱国也犯罪吗？"当时的情景，张国男说她永生不能忘记。③

周巍峙（曾任文化部党组书记、代部长，中国文联主席）在1932年冬，经戈公振、邹韬奋先生的介绍，担任李公朴先生的秘书。当时他每天到亨昌里李先生家上班，日常工作就是剪报、收集整理图书资料、做联络工作，代李先生给青年复信，整理讲话稿。他回忆道："1936年11月23日早晨，我照常去李公朴家上班，才知道李先生已在凌晨被捕。李夫人张曼筠很紧张地告诉我，有一封中华苏维埃政府毛泽东主席写给救国会沈钧儒、邹韬奋、章乃器的信还存放在家里，没被搜去，张曼筠问我怎么办。我一想，为了保守党的机密，保护救国会领导人，我对张曼筠说，交给我吧，我负责保管。我立刻把信带走，藏在自己家里……"④

---

③ 徐雍安：亨昌里：《李公朴沪上生活剪影》，《档案春秋》2016年第11期，第62页。
④ 同上，第63页。

复兴中路 **553** 弄（复兴坊） **1** 号

武定西路 **1357-1359** 号

史良故居

——惊险的逃亡历程

复兴中路在一九四三年以前名为辣斐德路，是近代上海法租界内一条有名的街道，以法国大革命时期著名将军『辣斐德』的名字命名。复兴坊就在复兴中路五三三弄，建于一九二七年，原名辣斐坊，一九四九年后，改名为『复兴坊』，二〇〇五年被列入第四批上海市优秀历史建筑。

| 复兴中路553弄1号

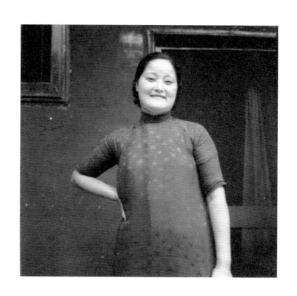

| 史良

　　史良（1900—1985年），律师、法学家、女权活动家、社会活动家。1919年参加"五四"运动，"九一八"事变后，组织成立上海妇女界救国会。1936年任全国各界救国联合会常务委员，因参加与领导抗日救亡运动被国民党政府逮捕入狱，是七君子事件的当事人之一。她长期坚持抗战、民主道路，反对内战和独裁。史良分别于1931年至1937年、1946年至1952年在上海生活。

　　复兴中路在1943年以前名为辣斐德路（Rue La fayette），是近代上海法租界内一条有名的街道，以法国大革命时期著名将军"辣斐德"的名字命名。复兴坊就在复兴中路553弄，建于1927年，原名辣斐坊，1949年后，改名为"复兴坊"，2005年被列入第四批上海市优秀历史建筑。

　　复兴坊为新式里弄建筑，其入口并不显眼，过街楼下的门洞开间不大，与其他石库门里弄的入口并没太大区别，而穿过入口进入主弄之后，空间豁然开朗：笔直的弄堂两旁是大片三层混合结构的联排住宅，共有住

| 1931年至1937年，史良居住于复兴
中路553弄1号（复兴坊）。

房95幢，每幢每户都是从主弄转入支弄进入自己的家，入口小铁门开在南院围墙上，墙内花园小巧，连接底层客厅，客厅后是厨房，二、三层为卧室，屋顶有晒台。每户人家的水、电、煤、卫生设备也都配齐，建筑的清水红砖墙面，风格统一简洁，只以檐下齿饰、窗台下的半圆装饰以及底层入口的折板雨篷等局部略作装点。无疑，这是一个安静舒适的居住区。

复兴坊曾居住了很多名人。1号，之前曾住过学贯中西的书画家沈迈士，他去北平任教后，主人换成了大律师史良，房屋兼做住宅和事务所。8号为何香凝旧居，她是廖仲恺夫人，民主革命家、画家。自1927年至1937年，一直居住在此，设立并领导中华妇女抗敌后援会，进行抗日救亡活动。16号曾是杜月笙和第四房太太姚玉兰的婚房。

史良在复兴坊居住期间结识了宋庆龄。史良回忆说："1933年的一天晚上，有个陌生人来到我家里，要会见我，见到以后，那人拿出一张名片，上面写的是我敬慕的宋庆龄女士的名字。这个陌生人转达了宋大姐的意思之后，我就在第二天到她（宋大姐）家里，原来是她要我承办中共党员施义的案件。"史良回忆这次会见："孙夫人一见我就热情地握住我的手，她那美丽而严峻的面色深深感染着我，给我以信心和勇气。她讲话简短、明确，态度沉着、镇静，目光坚定、柔和。"当天，她们为营救上海地下党领导人邓中夏（化名"施义"）商讨了法律援助办法。史良深感责任重大，自己又年轻，于是请了自己的老师、上海著名的律师董康一起承办此案。1933年9月，邓中夏在南京雨花台英勇就义。这是史良"第一次承办为革命者辩护的案件"。此后，宋庆龄经常介绍案件给她，一类是"营救"性质的政治案件，另一类是妇女案件。她们配合默契，各有所长，多次成功营救共产党人和革命志士，史良也在斗争中与宋庆龄结下了深厚的情谊。

1935年初，日本制造了震惊中外的"华北事变"，妄图把华北变成第二个伪满洲国，进而吞并全中国。在民族危亡的紧要关头，1936年5月31日至6月1日，在宋庆龄、马相伯、章乃器、沈钧儒的号召和领导下，全国各界救国联合会（简称"救国会"）在上海成立，会上推举宋庆龄为救国会执行委员和常务委员。由于"救国会"广泛开展抗日救亡运动，并公开批评国民党"对外退让，对内用兵，对民压迫"的反动政策。因此，"救国会"自成立伊始，便遭到国民党政府的不断迫害与镇压。1936年11月23日，史良和沈钧儒、章乃器、王造时、邹韬奋、李公朴、沙千里七位救国会领袖被当局非法抓捕，酿成震惊中外的"七君子"案。为救"七君子"出狱，宋庆龄、何香凝等人又发起"救国入狱"运动。

1937年7月5日，宋庆龄和胡愈之、彭文应、张定夫、潘大逵等知名人士一起，自带行李，从上海至苏州高等法院，自请入狱。宋庆龄表示，一起来的人同"七君子"一样，都是爱国者，理当同罪，要求入狱，这让国民党当局始终不敢答应。宋庆龄提出探望"七君子"，她首先来到史良被单独关押的房间。她对史良说："你们的斗争不是孤立的，我们全国一切不愿做亡国奴的人都在支持你们，你们的斗争一定能够胜利。"史良和宋庆龄热烈拥抱，泪水夺眶而出。

宋庆龄发动并亲自参加的这次"救国入狱运动"，使狱中"救国会"七领袖和广大爱国人士受到巨大鼓舞。一时间人们盛传"国母孙夫人来苏州营救'七君子'了。"这使"七君子"更加坚定了他们与国民党斗争到底的决心。由于宋庆龄等坚决斗争和国内强大的压力，国民党当局最终未能对"七君子"强行定罪。"七七事变"爆发后，国民党政府不得不在7月31日将"七君子"释放出狱，"七君子"事件得以胜利解决。被救出狱后，史良离开上海去武汉、重庆等地继续从事抗日救亡活动。

1946年至1952年，史良又回到上海居住于武定西路1357—1359号（曾为开纳路150号）。这是一幢占地面积约有400平方米的西式花园别墅，砖混结构，共三层，坡屋顶覆盖机平瓦，上有两个连通室内壁炉和厨房的烟囱，水泥混合砂浆的外墙没有繁复装饰，建筑外形朴素平和。别墅二层有卧室和书房，底层是客厅、餐厅和厨房等，客厅望出去，是别墅南面的大花园。史良先生曾在东半侧的楼内居住。

史良1946年从重庆复员到上海以后，其律师事务所（武定西路1359号）对面的那岗楼上始终有国民党特务在监视。一直受到国民党特务严密监视的史良，秘密出任民盟上海执行部主任委员，她派自己的秘书担任联络员，组织了一系列"反饥饿、反内战、反迫害""反美扶日"的爱国民主运动。史良利用自己的公开身份和社会影响力，在演讲和集会中，将矛头直指国民党和南京政府，鼓励学生罢课、工人罢工，表现出誓死把一个独裁、腐朽的政权拉下马的凛然气魄。在经济上，她慷慨地资助民盟上海执行部，配合共产党人开展地下斗争。

上海解放前夕，国民党上海警备司令汤恩伯签署密令，不择一切手段逮捕史良。那时，史良正犯高血压病，在寓所中静养。1949年5月10日傍晚，中共上海地下党负责人之一的吴克坚来电，告诉她晚上军警要动手抓她，她与丈夫陆殿栋商量后，决定离开住所，转移到霞飞路新康花园（今淮海中路1273弄）朋友的寓所躲避。史良离家出走后的数小时后，一群军警和便衣特务乘坐数辆吉普车，疾驰而来，把史良的别墅团团围住，蜂拥入内，抓住史良家的一位老工友宋阿福，酷打逼供，随后又搜遍全宅，把全家大小人口，不管是厨师还是女佣，一律进行个别审问，却毫无结果。最后便留下几个便衣把守，以守株待兔。

第二天，军警和特务又来，将宅中人员再审问一遍。到第三天，他们对宅中人员轮流用刑，惨嚎之声，闻于街邻。当天晚上，知道最多史良亲朋好友地址的司机阿宝入室被捕，经通宵酷刑，他说出史良丈夫陆殿栋之弟陆殿奎的地址。陆弟系商人，不问政治，亦因而被捕，即入牢房。由于史良与陆弟之间绝少往来，虽经严讯而毫无所得。特务对他说："我们对你大嫂已监视三年了，现奉命来捕，却又不见，你若不招，我们难以交代，只好对不起了。"此时，阿宝在严刑拷打之下又说出了史良姑母家的地址。

| 武定西路1357号——史良旧居

于是，她的姑父母荣宝礼夫妇旋即被捕，押送至福开森路（今武康路）20号，即已被军警和特务破坏的民盟秘密联络点里关押。史良的姑母迫于军警的威逼利诱，无奈说出了史良妹夫的住址。一双老人被放回家，还没有跨出大门就看到自己的儿子在军警的押送下，也被关了进来，二老痛心疾首……

在这之前，史良已得到家人被捕的密报，从容地离开了新康花园，前往南市小东门（今中华路一带）的远房亲戚家中隐蔽。考虑到路途比较远，途中危险多，她化了装与陆殿栋坐上一辆三轮车。车行不久，陆殿栋便吩咐下车，改乘出租汽车。到大光明电影院门前下，前脚走进弹子房，随即便又从后门出去，再改乘三轮车，到达小东门。

据史良生前回忆，到达那里的时候，她发现弄堂的墙壁上贴满了标语，写着"一人不报，全家杀绝，一家不报，全里弄杀绝"。就在史良安全到达新的隐蔽处时，原先藏身的新康花园公寓被军警、特务们搜查，室内的物品几乎全部被掠去。

有一天，住在对面的某区党部的官员来到史良的住处，说是寻找饲养的鸽子。史良警觉地意识到，行踪可能被发现。她赶紧装扮成病人，用围巾包住头捂住脸，雇了一辆汽车转移。十分钟后，军警和便衣们星夜包围了小东门史良隐蔽处。原本是给她来报信的人未离去，身上搜出了报信的字条，当即被带走。史良和丈夫又躲过一劫。

一路上，为了避免查身份证的麻烦，陆殿栋让司机加速行驶，汽车在红绿灯的转换间急速行驶，绕了好几处地方，最后才在海格路（今华山路）与霞飞路（今淮海中路）交汇处的一栋公寓大楼前停下，她和丈夫陆殿栋住进了4楼一个套间里。窗外，便是黑漆漆的交通大学校园。被捕的史良亲戚朋友，相继被集中关押到南市的执行处拘留室，等候处决。史良回忆道："拘留的最后一天，得知黄炎培先生之子黄竞武等已于前一日遇难，均在夜阑人静时执行，先用绳索勒死，然后埋入土中。由于同时等候执行的人太多，而解放军已临近上海，来不及按上述办法办理，改为用卡车装运投入黄浦江里淹死。秘书等七人被装入一辆卡车载走，途中卡车损坏，停车修理，解放军先头部队已打进城里，枪声不绝，执行人员四散逃命，他们才幸免于难。我和爱人自离开亲戚家以后，又转移他处，一些人家已不敢收留，同时我亦不能信赖关系不深的人家，只能到极为可靠的同志处，而这些同志本身也在被监视中。正在踌躇为难之际，24日夜半11时许，解放军装甲车已冲入霞飞路的交通大学附近，我的危难即将过去了，天快亮了。"脱离险境的史良兴高采烈地跑到宋庆龄的寓所，两人拥抱在一起，流出激动的眼泪，互道心中的喜悦。这时，身处北平的沈钧儒，已经领衔成立了民盟中央临时工作委员会，得悉史良和其他民盟领导人都已脱险，十分高兴。

5月31日，沈钧儒代表临工委发电报给上海市人民政府副市长潘汉年，转告张澜、罗隆基、史良联袂北上，主持民盟一届四中全会。6月23日，沪上夏风小起，五十岁的史良显得格外年轻，她神采奕奕地登上北去的列车，抵达北平火车站时，沈钧儒已经亲自在月台上迎接他们。史良还作为民盟代表出席中国人民政治协商会议第一次全体会议，得到毛泽东、周恩来等人的亲切接见。10月1日，她和她的许多战友、朋友登上天安门城楼参加开国大典。十八天后，在中央人民政府委员会举行的第三次会议上，史良被任命为司法部部长、政务院政治法律委员会委员，成为共和国仅有的两位女部长之一。

国福路 *51* 号
陈望道旧居
—— 望道致远 初心不变

在复旦大学第九宿舍东边一隅，有一幢西班牙风格的小楼，大门正朝国福路，门牌号为五十一号，靠近政肃路口。这幢黄墙绿瓦的三层小楼，二、三层曾是复旦大学校长、民盟上海市委主委陈望道先生一九五六年至一九七七年的住所，因此也在二〇一八年被挂牌为「民盟传统教育基地」。

| 陈望道旧居修缮后的外立面（王红彬摄）

国福路51号，见证了陈望道作为社会活动家、教育家、学者和民盟盟员光辉一生的最后岁月。

从工商人士的私人宅邸到复旦校长寓所

根据负责陈望道旧居修缮设计的上海明悦建筑设计事务所有限公司的研究[1]，国福路51号这栋小楼的确切建造年代已不可考，但根据其西班牙式的建筑风格特征，推算其建造年代不晚于20世纪30年代中期，为复旦大学历史最长的建筑之一。

又根据复旦大学文物与博物馆学系的教师考证，这栋楼原为某工商人士住宅，周围一圈筑有围墙，围墙外是连片的农田。可以推测，这应该属于当年民国政府大上海计划实施过程中最早的房产开发项目之一。

小楼建筑占地150平方米，建筑面积300余平方米，坐北朝南，砖混结构；一至三层由西南向东北呈阶梯状造型逐渐升高，形成两个屋顶平台；屋顶覆绿色筒瓦，檐口下方连续半圆小券饰带，浅黄色水泥拉毛墙面，墨绿色钢门窗，此为近代上海租界内西班牙风格建筑的典型做法。不过小楼东南角圆形立面开设了大窗，使一、二层都有景观开阔、阳光房般的小客厅，其造型已偏向于现代主义风格的建筑了。

根据陈望道先生首届研究生陈光磊的回忆[2]，抗战结束后，复旦大学从重庆北碚迁回上海，陈望道在庐山村17号（现复旦大学第一宿舍）住过一段时间，有一次国民党突然发起大逮捕行动，他还在那里掩护了一名新闻系的进步学生。

---

[1]《足不出户看我修文物——陈望道旧居》，2020年2月27日微信公众号"上海市文物保护工程行业协会"。

[2] 陈光磊：《我的导师陈望道》，《上海滩》2018年第8期。

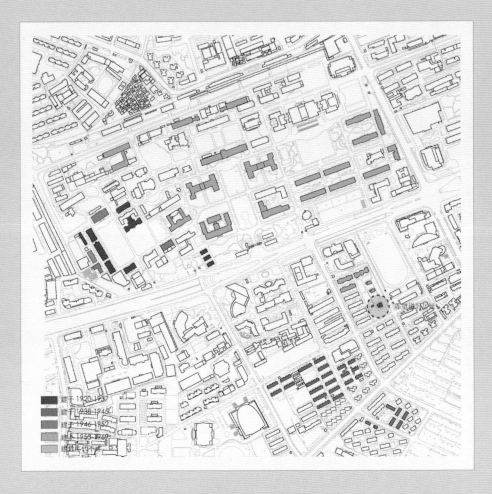

复旦大学历史建筑建造年代图示（上海明悦建筑设计事务所有限公司提供）

|陈望道在旧居中读书

　　1952年11月，毛泽东任命陈望道为新中国成立后复旦大学的首任校长。有关方面着手为先生寻找新的住所。起初，他们想把位于淮海中路的一套花园洋房提供给望老居住，院子里有喷水池和大理石雕像。当时的望老坚决不同意去，认为太奢华，又离复旦太远，不便于跟同学、教职工联系。后来就近找了位于国福路51号的这幢三层小楼，校方出资买了下来，装修后请望老一家入住。

　　在小路的一边，与51号并排另有两幢小别墅，曾为苏步青和谈家桢教授的寓所。此三栋建筑通过步行环道相互连通，形成较为独立并有品质的空间。

根据望老之子、曾任复旦大学物理学系教授的陈振新回忆[3]，小楼客厅是独特的圆弧形，被一面可推拉的折叠式木门一分为二，天花板吊顶简洁却不失大气；从底层沿木楼梯上半层，面对着一间储藏室。二楼的卧室里，圆形的小窗点缀在贴着素雅墙纸的墙壁上；推开南面的落地窗便是宽敞的阳台，采光颇好。在三楼楼梯的正对面，还有一间小阁楼。

一开始，望老还是不肯搬进去，说自己只有一家三口，住不了那么大的房子。几经商量，最后决定将语法、逻辑、修辞研究室安置在小楼的底层，望老才终于同意住了进去。这个研究室后来改为复旦大学语言研究室。

因此，国福路51号既是望老最后20余年生活及从事教育、科研活动的主要场所，也成了研究室同仁们日常学习、工作的地方。

望老的"绿屋"岁月

因小楼的屋顶上铺有绿色筒瓦，当时很多复旦学生亲切地称其为"绿屋"。

根据《复旦青年》的报道，20世纪50年代年望老迁入后不久，底层即为语法、逻辑、修辞研究室所用；大客厅一分为二，东面一间仍作客厅用，西面一间和原来的小客厅皆作为研究室的办公室；配电间和衣帽间则为研究室的资料、书报存放室。

这是全国高校中最早成立的一个语言研究中心，由望老亲自主持。著名教授郭绍虞、吴文祺、周有光、倪海曙、濮之珍、李振麟、胡裕树、蔡葵等都曾受聘于研究室，这里也是复旦大学中国语言文学研究所的前身。

---

③《陈望道旧居——静静伫立多年，它愈发使人能感受到静水流深的气场》，2020 年 1 月 4 日微信公众号"杨浦文旅"

陈光磊回忆说："通常，先生每周四或周五都会从楼上下来同大家谈论学术问题。平时他想到什么，也会经常下来同大家讲。先生晚年的文法修辞思想，大都是先在这里讲述，然后公开发表的——这里是学术论坛，也是学术课堂。"

"绿屋"也常常作为望老接待校外来访贵宾的重要场所。1959年，时任中国人民大学校长的吴玉章老先生来复旦作报告，望老便是在"绿屋"中款待了他；之后还有苏联来华专家、美国校长代表团、国民党元老叶楚伧之子叶南，等等。

因望老的声望，以及建筑独特的西式风格和活泼的造型，"绿屋"成了同济大学建筑专业学生常来写生之地，逢年过节，更有许多复旦人来此摄影留念。

在国福路51号，望老之子陈振新参加工作、结婚、添丁，迎接两个孙子的到来，为望老晚年带来很多乐趣。到了晚年，散步成为望老锻炼身体的主要方式。每天晚饭后，陈振新夫妇会陪着望老绕第九宿舍外的马路走一圈。小辈没空时，望老就自己挂一根拐杖在复旦宿舍区散步。

| 陈望道在旧居中上课

修缮后的复旦大学《共产党宣言》展示馆

望老1977年仙逝之后，他一生心爱的几千册藏书连同书柜都赠送给了复旦图书馆。他的家人在一年后搬出国福路51号，研究所也随之迁出。

由于80年代初学校房源紧张，空置的"绿屋"环境又比较好，学校便决定将其一楼用作举行党政联席会议的会议室，二楼则改建为招待所。

后来"绿屋"又被弃置，仅有一看门老人居住近十年。建筑年久失修，造成外立面粉刷损毁严重；部分墙体长出树木，根茎入墙，墙头结构破坏严重；出现楼板腐蚀坍塌，钢窗锈蚀严重等较为严重的建筑破坏。

2011年，小楼作为"陈望道旧居"被列为杨浦区文物保护单位，2014年被公布为上海市文物保护单位。2016年，"绿屋"由上海明悦建筑设计

| 陈望道旧居修缮前的状况（王凌霄摄）

事务所有限公司着手修缮设计。

2017年8月到2018年4月，此楼得以全面修缮。在管理部门的指导下，复旦基建部门曾召开多场调研会，数易方案，甚至请到了远在外地的老邻居一同回忆细节。该项目基建部门负责人表示："旧居的修缮方案经过了文物部门和专家的严格评审，连一扇腐朽破损的木门被更换成新门后，都要特地对新门进行做旧处理，以便于增强参观者的历史代入感。"不仅整幢建筑的修缮力求修旧如旧，就连树木、草坪、水泥地面等小楼周边环境细节，也都是尽量按照陈望道亲属、学生、老邻居等记忆中的样子来复原。

2018年7月，经过修缮后的陈望道旧居作为《共产党宣言》展示馆正式对外开放，长设"宣言中译信仰之源"主题教育展，并成为复旦大学校史馆的专题馆。走进小楼一层的序厅，望老1920年翻译的《共产党宣言》中文首译本浮雕静静陈列，与一件中央编译局赠送的，由《共产党宣言》中文全文排列而成的马恩浮雕宣传品相映成趣。步入宣言展厅，还能看到望老曾使用过的桌椅、柜子。

从"诞生：阶级使命、人类解放""共震：华夏命运、道路抉择""中译：承译巨著，传播火种"到"影响：信仰之源、时代担当"，长设的"宣言中译·信仰之源"主题教育展，系统展示《共产党宣言》的诞生、传播、翻译、版本，及其对中国革命和革命者的巨大影响。

这里不仅展示了1920年出版的首版陈望道中译本，再现了承印首版《共产党宣言》中译本的又新印刷所，还专门辟设版本厅，用以安置从坊间搜罗的部分宣言版本。其中，就包括1918年的珍贵德文版本和刊载幸德秋水《共产党宣言》日译全文的图书《社会主义研究》。据现有研究，后者应是陈望道作为中文翻译依据的底本。

1920年早春时节，陈望道回到故乡浙江义乌分水塘村的老宅。简陋的柴屋里，只有一盏煤油灯、一块铺板、两条长凳。凭借着一本日文版、一本英文版的《共产党宣言》，他夜以继日地翻译。曾将墨水误作红糖，蘸着吃下母亲送来的粽子。这则被习近平总书记多次提及的故事名叫"真理的味道"，也在展厅中不断播放。

毛泽东同志1936年接受美国记者斯诺采访时说："有三本书特别深刻地铭刻在我的心中，建立起我对于马克思主义的信仰。"其中就包括其在1920年夏秋读到的陈望道翻译的中译本《共产党宣言》。周恩来同志也曾在新中国成立后对望老说："我们都是你教育出来的。"

2020年恰逢望老翻译的《共产党宣言》中译本100周年，国福路51号即便在疫情期间也成为网红打卡点，哪怕不能进去参观，慕名而来的人们也宁愿在周围看一眼，拍张照片留个念。

为党工作的民盟盟员

2018年11月2日，民盟上海市委在国福路51号复旦大学《共产党宣言》展示馆（陈望道旧居）挂牌民盟传统教育基地。

很多人可能并不清楚，望老有着中共党员和民盟盟员的双重身份。

1921年7月，中共一大在上海召开，望老被选为中共一大上海地区参会代表。当时在筹备一大期间，由于他不满陈独秀的家长制作风，未能出席一大，但他仍是中共最早的党员和创始人之一。[④]

1922年的大年初一，望老带领当时中国共产党全部党员到上海最热闹的南京路、向市民发放"马克思共产主义恭贺新禧"的贺年片，人们一看到贺年片就惊呼："不得了，共产主义到上海来了。"由于仍对陈

---

④《望道真理传薪千秋——陈望道与中国共产党》，民盟上海市委课题组。

| 陈望道旧居，现为复旦大学《共产党宣言》展示馆（王红彬摄）

独秀的家长制作风有意见，望老于同年离开了党组织。他对前去劝说的沈雁冰说："我信仰共产主义终身不变，愿为共产主义事业贡献我的力量。我在党外为党效劳也许比在党内更方便。"此后三十多年中，望老成为一个服从党的指示而又在党外为党工作的人。

1951年6月，作为上海知识界德高望重的长者，望老经沈志远、苏延宾介绍，加入了中国民主同盟。1953年10月1日，望老任民盟上海市支部副主任委员，1956年8月任民盟上海市委副主任委员，1957年7月起主持上海民盟工作。1958年起任民盟中央副主席、民盟上海市委主任委员。

解放后，望老提出想回到党组织。毛泽东听说后高兴地说："只要陈望道本人愿意回到党组织里来，我们任何时候都欢迎，并且可以不要履行什么手续。"中共上海市委于1957年5月31日向中央发出"关于吸收陈望道入党的请示报告"。20天后，上海市委接到了中共中央组织部的批文："同意上海市委关于接收陈望道入党的意见。"在中央组织部文件上署名的，是时任中共中央组织部部长的邓小平。

此后20年，居住在国福路51号的望老以民盟盟员和中共党员的双重身份在两个党派之间发挥重要作用。入住国福路5l号的望老，身为华东地区六省一市的文化部部长、高等教育局局长，上海市政协副主席，还参与接待了苏联元帅伏罗希洛夫、印度副总统拉达克里希南和中美上海公报签署等外事活动。

1973年，望老作为建党初期老党员的代表，出席了中国共产党的第十次全国代表大会，国福路51号光荣地见证了这一切。从1956年入住到1977年10月29日去世，他在国福路51号居住了21年之久。

1991年，陈望道诞辰100周年，时任复旦大学名誉校长、中国民主同盟副主席的苏步青教授撰写了一副对联，精辟地总结了望老的一生：“传布共产党宣言千秋巨笔，阐明修辞学奥蕴一代宗师。”

如今，修缮一新的国福路51号，因为望老生前的贡献，成为中共党史、复旦校史和民盟传统的多合一教育基地，向全中国讲述着"真理的味道特别甜"。

参考文献

(1)《千秋巨笔一代宗师——纪念陈望道先生诞辰120周年》，复旦大学出版社。

(2)《望道真理传薪千秋——陈望道与中国共产党》，民盟上海市委。

(3)《我的导师陈望道》，《上海滩》2018年第8期。

(4)《陈望道旧居——静静伫立多年它愈发使人能感受到静水流深的气场》，"上海杨浦"微信公众号。

国顺路 650 弄 61 号

苏步青旧居

——毕生事业一教鞭

刚刚建立不久的新中国百废待兴，培养高等人才成为一项紧迫的任务。一九五二年全国高校院系调整，五十岁的苏步青从浙江大学调至复旦大学，开启了复旦数学系的黄金时代。此后他历任教务长、副校长、校长等职，一九八三年改任名誉校长。

在上海生活的五十年，苏步青大部分时间居住在国顺路六五〇弄复旦第九宿舍六十一号一幢小楼中，这一片宿舍群又被称为「玖园」。苏步青与陈望道、谈家桢等大学者成为邻居，而与他们的居所一路之隔，就是复旦大学校园。

| 苏步青雕像

| 苏步青

根据资料，苏步青旧居建设于1956年。1956年9月，经中央和上海市委批准，教授别墅开始动工兴建。两幢楼高二层，总建筑面积391平方米，独立式砖木结构，由上海民用建筑设计院设计，上海市第一建筑工程公司承建。小楼红色平瓦坡式屋顶，黄色水泥拉毛外墙，简朴的木质门窗整齐有序地开设在房屋四面，外墙一侧由厨房伸展的烟囱稍凸出屋面，房屋的前立面设一座"人"字形坡式门洞，体现出设计者独具的匠心。

楼前有一绿茵草坪，四周分别栽种水杉、桂花等树木，使环境显得幽静而清雅。住宅上下两层各有大小客厅、书房、卧室、厨房、卫生间及保姆间、储藏室等。两幢教授别墅的总建筑费用为29650元。1956年12月，教授住宅竣工落成后，由公私合营的正心实业公司进行了屋内装修。住宅内均安装了水电、卫生、煤气设施。所有外墙上的门窗一律安装纱门纱窗，照明线路一律采用暗线铺排。屋内的楼梯、过道等部位，均采用中式的木装修工艺，楼层地板用杉木铺设。客厅的壁灯、电钟，厨房的热水炉、冷水箱，卫生间的马桶、浴缸等皆按一级品标准配置，屋内的装修费用总计为6532.88元。这两幢教授住宅与陈望道先生的寓所一起，自成院落，教授别墅成为那个年代复旦校园里一道亮丽的风景。

苏步青先生搬入61号住所后，在小楼朝南处另开了两扇大窗和三扇玻璃门，楼下60多平方米的大间，一半作书房，一半作会客厅。起初他还担心藏书不多，无法将书房摆成一个像样的书斋，可随着图书资料的不断扩充，书橱在年年增加，几年时间，书房已堆砌得像一座城墙，他便形象地称之为"书城"。"书城"成了他钻研和写作数学论著的场所，也是他与数学工作者们讨论和分析数学问题的园地。[①]

苏步青不仅是数学家、教育家，同时也是民盟先贤。他曾担任全国政协副主席、全国人大常委会委员、民盟中央副主席及名誉主席等职，为我国经济社会发展做出了杰出贡献。

2003年苏步青逝世后，国顺路650弄61号的旧居小楼空置。2020年，苏步青旧居、谈家桢旧居修缮及周边环境改造正式启动，以"爱国""科学"为主题，与以"信仰"为主题的《共产党宣言》展示馆（陈望道旧居）形成互动，构建一个"玖园名人旧居群"，集中展现人文传统和学科发展脉络，并成为上海乃至全国开展理想信念和科学人文教育的新地标。

从"熊孩子"到数学家

苏步青在玖园内生活了将近50年，直到2003年去世。

苏步青的外孙冉晓华曾撰写文章回忆61号里的生活。文中说："开始，外公家住在复旦第一宿舍，那时我太小，没有什么记忆了。最早的记忆是1957年搬进复旦第九宿舍61号。4岁的我和2岁的小佳楼上楼下来回奔跑，非常兴奋，感觉新家好大好大啊！"

苏步青先生是著名的数学家、教育家，中科院院士，国际公认的几何学权威，中国微分几何学派创始人，被誉为"东方国度上灿烂的数学明星"与"东方第一几何学家"，是中国近代数学的主要奠基者之一。

---

① 曹阳：《复旦园内的教授别墅》，《档案春秋》2012年第9期，第63-64页。

| 旧居内景

　　与人们刻板印象中的数学家不同，苏步青文理皆通，还是文采斐然的诗人，一生著有诗词千余首。这样一位学术成绩蜚声世界的大学者，童年却是个"熊孩子"。

　　1902年9月23日，苏步青出生于浙江省平阳县带溪村的一个贫农家庭，幼时放牛，在乡野间成长。9岁那年，父亲苏宗善挑上一担米当学费，走了50公里山路，把苏步青送到平阳县第一高等小学当了一名插班生。

　　到县城，农村娃苏步青对全新的世界充满好奇，心思都在玩上，学期结束成了最后一名。几次垫底后，苏步青被学校"劝退"。苏宗善把儿子转到离家15里的平阳县第三高等小学，在那里，苏步青遇到了他的第一位恩师——地理老师陈玉峰。陈老师没有看不起"熊孩子"苏步青，而是不断鼓励他，让苏步青对学习产生了兴趣，到期末考试他居然得了全班第一名。

　　读至初中，又一名恩师改变了苏步青——浙江省立十中的数学老师杨霁朝，他当时刚从东京留学归来。第一堂课，杨老师神情忧伤地说："为了救亡图存，必须振兴科学。数学是科学的开路先锋，为了发展科学，必须学好数学。"这堂课给苏步青很大的影响，苏步青的兴趣从文学转向了数学。

苏步青的成长中还有一位引路人洪彦元,他曾是校长,也是苏步青的老师。这位极具慧眼的校长对苏步青说:"你毕业后可到日本学习,我一定帮助你。"苏步青高中毕业时,洪校长真的寄来200块银元,并赠言"天下兴亡,匹夫有责"。17岁的苏步青在洪校长的帮助下顺利赴日留学。

1923年,苏步青报考日本东北帝国大学,以第一名的成绩考入数学系,师从著名几何学家洼田忠彦教授。1927年,他免试升入该校研究生院,并接连发表了41篇仿射微分几何和射影微分几何方面的研究论文,开辟了微分几何研究的新领域,这个成就卓著的年轻人被称作"东方国度上升起的灿烂的数学明星"。1931年3月,苏步青以优异的成绩荣获该校理学博士学位,成了继陈建功之后获得本学位的第二个外国人,日本和国内报纸纷纷报道,聘书也像雪片似地飞来,但苏步青一一谢绝,因为两年前他与陈建功有约在先,他们要回祖国去,把浙江大学数学系办成世界第一流的数学系。

与祖国共命运,奠定中国几何学基础

到浙江大学,苏步青立即投入教学和数学学科建设的工作。他和陈建功一起设计了一套现代化的教学计划,各门课程都安排了习题课,设置了为引导学生尽早走上当时科研前沿的坐标几何、级数概论等课程。他们还强调阅读和讲解数学文献以及从事研究能力的训练,设立了"讨论班"(时称"数学研究课"),由学生做报告,老师听讲,层层提问。

象牙塔中平静的学术生活却突然被战争打断,1937年11月初杭州遭到日军空袭。浙江大学在竺可桢校长的率领下被迫举校西迁。恰在此时,一封特急电报送到苏步青手中——日本东北帝国大学再次聘请他前去该校任数学系教授,待遇从优,可苏步青丝毫不为所动。

经过2600余公里的长途辗转跋涉，浙大师生最终到达贵州遵义附近的湄潭县，建立起临时校舍。浙大西迁，是浙江大学历史上一段艰难而悲壮的历史。因为生活艰苦，苏步青的一个小儿子因营养不良，出世不久便夭折了。

在湄潭的六年，苏步青带领师生开创了微分几何的新天地，创立了世界公认的"浙大学派"，与美国、意大利的两派形成"三足鼎立"之势。

苏步青一生专攻几何，除做研究生时发现的四次（三阶）代数锥面，被学术界誉称为"苏锥面"外，后在"射影曲线论""射影曲面论""高维射影空间共轭网理论""一般空间微分几何学"和"计算几何"等方面都取得世界同行公认的成就，特别在著名的戈德序列中的第二个伴随二次曲面被国内外同行称为"苏的二次曲面"。他还证明了闭拉普拉斯序列和构造（T4），被世界学术界誉为"苏（步青）链"。

1956年，苏步青获得新中国首次颁发的国家自然科学奖，嘉奖他在"K展空间微分几何学"方面的研究成果。1978年以后，他又把代数曲线论中的仿射不变量方法，首创性地引入计算几何学科，研究成果获得国家科技进步奖。

在苏步青归国之前，中国尚无微分几何这门学科，他回国后首创的微分几何这门学科，填补了我国高校学科的一个空白。随后几十年，他在此领域不断开拓创新，进取发展，单几何专著就出了12本，许多在国外

| 修缮前建筑外景

被翻译出版，许多理论已被应用于科研实践，如飞机设计、船体放样等。

苏步青教授执教数十载，为新中国培养了大批数学人才。

1931年到1952年间，苏步青培养了近百名学生，在国内10多所著名高校中任正副系主任的就有25位，共有8名院士学生。担任校长职务后，他仍然继续为青年教师、研究生开课，举办讨论班。苏步青还创建了复旦大学数学研究所，培养了谷超豪、胡和生和李大潜三位高足，形成了三代四位院士共事的罕见现象。

作为一位老教育家，苏步青也为中等数学教育付出了大量心血。20世纪60年代初，他牵头在上海进行了中学数学教材的改革，编出了一整套高质量的中学数学试点教材。他还一直关心中学数学师资的质量，主张大学要关心支持中学教育，85岁高龄时，还亲自为中学教师举办系统讲座，真正如他自己所言，"毕生事业一教鞭"。

建言献策，积极投身社会工作

苏步青非常关心时政并积极投身于社会工作。

1951年，苏步青在杭州加入中国民主同盟。到上海后，作为民盟上海高教委员会的负责人，为宣传党的教育方针，推动民盟高教界工作开展，苏步青的足迹遍及上海各个高校。

1956年起，苏步青担任第二届、第三届民盟中央委员，为上海的民盟发展做出了贡献。

1954年，苏步青当选为全国政协委员。1959年3月，苏步青被复旦大学党委批准加入中国共产党。

1977年8月，中共中央召开科学和教育工作座谈会，苏步青在会上第一个发言。他慷慨陈词，提出要推翻教育战线的"两个估计"，实事求是地估计教育战线的成绩和知识分子的现状，同时提出了许多重要建议，如恢复研究生制度、恢复高校研究机构等，得到了邓小平的肯定和支持，产生了重大影响。从北京参加座谈会回来后，苏步青即着手重建复旦大学数学研究所，招收研究生和恢复数学讨论班的工作。

1977年10月，苏步青开始主持上海民盟工作，当时民盟正处于恢复活动时期，举步维艰。苏步青以他崇高的威望，为上海民盟恢复活动发挥了重要作用。1979年10月苏步青当选民盟中央副主席。1987年他担任了新设立的民盟中央参议委员会主任，肩负起组织盟内老同志继续参政议政，为社会的发展献计献策的重任。在1997年召开的民盟第八届全国代表大会上，苏步青被推选为民盟中央名誉主席。

苏步青响应邓小平做"诤友"的号召，关心国家大事，积极参政议政，就如何促进科教事业发展，提出了许多真知灼见。1988年4月，苏步青任全国政协副主席，他做诗自勉："十载明堂鬓已秋，如今更上协商楼。老为民仆寻常事，尽罄余微方得休。"这也是他晚年积极参政议政的真实描述。②

苏步青参政议政十分积极，反映问题、发表意见十分尖锐。许多教师都把他看做自己的代言人。

苏步青的发言总能触及到改革的关键问题，常被全国人大、政协会议秘书组写进简报，报送到中央领导同志那里。

他每次到民盟中央开会，都非常认真，积极献计献策，鼓励盟员为党的统一战线工作多做贡献。后来尽管身体欠佳，精神不如以前，但只要民盟中央有会，他都会按时出席，比年轻人还勤快。他常说："既然大家推举你当领导，就要负起责任来。连会议都不能出席，当领导就会辜负大家的期望。"

直到年事已高，甚至困于病榻，苏步青还在关心时事。2001年元旦，苏步青写下《世纪感言》，他展望新世纪，希望祖国更强大。

---

② 王增藩：《苏步青》浙江科学技术出版社，2010年版；《苏步青——数学泰斗诗意几何》，撰稿人：左娟娟；《复旦园内的教授别墅》，撰稿人：曹阳。

国顺路 **650** 弄 **65** 号
谈家桢旧居
——为了全人类更好的生活

谈家桢旧居位于国顺路六五〇弄玖园六十五号，始建于一九五六年，原为中央特批教授别墅，先后住过陈建功、谈家桢两位院士。二〇二〇年，谈家桢旧居修缮及周边环境改造启动。修缮后的旧居将传承谈家桢先生『坚持真理，科学报国』的精神内涵。

| 谈家桢

位于国顺路650弄的复旦大学第九宿舍区，又称玖园。在那里，曾居住过多位民盟先贤：谈家桢、陈望道、苏步青，他们高尚的道德风范、无私的奉献精神和卓越的学术成就，不仅是中国知识分子的楷模，也是民盟的宝贵精神财富。他们旧居所在的玖园大师建筑群，则集中展现了人文教育传承和学科发展脉络，是开展理想信念和科学人文教育的新地标。

谈家桢旧居位于玖园65号，始建于1956年，原为中央特批教授别墅，先后住过陈建功、谈家桢两位院士。房屋共两层，三开间，建筑总面积197平方米，是砖木结构的独立式花园住宅，以红色平瓦坡屋顶、黄色拉毛水泥外墙、木质门窗为建筑特色，外观朴素简洁。由当时的上海民用建筑设计院设计，上海市第一建筑工程公司承建。

2018年，陈望道旧居完成修缮，辟建为《共产党宣言》展示馆向公众开放。2020年，谈家桢旧居修缮及周边环境改造陆续启动。修缮后的旧居传承谈家桢先生"坚持真理，科学报国"的精神内涵，在完整还原旧居面貌的基础上，构建以"生命之光"为主题的展陈空间和科学家园；并与毗邻的《共产党宣言》展示馆（陈望道旧居）形成互动，发展科学人文教育基地的同时，引领后辈们学习传承先辈们的优良传统和高尚风范，续写中国共产党领导的多党合作事业的新篇章。

谈家桢是中国现代遗传学奠基人，从事遗传学研究和教学七十余年，发表了100余篇学术论文，并将"基因"一词带入中文；他曾担任复旦大学副校长，建立起中国第一个遗传学专业、第一个遗传学研究所和第一个生命科学院；他曾任第五、六、七届民盟中央副主席，第八、九届民盟中央名誉主席，第七至十届民盟上海市委主委，第五届上海市政协副主席，第八至十届上海市人大常委会副主任等职，是中国科学院院士。

钟情遗传科学，坚定救国志向

1909年9月15日，谈家桢出生于浙江慈溪，小学毕业后进入教会办的宁波斐迪中学，但他却从心底里质疑"上帝造人说"。为了在科学世界里找到答案，谈家桢被保送苏州东吴大学后，放弃了基础很好的数学专业选择了生物学专业，迈出了破解生命密码的第一步。

大学期间，他学习刻苦，不仅在桃坞中学兼任生物学教员，主办了1930年届专业年刊并自任社长，还兼任东吴大学青年会创办的惠寒小学校长，负责免费招收贫穷家庭的孩子入学。谈家桢的勤奋上进和高度社会责任感，给东吴大学生物系主任胡经甫留下了深刻印象。

1930年，谈家桢大学毕业，获得理学学士学位，经胡经甫推荐，成为燕京大学唯一从事遗传学教研的李汝祺教授的研究生。他的硕士论文经李汝祺教授推荐，直接寄往闻名遐迩的美国摩尔根实验室。著名遗传学家摩尔根审阅后表示欢迎谈家桢到自己的实验室攻读博士学位。

在摩尔根实验室的两年里，谈家桢的十余篇论文先后在美、英、法、德、瑞士等国的科学刊物上发表。1936年，谈家桢顺利获得博士学位，导师甚为欣赏这位中国青年研究者的才华，盛情邀请他留下继续从事遗传学研究。但是，"科学救国"的志向坚定了谈家桢返回祖国的决心。1937年，他应竺可桢教授之邀，回国担任浙江大学生物系教授。

| 1978年，谈家桢在上海细胞生物学研究所做遗传工程学术报告

抗日战争爆发后，为了在抗战烽火中寻找一张平静的书桌，浙江大学辗转西迁至贵州湄潭。谈家桢和他的学生们在湄潭县郊的唐家祠堂里继续着实验。没有电灯，谈家桢就带领学生在桐油灯下观察果蝇和瓢虫；没有净水，他们就将河水用土法过滤后再冲洗实验器皿。艰难的条件没有阻挡科研的步伐，就在这个破旧的唐家祠堂，谈家桢发现了瓢虫色斑变异的嵌镶现象。1946年，其论文《异色瓢虫色斑遗传中的嵌镶显性》在美国《遗传学》杂志上发表，引起巨大反响。

1948年，谈家桢作为中国唯一的代表赴瑞典参加了第八届国际遗传学大会，并当选国际遗传学联合会的常务理事。会后，各方聘约如雪片般飞来，但谈家桢或婉拒或坚辞，终于在1949年春天回到祖国，亲身迎接了杭州五月初的解放。

20世纪50年代初，谈家桢被调至复旦大学。然而，当时国内将摩尔根学派视为反动遗传学，他不仅无法正常授课，甚至屡遭批斗。但谈家桢

|谈家桢雕像

|修缮后旧居内景

并没有动摇，也没有随风倒，还是坚持自己的学术观点。他说："科学总是科学，真理会越辩越明。"毛泽东的关心和周恩来的保护，给了他莫大的鼓舞和勇气，特别是毛泽东的四次接见，令谈家桢一直念念不忘。

1956年，遗传学座谈会在青岛召开。次年3月，毛泽东接见了谈家桢，询问他对贯彻"双百"方针和遗传学研究工作的意见。1957年7月，毛泽东到上海视察工作，在上海中苏友好大厦（今上海展览中心）再次与谈家桢亲切交谈。1958年初，毛泽东派专机邀请谈家桢、周谷城、赵超构去杭州秉烛夜谈。1961年五一节前夕，毛泽东在锦江饭店又一次接见谈家桢，鼓励他"大胆地把遗传学搞上去"。

心系科教民生，积极建言献策

谈家桢是遗传学家，也是教育家。他曾言："吾平生无所追求，终身之计，在于树人。"他师承摩尔根"教而不包"的教学原则，鼓励学生超过自己并创造条件让学生超过自己。早在湄潭期间，他就培养出生物学"四大金刚"——盛祖嘉、刘祖洞、施履吉、徐道觉。他说，学生超过老师，正是对老师的尊重，因为他们做了老师想做而没能做的事，推动了学术的发展。

谈家桢曾用四句话来概括生命科学工作者的责任："丰衣足食，安居乐业，延年益寿，天下太平。"丰衣足食，是用生物学研究成果推进农业发展；安居乐业，则是解决环境问题；延年益寿，即进行医药开发；天下太平，是指要制止生物武器，维护世界和平。谈家桢心系民生、心怀天下，这也是他积极参政议政、建言献策的初心。

1951年，谈家桢经时任民盟杭州市委委员谷超豪的发展与介绍加入民盟。工作再忙，民盟的大小活动，他总要挤出时间准时参加，在盟内获得了很高的威望。民盟上海科技馆支部的前身是民盟上海自然博物馆支部，它是谈家桢担任上海自然博物馆馆长期间亲自创建的。"收藏标本、科学教育、科学研究，这三者是有机联系的，是分不开的。"鉴于上海自然博物馆研究力量单薄，谈家桢建议要开门办馆，分学科与复旦大学、华东师范大学等高校及研究所合作。这些都在自然博物馆的建设和发展中发挥了独特的作用。

| 修缮后旧居内景

| 1997年10月，费孝通（左三）、谈家桢（左二）、江景波（右一）在民盟第八次
 全国代表大会上合影

　　在参政议政的大舞台上，作为一个遗传学家，谈家桢提出了独到的见解。他深知基因密码一旦被破译投入生物工程、化学制药等行业，科学价值和经济效益将难以估量，他预见到我国基因研究和生物工程产业化面临着巨大的机遇与挑战。他曾代表民盟中央在全国政协大会上先后做了题为《科技队伍青黄不接现象亟待解决》和《充分发挥知识分子在社会主义现代化建设中的作用》等重要发言。为了充分发挥人才优势，加速我国人类基因组研究，参与国际竞争，谈家桢提出在中国建立南北两个基因组研究中心。建议被中共中央采纳后，1997年上海人类基因组研究中心正式成立。

纸鹤寄托哀思，星光永照后人

　　国内外学术界对谈家桢做出的贡献予以高度评价并给予各种荣誉。1980年他当选中国科学院院士，1985年当选美国科学院外籍院士和第三世界科学院院士，1987年当选为意大利国家科学院外籍院士。1998

年，经他和其他科学家的艰苦努力，我国取得了第18届国际遗传学大会主办权。90岁的谈老多次亲临会场布置工作，还在大会上作了"为了全人类更好的生活"的精彩发言，大会盛况空前，广受好评。1999年，国际机构正式批准将中科院紫金山天文台发现的一颗编号为3542号的小行星命名为"谈家桢星"。

2008年11月1日，过完百岁寿辰的谈家桢在上海溘然长逝。复旦大学生物系的学生自发来到立人生物楼，亲手折了一只只纸鹤，纪念他们敬爱的老师。

这位不平凡的老人走过百年风雨历程，一生与遗传学结下了不解之缘，他的七十年心血换来了中国现代遗传学从无到有、从弱到强的兴盛之路。如今，这位遗传学泰斗已离我们远去，但他传入的"基因"一词已被无数人了解传播，他为之奋斗终身的学科也早已在中华大地生根开花。他的旧居在玖园静静矗立，为后人瞻仰缅怀的同时，也在传承他追求民主、热爱祖国的高尚情操，探索真理、孜孜以求的科学精神，心系国家、建言资政的责任意识，严于律己、无私奉献的高尚品格。

复旦教授别墅俯瞰图

邯郸路 220 号
复旦大学子彬院
（谷超豪办公旧址）
——倾心培育中国数学之树

在复旦大学邯郸路校区，有一幢与周围建筑风格迥异的四层楼——子彬院。她始建于一九二五年，一九二六年落成，距今已有九十多年，是校园内历史最悠久的一幢建筑。一九五二年十月，全国高校院系调整，苏步青从浙江大学来到复旦，子彬院成为复旦数学教学、研究的基地。自一九五三年追随苏步青先生加入复旦大学从事教学科研工作，谷超豪在子彬院度过了人生的大半时光。

谷超豪的子彬院情结

　　子彬院的名称，源自捐资建楼人士的名字。1923年，复旦学生郭任远留美学成归国并回母校执教，次年，郭先生向其堂叔父郭子彬等人募捐三千元，创办了复旦心理学系。郭任远先生颇有抱负，他想把心理学系扩充为心理学院，苦于当时复旦校舍不足。1925年，他又向郭子彬募捐五万元，亲自督工建造，建成了这座四层的楼房，供教学、科研之用，并命名为子彬院，复旦心理学院也随之建立。2008年9月23日，复旦大学与香港嘉华集团共同举办"复旦嘉华日"活动，香港嘉华集团主席、复旦大学校董吕志和向复旦大学捐资港币3000万元，用于复旦大学历史文化建筑子彬院的改扩建工程，故子彬院又称吕志和楼。

　　子彬院建成以后，曾聘请著名学者唐钺、蔡翘、蔡堡、李汝祺、孔宪武等来校执教，教授阵容强大。从这里，造就了一批中国最早的心理、生理学人材，如童第周、冯德培、胡寄南、徐丰彦、沈霁春、朱鹤年等。1952年10月，全国高校院系调整，苏步青从浙江大学来到复旦，子彬院成为复旦数学专业教学、研究的基地，并将数学系从两个专业发展成为数学学院。其时，在国内数学界已声名鹊起的苏步青与陈建功教授，齐心协力教学、科研、育人，谷超豪、夏道行、胡和生、李大潜、严绍宗等一批中国科学院院士、学者，聚集在此。群英毕集、人才荟萃，为子彬院的历史增添了无限光彩。

　　自1953年追随苏步青先生加入复旦大学从事教学科研工作，谷超豪在子彬院度过了人生的大半时光。在这里，他与苏步青先生一起将中国微分几何学派发扬光大。在这里，他建立了复旦大学偏微分方程研究群体，由他直接指导的研究生中有4人当选中国科学院院士，接受过他指导的学生中有3人当选中国科学院院士、3人当选中国工程院院士。在这里，他提出了规范场的一系列基本方法，杨振宁先生称其"站在高山上往下看，看到了全局"。在子彬院二楼一隅的电脑房中，谷超豪先生曾与学生一起为火箭、导弹设计中的"非对称绕流"计算问题绞尽脑汁，通宵达旦，最终为某型号导弹的定型做出重大贡献。

谷超豪先生高瞻远瞩，谋划我国数学科研事业的发展。2010年他向国家领导人提议成立国家级数学研究中心。2011年12月，教育部和上海市人民政府联合正式批准依托复旦大学建设"上海数学中心"。2012年5月13日，上海数学中心揭牌及奠基仪式在复旦大学江湾校区隆重举行。2018年春，"上海数学中心"大楼正式投入使用。在复旦大学上海校友会的提议和倡导下，复旦大学决定在"上海数学中心"大楼前竖立谷超豪先生铜像，以表达后人的深切缅怀和崇高敬意。2018年11月，谷超豪先生铜像揭幕，一个德高望重的大师形象永远矗立在人们心中。

| 谷超豪雕像

年轻的革命者

瓯江蜿蜒流过温州，润泽了这片土地，养育了优秀儿女。1926年5月15日，谷超豪出生在温州市区华盖山麓高盈里的一座老式院落里。

谷超豪5岁入私塾，两年后进瓯江小学，1937年小学毕业后先在温州联立中学学习，1938年春转入温州中学。因他年幼聪慧、学习主动、成绩优异，深受老师们的喜爱。

日寇侵华期间，谷超豪受哥哥谷超英的影响，阅读了大量进步书籍，同时参加了进步的学生组织和抗日宣传队。1940年3月，谷超豪在青田加入了中国共产党，这时他还不满14岁。

1940年夏天，温州有许多共产党员被捕。谷超豪因参加许多进步活动受到了不少威胁，他虽然倍感压力，但还是坚持参加进步活动。1943年初，谷超豪所在支部的书记和另一党员被捕后，他和党组织失去了联系。国民党曾经对他产生怀疑，但没有得到他是共产党员的证据。谷超豪根据"隐蔽精干，长期埋伏，积蓄力量，以待时机"的方针，于1943年9月考取浙江大学龙泉分校后离开了温州。

抗日战争胜利后，国民党发动内战，谷超豪在杭州积极参加了"反内战"游行，他和同学组织了"求是学社"，推动了杭州大、中学生的反内战运动。1946年暑假，谷超豪和一些同乡同学在温州成立了"大专学生暑假联谊会"，向中学生宣传学生运动，曾迫使一艘非法驶入瓯江的外国商船出港。这些行动受到了浙南党组织的重视，党组织派人找到谷超豪，中断三年之后，他又和党组织联系上了。

1947年，浙江大学学生自治会负责人于子三被害后在全国掀起了声势浩大的抗议运动。此时，浙大的学生自治会改选，谷超豪在学生中威信很高，竞选期间学校的壁报上出现了一条醒目标语："科学+民主=谷超豪"。谷超豪以最高票数当选为学生会主要负责人之一。

1948年，谷超豪大学毕业，苏步青教授留他做助教。但是，在这段时间里，他把主要精力放在保全杭州市的科技机构上。在杭州中共地下市委的领导下，成功争取了雷达研究所起义，杭州的许多科技、工业单位也都安然无恙。

1951年，浙江大学党组织任命谷超豪为党总支的统战委员。党组织要求谷超豪帮助民盟发展盟员并开展组织活动，谷超豪加入民盟，并当选为民盟杭州市委委员。谷超豪第一批发展苏步青先生和谈家桢先生。出于对党的信任，加上谷超豪的工作，苏步青先生和谈家桢先生都在那时加入了民盟。两位先生在科学、教育事业上有杰出贡献，有很高的威望，后来他们都成为民盟重要的领导人，在政协和人大担任了非常重要的职务。

谷超豪加入民盟后不久，"三反""五反"运动在浙江大学开展起来，由于"左"的影响，错误地把矛头指向大批教授。接着又开展思想改造运动，一时人心惶惶。中共浙江省委得知后大力纠偏，派谷超豪找苏步青和谈家桢先生等人谈心、做工作，由他们首先做示范并率先通过运动，产生了很好的影响，谷超豪成为值得信赖的民盟委员。

出色的教育工作者

解放后，谷超豪曾先后三次获得全国先进工作者、教育战线劳动模范的称号。

1952年，全国高校院系调整时，谷超豪在浙江大学晋升为讲师。1953年夏天，谷超豪被分配到复旦大学数学系工作，教学工作和科研工作都有出色的成果。1956年，他被推选为全国先进工作者代表大会代表并为主团成员，受到了毛主席等国家领导人的接见。这一年，他晋升为副教授。

|谷超豪

　　1960年，谷超豪已晋升为教授，在课程改革中以教学内容现代化和加强与实际联系为目标，参与编写了全套教材并进行试点，谷超豪作为主要负责人之一被选为代表人，参加了当年6月份在北京举行的全国文教群英会，并在周恩来总理主持的大会上作交流汇报。

　　1988年，谷超豪被任命为中国科学技术大学校长，当时这所学校处境困难，校领导更迭频繁，师生信心不足。谷超豪到任后依靠中国科学院、国家教委和安徽省党政领导的支持，充分调动全校师生和各级党政干部的积极性，扭转局面，稳定人心，教学质量得到保证，对外交流渠道畅通，各项科研计划进展顺利，同步辐射实验室取得很大进展，火灾科学实验室、非线性科学中心等相继成立。1993年，谷超豪任满离校，继任的校领导认为，中国科学技术大学迁至合肥后所制订的第二次创业的计划已基本完成，学校可以开始进入第三次创业。这时，教育部授予"谷超豪全国教育系统劳动模范"的光荣称号。

攀登科学高峰的勇士

　　谷超豪是学生运动的先锋，也是学习科学知识的模范。浙江大学最难的课程是专题讨论，谷超豪竟然被破例允许同时参加苏步青、陈建功两位教授分别领导的两个专题讨论。

谷超豪大学一毕业就开始原创性的研究，先是对陈建功教授提出的一个问题做出研究结果，与陈建功、越民义共同署名的论文发表在伦敦数学会杂志上。

1950年开始，谷超豪对当时很受数学界关注的"K展空间微分几何学"作系统研究，并得出一个重要定理。苏步青教授非常欣赏谷超豪的工作，把谷超豪的研究成果推荐到国内学术杂志《科学记录》《中国科学》发表。谷超豪成了苏步青教授创立的微分几何学派的新秀。

1951年，《人民日报》刊登了《革命青年要向科学进军》的社论，苏步青教授向有关部门提出重新安排谷超豪工作的建议，使谷超豪免去了兼职回到大学工作。谷超豪继续参加苏步青教授的讨论班，在李群有关的几何问题等方面都取得了优秀成果，一些论文发表在中文期刊，在四十多年后才为国际同行所知，他们对谷超豪这么早就得到这样重要的、一直未为他人所解决的成果感到惊异。

1957年，复旦大学选派谷超豪赴莫斯科大学力学数学系进修，在那里，他对李—嘉当变换拟群进行了系统深刻的研究，被导师誉为继嘉当之后，第一个在此方面做出重要贡献的人。1959年6月，谷超豪获得莫斯科大学物理-数学科学博士学位，我国只有极少人得到过这个学位。

1958年开始，谷超豪根据国家科学规划和苏联人造卫星上天的情况，选定了以空气动力学中的数学问题为切入点，进行了偏微分方程的研究，1959年从苏联学成回国后，谷超豪立即在复旦大学组织研究集体，培养研究生和青年教师，他本人率先解决了超音速机翼绕流等若干问题，成果早于西方十多年。

1960年开始，谷超豪开始研究当时被认为十分困难的混合型偏微分方程，首先解决了一批高维空间的混合型方程的边值问题，发现了出乎意料的重要现象，后又解决了化混合型方程为对称方程组的问题，提出并解决了高阶混合型方程的一类边值问题,对岩波数学百科全书中所提出的有关问题给出了解答。

1974年6月,著名物理学家杨振宁访问复旦大学,与谷超豪等人就规范场问题进行多次合作研究,谷超豪解决了杨－米尔斯方程的Cauchy问题,成功地建立了规范场的闭环路位相因子方法和决定时空对称性的基本方法,得到了杨振宁教授和国内外许多物理学家的推崇和赞赏。杨振宁教授把谷超豪的这项研究比喻是"站在高山上往下看,看到了全局"。谷超豪的《关于经典的杨－米尔斯场》在《物理报告》上以英文作为专册发表,这是第一次由大陆的科学家在这本著名的物理杂志上出专辑,该杂志还破例加上了中文前言。此外,1974年,他根据上海某军工厂的需要,针对钝头物体的非对称绕流问题设计了一种好的计算方法,和两位教师一起在很低档次的电子计算机上率先计算出他们所需要的数据,验证试验结果。

1980年,谷超豪首先提出了波映照理论,解决了R1.1到完备黎曼流形波映照Cauchy问题解的存在性,并研究了到非正定流形的波映照的求解问题,这引起一系列国际上的后续研究。他还解决了弦在弯曲时空中运动的经典解的存在性问题。

20世纪80至90年代,谷超豪解决了Minkowski空间中极值曲面的构造问题,证明了它们的解析性,并以显式的延拓方法构造出完备的混合型极值曲面。同时,谷超豪还对可积系统的Darboux变换进行研究,建立起通用性的显式公式,并将它应用于AKNS系统、调和映照、磁单极方程等。1995年和2005年,著名的Springer出版社,出版了他的两本英文专著。

谷超豪从事数学研究有自己的特色,他时常从学科交叉或数学理论本身发展的需要,提出有意义的问题,并努力取得突破性的成果,他的工作富有前瞻性和原创性,并为后来的工作留有很大的发展空间。

提携后人的尊敬导师

谷超豪坚持教书和育人统一、教学与科研统一。他不但努力把自己新学到的知识教给学生，而且努力推动学生尽快走进前沿研究。

谷超豪从1960年开始招收研究生，当时他领导气动力学中拟线性双曲型方程组的研究。他讲授了必要的知识后，迅速带领学生进入研究领域。

在他取得"尖缘平面机翼超音速绕流"等在国际上处于领先地位的研究成果后，就把继续研究的任务交给了学生李大潜和俞文魿，李、俞二人创造性地完成了"两自变数拟线性双曲型方程边值"问题的最一般理论，到20世纪70年代后期，这些工作为国际同行所瞩目。

在李、俞二人致力于研究双曲型方程的同时，谷超豪把主要精力用于"混合型偏微分方程"的研究，获得了创造性很强的成果，是对这一公认困难很大的领域的重大突破，可惜这一工作因为"文革"而中断多年。"文革"结束后，谷超豪招收了洪家兴等研究生，他把这方面的成果迅速教给他们，使洪家兴在这一方向上做出了杰出成果。与此同时，他早期的一位研究生陈恕行也继续了谷超豪在"对称双曲方程组"方面的工作，取得了优异成果。

谷超豪开拓前行、提携后人而不求名利，帮助青年教师和学生优选课题，出很好的主意，但从不在他们的论文上署名。

谷超豪招收、培养过研究生40余人，其中李大潜是中科院院士、第三世界科学院院士、法国科学院外籍院士。洪家兴、穆穆、陈恕行也先后当选为中国科学院院士。在听过谷超豪讲课或受过熏陶的学生中，还有多名中科院院士、中国工程院院士和多位在数学界崭露头角的中、青年学者。

谷超豪对中国数学发展的全局十分关心，他非常支持陈省身先生发起的"双微会议"，并参与了组织工作；他是"天元基金"的筹备人和领导成员之一；是攀登计划项目《非线性科学》、973项目《核心数学》和《非线性科学》的发起人之一。

1980年，哥伦比亚大学周元燊教授建议复旦大学选派优秀人员到该校学习统计，谷超豪欣然同意，并坚持多年，选派的学生中有多位已是世界统计学界的顶尖人物。

他在担任第三、六、七届全国人大代表，第五、八、九届全国政协委员期间，对加强基础研究、培养青年人才、发展高等教育等方面都提出了许多积极的意见和建议。

| 谷超豪：关于K展空间的画法几何学（摘要）

谷超豪在数学研究和培养人才上的成就得到了国际数学界的关注。在2002年世界数学家大会上，国际数学联盟主席帕利斯把谷超豪列为"培育中国数学之树"的少数几个有贡献人士之一。

子彬院是谷超豪所做贡献和重大成就的见证，谷超豪把毕生精力和心血都献给了中国的教育事业，无愧为新中国知识分子教育强国的优秀代表。谷超豪的理想信念令人钦佩，人格魅力和亲和力令人折服。他一生追求进步、不畏牺牲的革命精神，心系祖国、赤诚报国的爱国精神，坚持真理、潜心治学的科学精神，为人师表、甘为人梯的育人精神以及淡泊名利、无私忘我的奋斗精神永远值得我们学习。

顺昌路 560 号
上海美专旧址
——历史褶皱中窥见历史激荡

今天的顺昌路上，已经难觅上海美专旧址的踪影，两栋曾作为教室和宿舍的楼房，包裹在里弄中，仔细观察，美专大楼建筑的昔日风采仍可以清晰辨识。顺昌路五六〇号并不是上海美专第一处办学地点，但因为美专在此办学长达三十年，可以说是故事最为丰富的一处办学点。

|今天的顺昌路上海美专旧址

　　上海市黄浦区，距离著名的新天地商业区几百米，步行不过十分钟，有一条顺昌路。上海美专旧址，深藏于此。

　　老卢湾人提起顺昌路，往往泛起莫名的惆怅。曾经，顺昌路街面上挨挨挤挤的商铺、来来往往的街坊四邻，是热腾腾城市烟火气的经典画面，孩子们则如探险一般，在人来人往中寻觅自己的惊险刺激。

　　如今，"卢湾区"这个行政名称已归入历史档案，顺昌路也早就放下身处上海市中心的骄傲，籍籍无名于周边靓丽的写字楼、高档居民区、时尚商场一侧。

　　唯独偶有探访上海美专旧址的游客，能给顺昌路带来一些波澜。探访者在看完上海美专旧址的今昔对比后，心中的波澜比顺昌路的居民剧烈得多——没想到，在中国美术史上留下浓墨重彩的上海美专旧址，如今已经淹没于"72家房客"中，掉进了历史的褶皱里。

顺昌路上的美术教育史

如果不是专门寻访，今天的顺昌路上，已经难觅上海美专旧址的踪影，两栋曾作为教室和宿舍的楼房，包裹在里弄中，沿街杂乱的店铺，似乎已经与"美"和"教育"全无关系。然而，仔细观察，美专大楼建筑的昔日风采仍可以清晰辨识，它原是一幢布局对称的两层西式大楼，中央的混凝土石阶双跑楼梯、立面上贯通上下的壁柱造型以及底层的半圆拱门廊设计，为建筑塑造了气派、优雅的形象，而壁柱、拱门的装饰线角和清水红砖墙砌筑的精美，在今天仍然可圈可点。

顺昌路560号并不是上海美专第一处办学地点，但因为美专在此办学长达30年，可以说是故事最为丰富的一处办学点。

根据现有资料，1921年，上海美专租得顺昌路原永锡堂丙所部分房产和地皮，1923年迁西洋画科于此（今顺昌路550—565号）。1925年，又在此购地两亩，逐渐扩展，建立了存天阁、海天斋等校舍。

永锡堂是什么意思？

浙江绍兴人很早就有在上海经商的传统，绍兴商帮主营绍酒、柴炭、钱庄、锡箔和染坊等，鸦片战争前已是上海最有实力的帮口之一。中国传统文化有着强烈的血缘宗族和地域观念，在外经商的人哪怕再多财富名利，最后还是要"叶落归根""入土为安"。同乡组织承担起了帮助客居上海的绍兴同乡扶枢归乡的责任，浙绍永锡堂由此而来。

后来，永锡堂从最初仅为旅沪乡胞提供运枢丧葬、敬神祭奠等服务，渐而兴办教育、卫生与慈善事业，并在抗日救亡和爱国民主活动中发挥作用。

｜顺昌路街景

|上海美专第十二届毕业生合影

　　网上搜索上海美专的图片，十数名身着洋装的青年男女在转弯石梯上的合影最为常见和经典，而这一处场景，就在顺昌路的上海美专旧址。据一位研究者描述，网上流传的这张青年学生合影，是1933年3月上海美专第十二届毕业生合影。

　　如今探访，石梯还在，扶手优雅的转弯也完整保留，只是教室的踪影，早就淹没在"72家房客"柴米油盐留下的杂乱之中。

裸体模特风波

　　上海美专的历史，可谓"传奇"，学校地址历经许多次变迁，学校的命运也随着中国的命运跌宕起伏。而刘海粟的名字，永远与上海美专捆绑在一起，也与中国的现代美术教育永远地捆绑在一起。

　　上海美专曾开创中国美术教育史上很多个"第一"：第一所美术学校、创办第一本美术杂志、第一次提倡男女同校、第一次带学生野外写生、第一个使用人体模特……而历史上最为轰动的事件——裸体模特风波，从时间上看，就发生在顺昌路办学的阶段。

　　上海美专最早有一个小男孩当裸体模特，但学生们不能只画同一个模特，于是学校又找了一名壮年男子做模特，先是半裸，半年后学校请他全裸上课，这人不能接受，便辞退了这份工作，拂袖离去。不得已，校长刘海粟在报纸上刊登广告，寻找到一位愿意全裸的模特儿，使得高年级的人体写生课得以顺利进行。

1917年，上海美专在张园举办学生成绩展览，因展品中有在校学生的人体习作，引起舆论哗然。城东女校校长杨白民看后痛骂："刘海粟是艺术叛徒，教育界之蟊贼！"当时有人在报纸上撰文说："上海出了三大文妖，一是提倡性知识的张竞生；二是唱毛毛雨的黎锦晖；三是提倡一丝不挂的刘海粟。"

刘海粟也不示弱，干脆以"艺术叛徒"的名号自称，并撰文反击："现在这样浮躁的社会、浊臭的时代里，就缺少了这种艺术叛徒！……什么主义的成功，都是造成虚幻之偶像，所以我们不要希望成功，能够破坏，能够对抗作战，就是我们的伟大！能够继续不断地多出几个叛徒，就是人类新生命不断的创造……"

1920年7月，刘海粟托朋友辗转找到一位敢于全裸的女模特，他毫不畏惧舆论的批评，继续践行他的美术教育理念。

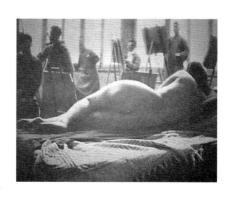

|当年裸体模特写生

对刘海粟用裸体模特的批评，甚至引来了五省联军总司令、军阀孙传芳的反对。1926年孙传芳给刘海粟写了封亲笔信，态度还算客气地要求上海美专停止开设人体写生课。

刘海粟回复孙传芳，并在《申报》上刊登了回信全文。孙传芳看了信大怒，以为刘海粟不给他面子，刊在报端更伤了他的尊严，于是发出通缉刘海粟的密令。

由于上海美专地处上海法租界，孙传芳不可能直接从法租界捉拿刘海粟，就电告上海领事团和交涉员许秋枫，交涉封闭美专、缉拿刘海粟。密令很快传遍了上海。法国驻沪领事为美专辩护四次，但中国官方依然不罢休，只好劝刘海粟暂且将人体模特儿撤销，过段时间，仍可继续开办人体模特儿课。为了保全美专不被封闭，刘海粟不得不作暂时让步。

上海知事危道丰以为刘海粟未得重办，一直耿耿于怀，他以刘海粟在报纸上的文章损害他名誉权为由，将刘海粟告上了法庭。不得已，为了给官员和政府一个台阶下，刘海粟象征性地掏了50元赔给对方了事。

自此，耗时近十年的裸体模特儿风波才算告一段落。

如今网上流传的裸体女模与学生的合影，据考证摄于1933—1936年间，是学生们在课后的一次合影，此时距离裸体模特风波已经过去十年，上海美专坚守着美术教育理念，继续前行。

开创中国现代美术教育先河

刘海粟不是上海美专第一任校长，但这所学校却与刘海粟息息相关。

1896年，刘海粟出生在江苏常州一户经营钱庄人家，这个叛逆少年最终未能继承家业，而是闯荡上海滩，成为中国美术史上一代风流人物。

1912年辛亥革命的成功，将传统的中国社会带入了一个全新的时代。此时的上海正处于西学东渐的文化前沿，面对眼前的时代景象，刘海粟带着对艺术的憧憬，萌发了一个大胆的想法——过去中国的绘画教育都是手把手的师徒传承，美术学校在中国历史上从未有过，刘海粟想要办一所美术学校。

　　刘海粟当时只有16岁，他把这个异想天开的理想告诉了大哥，没想到，大哥不但没有打击他的狂妄，反而借了几千大洋支持刘海粟创业。有了办学经费，刘海粟找到第一次到上海学画时的同学乌士光，又邀请了当时小有名气的图画老师张玉光、丁松等人一同办学。这群志趣相投的年轻人一拍即合，很快他们便开始踌躇满志地谋划未来。

　　学校选址在今天的上海乍浦路上，刘海粟将一把毛笔绑在一起，在一块木牌上写下了"上海图画美术院"的校名。乌士光任校长，刘海粟因为年纪小，任副校长。

　　刘海粟1922年撰写的《上海美专十年回顾》中，回忆说当时创建学校并没有得到社会的认同。"在元年的十一月，我们就本校的态度树起鲜明的旗帜，创立上海图画美术院。当时我曾有宣言，说我们创立上海图画美术院有三个信条：第一，我们要发展东方固有的艺术，研究西方艺术的蕴奥；第二，我们要在极残酷无情、干燥枯寂的社会里尽宣传艺术的责任。因为我们相信艺术能够救济现在中国民众的烦苦，能够惊觉一般人的睡梦；第三，我们原没有什么学问，我们却自信有这样研究和宣传的诚心。当《宣言》在新闻纸上发布后，社会上一般人有嘲笑的、有谩骂的，说图画也有学堂了，岂不可笑。"

　　1913年初，凭借着坚持不懈的努力，上海图画美术院招收到第一批学生，两个月后正式宣布开堂授课。

　　1918年，时任北京大学校长的蔡元培为上海美专写下办学寄语——闳约深美。闳就是广阔无边,约是说要有特定的重点范围,范围缩小后要深深地探究下去,最后达到美的目标。

蔡元培的鼎力相助,不仅使得康有为、梁启超、胡适、叶公绰、黄炎培等学界泰斗成为上海美专的校董,一大批美术教育精英,也汇聚到了上海美专的旗帜下。黄宾虹、李超士、潘天寿、关良、陈大羽等几十位中国美术史上名声显赫的大家,都曾经在美专担任过教职。

现代艺术开拓者和旗手

刘海粟近百岁辞世,他经历了中国的沧桑巨变,但他对艺术的追求,从未改变。

在一幅刘海粟作于93岁高龄的画作上,落款为"年方九三"以及"乱涂"两个字。"乱涂"指的是他小时候在家乡时,先生叫他临摹,他却喜欢随意发挥,被古板的先生评判为"乱涂"。

刘海粟天生不羁的性格,是他一生的底色,也是他成为中国现代美术旗手的原因。他非常欣赏苏东坡的才华横溢和豪放不羁,他后来将自己的名字纪芳改为海粟,就来自苏东坡《前赤壁赋》中"渺沧海之一粟"的名句。

从1912年创立,到1952年合并,刘海粟带领上海美专走过了整整40年的风雨历程,其间经历了西方的新思潮、新观念与本土新意识的觉醒与融合。

刘海粟从不受旧观念的影响,在他的眼中,对艺术的追求没有性别、等级、身份之分。著名女画家潘玉良,是上海美专1920年9月入学的第二批女学员中的一位,她出身青楼,学校对是否招收这样的学员有很

| 刘海粟作品《北京前门》

大的争议。最后刘海粟一锤定音："不论出身，一律以才取人。"

上海美专评价学生的标准也别具一格。学生毕业时，每人必须画4张毕业作品，一张是人体，一张是风景，一张是静物，一张是自画像。四张作品被留校的数量越多，说明成绩越好。刘海粟在看了著名画家李可染的毕业作品后为之题跋，一时间被传为佳话。直到晚年时期，两位大师在全国政协会议上相遇，这段经历仍然是他们一段美好的回忆。

1925年，上海美专的师范院和工艺图案系分别加设了音乐系和图画音乐专修科。将四川民歌《康定情歌》唱红大江南北的喻宜萱，就毕业于上海美专音乐系图音专业，后来喻宜萱成为中央音乐学院副院长。

1929年2月，在蔡元培的帮助下，刘海粟以驻欧特约著作员的身份到欧洲考察美术。这次欧洲之行，成为人生道路上的一大转折点。在历时两年半的时间里，刘海粟游历了欧洲名胜古迹，更多了解西方艺术的同时，西方世界也看到了一位中国画家的才华。

刘海粟的作品《北京前门》入选法国秋季沙龙；1931年3月，应德国法兰克福大学中国学院的邀请演讲中国绘画学，并举办个人国画展览

｜南京艺术学院内的上海美专牌楼

会；巴黎美术学院院长贝纳尔在巴黎克莱蒙画院为他举办个人画展，展出他在法国、瑞士、比利时、意大利、德国所作的画四十幅，其中《卢森堡之雪》被法国政府收藏于特亦巴尔国家美术馆。

当时的欧洲对中国绘画了解甚少，而明治维新后的日本，十分重视向欧洲宣传介绍日本的文化艺术，给欧洲民众留下深刻印象。

游历欧洲后刘海粟非常希望将中国艺术介绍到西方。在他的推动下，1934年1月20日，《中国现代绘画展览会》在德国柏林普鲁士美术院开幕，刘海粟作为随展负责人在开幕式上代表中国讲话。《中国现代绘画展览会》开启了中国以政府名义在欧洲举办画展的先河。画展引起了轰动，许多欧洲国家邀请画展到他们国家去展出，但国内政府却说没有经费支持更多的展出。刘海粟并没有就此放弃，他卖掉自己的画作筹措经费，并且让对方承担来往的交通费用，让画展在伦敦、汉堡、阿姆斯特丹、海牙、日内瓦等地展出了一年半之久。

1952年全国高等学校实行院系调整，上海美专与其他学校合并成立华东艺术专科学校，刘海粟担任首任校长。1959年，学校又更名为南京艺术学院，一直沿用至今。

刘海粟1956年加入中国民主同盟。1994年8月7日刘海粟辞世，刘海粟夫人夏伊乔女士遵照刘海粟生前的遗愿,将其收藏的中国历代名家书画和刘海粟自己创作的作品及文物等共913件遗赠给上海的刘海粟美术馆。在此前后,又分别遗赠给常州刘海粟美术馆和南京艺术学院各30件。

刘海粟和上海美专,是中国美术史上重要的一笔。顺昌路上的上海美专旧址,尽管未能得到很好的保护,但依旧默默记录下一段风云变幻的时代。

瑞金二路 **26** 号
陈伯吹旧居
——东方"安徒生"的简朴生活

瑞金二路二十六号（陈伯吹旧居）建于二十世纪二十年代，为英国双毗连式花园住宅。陈伯吹给少年儿童带来了丰富的童话大餐，这些作品都像磁铁一样牢牢吸引了孩子的视线。他数十年全身心地投入儿童文学事业，在儿童文学创作、研究、翻译、出版诸多方面做出了卓越贡献，被誉为「东方的安徒生」。

|陈伯吹

从人流如织的淮海路转入瑞金二路，路边梧桐树掩映中有一栋淡黄色外墙的三层小楼。小楼仍是普通住宅，黑色铁门上贴有"南昌居委"的字样，只是围墙上的一块标有"黄浦区文物保护点"的大理石铭牌显示出此地的与众不同。

瑞金二路26号陈伯吹旧居建于20世纪20年代，为英国双毗连式花园住宅。砖木结构三层，立面对称，底层两端为双拱券柱廊，二层为晒台，三层退为露台。红瓦双坡顶，出檐较深。水泥外墙，红砖砌窗间柱和壁柱。小楼朴素中透着精巧，在繁华与历史感并存的瑞金二路默默伫立，丝毫也不张扬。偶尔有路人发现了旧居的铭牌，好奇地抬头张望，嘴里念叨着"陈伯吹……我小时候看过他写的文章"。他给少年儿童带来了丰富的童话大餐：《火线下的孩子》《落潮先生和涨潮先生》《三只小喜鹊说的》《鸡大嫂上菜市场》《骆驼寻宝记》《安琪儿夜游记》等。这些作品都像磁铁一样牢牢吸引了孩子们的视线。他数十年全身心地投入儿童文学事业，在儿童文学创作、研究、翻译、出版诸多方面做出了卓越贡献，被誉为"东方的安徒生"。

陈伯吹是民盟盟员，中国现代儿童文学的奠基人，著名儿童文学作家、翻译家、出版家、教育家。曾任上海市作家协会副主席，第六届全国政协委员,第三至第五届上海市政协委员,中日儿童文学和美术交流协会会长等职。

陈伯吹出生于江苏省宝山县(今上海市宝山区)罗店镇庙后街的一座老宅里。1922年,16岁的陈伯吹毕业,到宝山县杨行乡立第六国民学校朱家宅小学,成了一名乡村小学教师。全校只有他一个教师和一间课堂,校长、教师和校工都由陈伯吹一人兼任,先是四个班,两年后加添一个复习班,共有五个班级,五个班级合用一个教室。他精心安排,从课程配置、课堂管理、教学方法等各方面都做得有条不紊。结果县里和省里都对他传令嘉奖。这样一来,这个乡村小学教师在乡里县里就有点儿小名气了。1923年秋季起,他每天记下学校里上课、体操、音乐、游戏等活动的情形,写得很实在,1924年9月写毕,全稿约八万字,取名《模范同学》。宝山师范学校的校长将这部稿子送给商务印书馆编译所去审读,看看能否出版。商务印书馆来信,决定出版书稿,这个消息在学校里引起了轰动,出版时改题作《学校生活记》。这本反映乡村小学生活的报告文学的出版,与他以后从事儿童文学创作非常有关系,起到关键作用。

陈伯吹先生从1923年起开始从事儿童文学创作,怀着"为小孩子写大文学"的执着愿望,七十四年笔耕不辍,创作了大量儿童文学作品,翻译了许多世界儿童文学名著,出版了百余种图书。他致力于儿童文学理论研究,他的《儿童文学简论》是新中国第一部论述儿童文学的专著,他著名的"童心论"产生了深远的影响。

陈伯吹先生从1930年起从事编辑工作,早年先后在北新书局、儿童书局、中华书局等出版部门任职,建国后长期担任少年儿童出版社的领导职务。他出任过《小学生》《小朋友》《巨人》等杂志的主编,还主编过《世界儿童文学名著故事大全》等引起很大反响的图书。他的一生

|现旧居外景

都与教育有着不解之缘，不仅曾受聘复旦大学、华东师范大学、北京师范大学等高等学府的教授，而且他的儿童文学创作和理论也与教育有着不可分割的联系。

　　1947年4月，他和位育中学校长李楚材，发起组织上海儿童文学工作者联谊会，开展儿童文学创作和理论研究工作。最初加入联谊会的25人后来成为儿童文学的中坚。联谊会发表过《反美扶日宣言》，就是由陈伯吹起草的。1947年，他任上海《大公报》副刊《现代儿童》主编，在黎明前的黑暗中，为中国儿童文学的崛起作了大量的工作，创作了诗歌《下雪了》、童话《勇敢的稻草人》等。1949年5月下旬，人民解放军取得胜利，进入上海，他以"上海儿童文学工作者联谊会"名义，在《大公报》上发表了一篇欢迎词，向解放军表示欢迎和拥护。1951年12月，陈伯吹向民盟提交了申请书，他在申请书中写道，"我请求参加组织，要求参与组织的生活，目的在于更好地学习改造，更好地工作服务"。孙大雨担任了他的介绍人，孙大雨在介绍信中写道，"陈伯吹在儿童文学界有极高的群众威信，素来起着领导作用，解放前就站在人民方面对反动派斗争"，认为"他是民盟应当争取的优秀分子"。1952年2月，陈伯吹加入了民盟组织。

　　陈伯吹先生将毕生的精力奉献给了儿童文学创作、出版和教育事业。1952年12月28日，新中国第一个少年儿童出版社宣告成立，他被任命为副社长。这个时期，他不仅为新中国的孩子们写了许多优美的童话、诗歌和小说，如短篇小说集《中国铁木儿》、童话集《幻想张着彩色的翅膀》、散文集《从山冈上跑下来的小孩儿》等，还经常到中小学校、青少年宫与孩子们座谈、交朋友，参加少先队员们的夏令营和冬令营，与国内外许多少年儿童建立起了真挚的友谊，经常通信往来。1981年，陈伯吹拿出了自己当时全部的积蓄和稿酬5.5万元作为奖励基金，希望用这笔资金的利息来支撑每年获奖奖金的支付。当年，一个普通职工一年的收入在550元左右。可见，1981年的五万多元，绝对是一笔巨款。1981年5月22日，陈伯吹、上海作协、上海版协、少年儿童出版社、中国福利会儿童时代社和少年报社等一起组成了"儿童文学园丁奖"委员会，正式开启了这一奖项的运作。1988年，"儿童文学园丁奖"更名为"陈伯吹儿童文学奖"，社会各界对这个奖给予了大力支持。2014年，陈伯吹的家乡上海市宝山区政府与市新闻出版局、陈伯吹基金会一起，将这一奖项升级为国际奖，每年11月在上海国际童书展的前一天颁奖，其影响力和传播力从中国走向了世界。从第一届到至今近40年的时间里，有300多位儿童文学作家获得过这个奖项，记录下中国儿童文学发展的足迹，"陈伯吹儿童文学奖"成为中国连续运行时间最长的文学奖项之一，对鼓励和促进儿童文学的创作、培养儿童文学作家起到了极大作用，成为中国儿童文学史上浓墨重彩的一笔。

陈伯吹先生人品高尚，虽是出版社的领导，但从来不沾公家一点便宜，投稿或是为作者回信，一直都是自己买邮票贴。中国社会科学院文学研究所研究员樊发稼说：第一次到上海瑞金二路陈老家，见到他的早餐只是一碗薄薄的大米稀饭、半个咸鸭蛋和几根咸菜丝。

有资料显示，陈伯吹于20世纪60年代至80年代居住在瑞金二路26

号底层西南侧房间。但是据1986年7月5日、7月8日、11月25日和12月2日陈伯吹先生同上海社科院文学研究所工作人员谈话录音整理而成的《陈伯吹谈他的生平经历和文学生涯》一文中提到，"'文革'前，我家住在南昌路149号公寓的三楼，面积一百三十多平方米"。陈伯吹先生应该是在"文革"后期，1972年左右搬入瑞金二路居所的。之后的几十年，陈伯吹保持着简朴的生活习惯，凡是到访过他家的人，无不感慨这并不宽敞的房间陈设之朴素，家具之简单。就是这样的一位老人，在这样的简居中，为了儿童文学事业笔耕不辍，无怨无悔。

1997年11月6日，一代儿童文学宗师陈伯吹，在上海华东医院仙逝，享年91岁。去世前他竭力完成的最后一件事，是将自己一生积攒的全部藏书捐赠给了浦东新区筹建中的一座儿童图书馆。如今，这座图书馆被命名为"陈伯吹儿童图书馆"。2006年，陈伯吹纪念馆也正式成立，这座纪念馆向世人展示着这位世纪老人为儿童文学事业劳心劳力的一生。

华山路 **630** 号

上海戏剧学院熊佛西楼

——"台尔蒙"行动护校卫国

华山路六三〇号上海戏剧学院进门左前方有一栋两层的近代上海早期外廊式建筑，它的西面是另一栋同时期的老建筑。这组老建筑重修后成为学术研究活动、陈列以及实验演出的新空间，并被改称为「熊佛西楼」，以纪念曾为上海戏剧学院发展做出过杰出贡献的已故老院长熊佛西先生。

356

熊佛西楼主楼（东楼）为外廊式建筑，附楼（西楼）为现在的"新实验空间"。历史上，这两栋楼之间的联系非常紧密。2005年熊佛西楼被上海市人民政府公布为上海市第四批优秀历史建筑。然而，优秀历史建筑铭牌却只镶嵌于主楼正立面，铭牌上的简介内容也只涉及这一栋建筑。其后，一些著作在介绍熊佛西楼的历史时出现了一些错乱，如认为熊佛西楼只有一栋建筑，或将附楼发生的事情放在对主楼的描述上。

　　关于熊佛西楼的历史，笔者所见尚未有清晰定论。重修记文说是始建于1903年，优秀历史建筑铭牌上又说约建于1936年。孰是孰非？要搞清楚熊佛西楼的历史，需要厘清两个方面的问题，一是德国乡村俱乐部（即German Country Club，又有德人乡村俱乐部、德侨乡村俱乐部、德国乡下总会等译法）的历史沿革；二是熊佛西楼与上海戏剧学院发展的关系。

　　那么，今天的熊佛西楼就是当年为"德国花园总会"建造的房子吗？从其外廊式立面看，应该是早20年前的建筑风格。不错，早在1898年，外侨肖（R.W.Shaw）在这里购买土地建农场，并于1902年造了这座住宅。他既养奶牛，也养马参赛，自己又是运动健将。1928年建成的"德国花园总会"，实际上是在一部分农场基地上建成的，那时这幢外廊式小楼早已存在。查阅发现，这时德国花园总会所在门牌号旁边曾登记有一家名为Del Monte Café的法国餐厅，取名"台尔蒙（Del Monte）"，1920年就有了，它是不是由原来的主人开设不得而知，但肯定是独立于德国花园俱乐部经营的，并且也成为沪上的热门之地，而这个台尔蒙餐厅（后也称台尔蒙俱乐部），就是今天的熊佛西楼。但1928年建的德国花园总会新所呢，是在20世纪80年代在上海戏剧学院发展建设中被拆除了。

　　熊佛西楼主楼是一栋较有代表性的中国近代早期外廊式建筑。它的主体为西式风格，但又有中西融合的建筑特点，既不同于中国传统园林建筑的小巧，又异于西方砖石砌筑外廊式建筑的厚实，有自己的一种玲

|建筑外景

珑和惬意。房屋为砖木结构，瓦屋面四坡顶，上有两个通风采光的老虎窗。建筑平面方整，三面围廊，廊柱为方木，柱间檐下有斜撑和类似雀替小雕饰，组合出传统建筑挂落的意味。建筑内圈青红砖相间，砖墙、砖柱头有西洋花饰，室内均为木地板。底层走廊为彩色磨石子地坪，二层外廊地面为面砖。整座建筑坐落在五级台阶高的水泥基座上，基座侧墙开有圆形铁箅通风孔。

熊佛西楼附楼是一栋全西式风格的红砖、青砖相间的清水砖建筑，无外廊，外墙有巨式壁柱，柱间砖券装饰，檐下和门廊有大量砖雕花饰，使建筑看起来与众不同。

2001年夏，熊佛西楼修缮如旧后，上海戏剧家协会原主席杜宣应邀题写楼名。杜宣和熊佛西有旧交，解放上海时，杜宣是军管会成员，后又在文化机构从事统战工作。熊佛西和杜宣很谈得来，有些想不开的事，会找他谈心。所以，当上海戏剧学院原党委书记戴平前去求字时，杜宣动情地说："为他题写楼名，我是责无旁贷。"

如今熊佛西楼作为德国花园总会的形象已经淡去，人们看到它更多的会想起老校长熊佛西。熊佛西的生命历程与上戏密不可分。

熊佛西，1890年12月出生于江西丰城一个农民家庭。早年即从事戏剧创作活动。1923年燕京大学毕业后，赴哥伦比亚大学专攻戏剧理论和创作，1926年获学士学位，学成归国，进入国立北平艺术专门学校任戏剧系主任兼教授，开始献身戏剧教育事业。此后，先后创办河北定县农民戏剧学习班、四川省立戏剧学校。抗战时期，熊佛西以戏剧为枪炮，投身抗日救亡运动，率领抗战剧团先后演出了《后防》《中华民族的子孙》等剧，激发了民众的救亡热情。

抗战胜利后，在上海剧坛巨擘李健吾提议和时任上海市教育局长顾毓琇的支持下，1945年12月上海市立实验戏剧学校正式成立，顾仲彝为首任校长。顾毓琇曾私下说与李健吾："内定的校长应是熊佛西，不过他在重庆还没过来，先由顾仲彝当一时期的校长。"此后学校又经历了"裁撤风波"，直到1947年2月，熊佛西才接任校长一职。学校校舍为抗战胜利后被接收的"第一日本国民学校"的一栋四层西式风格大楼，位于北四川路961号横浜桥（今四川北路1838号，老楼经修缮后，现由虹口区教育学院实验中学使用）。很多介绍材料认为，上海戏剧学院的前身上海市立实验戏剧学校在熊佛西楼创立，完全是"张冠李戴"。

熊佛西初到剧校时"满嘴于右任式的胡子"，老友郑振铎对此颇有微词，"希望他剃掉，希望他回到青年"。熊佛西便因此誓愿，"到中国真正实现民主的时候，我就剃胡子了！"这位民主校长与剧校的进步氛围是十分相融的。剧校的两任教务主任吴仞之、吴天均是老牌中共地下

|上海市立实验戏曲学校校舍

党员。1947年，夏剧校成立了中共地下党支部。1947年12月15日，淞沪警备区司令部密报上海市政府，开列左倾剧人名单22人，称这些人为"赤化宣传，抨击政府，乃打入本市四川北路上海市立实验戏剧学校⋯⋯而校长熊佛西与彼等同为一流"。

上海解放前夕，国民党当局不断派人找到熊佛西，要他将学校搬到台湾去。他历来倾向进步，自然不为所动。与此同时，中共上海地下党根据敌我斗争的需要，组织建立了外围组织"上海地下剧影协会"，熊佛西任主任。协会广泛联系戏剧工作者，宣传解放战争的胜利形势和党的政策，做戏剧界上层人士的统战工作；开展护厂护校工作等。当时中共地下党担心梅兰芳、周信芳两位京剧界大师会在国民党胁迫下离开上海，委托熊佛西前去做工作。熊佛西出色地完成了工作，两位大师保证绝不会被反动派胁迫，并请向党转达"请党放心"。

熊佛西与中共亲密合作的经历，使他对党保持敬仰，并希望向党靠拢。即使在1953年加入中国民主同盟后，他仍然持这样的想法："以批评和自我批评的严肃态度，就我所见的和所想到的提出建议，来贡献给盟和同志，使同志间的关系能有血有肉，在相互提高的基础上改造自己，争取做一个共产党员。"两年后，在一次报告会上，他听完陈毅同志的讲话后，当场发言，提出加入中国共产党的请求。第二天，他便郑重地向党组织递交了入党申请书。

1949年4月21日，解放军百万雄师过大江，随着南京的解放，解放军直逼上海。为了做好护校工作，迎接解放，熊佛西与吴天、邱玺两位剧校主要领导人积极应变，着手将剧校重要财产转移到安全地带，开启了"台尔蒙"行动。

|建筑内景

"台尔蒙"即是今熊佛西楼及其周边地界。德国花园总会所在门牌号曾登记有一家名为 Del Monte Café 的法国餐厅,Del Monte,如今一般读作"德尔蒙特",也就是当时人所称"台尔蒙"的出处了。20世纪40年代,"台尔蒙"成为上海市青年馆、中央电影制片厂(简称"中电")所在地。德国花园总会剧场成为"中电"录影棚,著名指挥家黄贻钧,金嗓子周璇及电影明星赵丹、白杨、张伐等频繁出入其间为电影配音。

剧校学生梁大成童年时期曾生活在此地。教务主任吴天通过梁大成了解到"台尔蒙"的"中电"录音间相对空闲。熊佛西与吴天实地考察后,便在5月7日至5月8日间,决定将保护剧校资产的应变小组派到这相对安全的"台尔蒙",将剧校几十包大米与灯具等贵重物资转移至此,进行守护,同时也是将剧校的有生力量进行分散。熊佛西多次前来看望守卫在此的学生们。混乱时期,有一次他一个人冒险从剧校赶到"台尔蒙",看到学生们吃得很艰苦,心疼地说:"孩子们啊,你们受苦了!"然后在自己身上摸了半天,摸出两块银元放在桌上,"给!你们拿去添一点小菜吧!"

在此期间,熊佛西领导的"上海地下剧影协会"还写信给国民党要员、"中电"总经理罗学濂加以警告,"中电"全厂器材物资得以完整保存下来。

6月6日,黄源带着军管会文艺处一号令,来到横浜桥接收剧校。参加接收仪式前,熊佛西感怀期盼多年的民主已经实现,剃去留蓄已久的长须。在接收仪式上,黄源说:"接管这个学校,在政治上的意义很重大,反动派不要这个学校,我们共产党,我们人民政府就要这个学校!"当月,剧校更名为"上海市立戏剧专科学校",简称"上海剧专",熊佛西任校长。

1952年院系调整,上海陶行知艺术学院戏剧组与山东艺术大学戏剧系并入,上海剧专更名为中央戏剧学院华东分院,升格为本科院校。1955年8月,在熊佛西努力奔走下,学院在有关部门的协助下从横浜桥迁至"台尔蒙",次年学院正式更名为上海戏剧学院。如果没有"台尔蒙"行动的渊源,可能也不会有今天的上海戏剧学院华山校区。

延长路 **149** 号

上海大学乐乎楼
——爱国育人钱伟长

钱伟长一直就是这么一位节俭朴素的长者，在上海大学的二十七年间，他没有拿过工资。上海市政府曾考虑过在市区为钱伟长夫妇找所房子，他不要，后来同意了学校在校内建一个招待所的申请。招待所于一九八四年建成，是一幢四层小楼，主要用于接待来访专家和国际友人，同时安排钱伟长夫妇的饮食起居。钱伟长为这个招待所题名并书赠『乐乎楼』，寓意『有朋自远方来，不亦乐乎』。

2010年7月31日，上海大学延长校区乐乎楼前，人们身着深色或白色服装，表情严肃，悄悄地低声交流，似乎害怕将谁吵醒。这一天，上海大学发布公告，从当天起在宝山校区伟长楼国际会议中心、延长校区乐乎楼贵宾厅设立悼念钱伟长先生场所。

　　乐乎楼里的布置朴素而简单，贵宾厅正中，青松之间挂着钱伟长的遗像。照片中他那笑容十分熟悉，就像每个风和日丽的傍晚时分，上海大学的学生在校园里围绕大草坪锻炼遇到一位坐在轮椅上的老人，学生停下来，认真地鞠躬："钱校长好！"钱伟长笑笑，摆摆手："你好！"那笑容温暖、平和。

　　细心的上海大学同学发现每次在校园里遇到钱校长，他几乎都是穿着那件红色夹克。他们找到的最早的一张照片，是1992年的一次学校

|现乐乎楼正门入口处

建设活动中,钱老就穿着这件红夹克,当时的红色要鲜亮很多。"真的,十八年就一直是这一件衣服,这好像是他八十寿辰的时候家里人送的,他一直很喜欢。"戴世强说。他是上海市应用数学与力学研究所教授,曾与钱老共事多年。

钱伟长一直就是这么一位节俭朴素的长者,在上海大学的二十七年间,他没有拿过工资。上海市政府曾考虑过在市区为钱伟长夫妇找所房子,他不要,后来同意了学校在校内建一个招待所的申请。招待所于1984年建成,是一幢四层小楼,主要用于接待来访专家和国际友人,同时安排钱伟长夫妇的饮食起居。钱伟长为这个招待所题名并书赠"乐乎楼",寓意"有朋自远方来,不亦乐乎"。从此,钱伟长夫妇以校为家,没有购置过一处住房。他说他喜欢住在学校里,因为可以随时随地看着他一手创建和发展起来的上海大学。乐乎楼二楼最边上的房间就是属于钱伟长的,里面由一间会客室、一间卧室和一间书房组成,仅七八十平方米。房间的布置非常简洁,没有豪华家具,沙发、桌椅仍是十几年前的风格,隔壁的书房摆满钱老主编的杂志和各种图书。现在的"乐乎楼"是2000年在原址扩建而成的。"我姓钱,但我没有钱。"淡泊名利的他只想一心一意把学校的事情办好。

心里总装着学生的教育家

如果要给一所大学赋予生命,那么上海大学的灵魂,便是老校长钱伟长先生。他当了上大一辈子的"老校长"。

曾有人问钱老:"在科学家、政协副主席、大学校长、教授等诸多称呼中,您最喜欢哪一个?"

| 钱伟长

钱老没有犹豫："当然是校长了。"

他又补充说："校长不是什么官，最重要的是全身心投入。"

1983年，邓小平亲自下调令，调钱伟长任上海工业大学校长一职，并写明此任命不受年龄限制。这时，他70岁了。

钱伟长大刀阔斧地进行了教学科研的改革，首先提出了"拆除四堵墙"的口号——拆除学校与社会之间的墙、拆除师生之间的墙、拆除科系之间的墙、拆除教学和科研之间的墙。1992年，钱伟长又推行了短学期制、学分制和选课制，精简了教学大纲，并从上海社会经济发展的实际需要出发，增设了许多新的科系。因为在全国没有先例，学分制刚开始实行的时候压力重重，后来在几年内竟风行全国。

1994年，上海工业大学、上海科技大学、上海科技高等专科学校和原上海大学合并，定名为上海大学。年逾八旬的钱伟长担任合并后的上海大学校长。钱伟长说："要把上海大学办成世界一流的研究性大学，当好校长不仅是我的责任，更是我的义务。"的确，自从来到上海，他就一直是一名义务校长，他从没拿过上大一分钱的工资。

钱伟长对学生的爱，是深沉而又真切的。你可能想不到，上海大学新校区的规划草图就出自钱校长之手，其最有特色之处，就是空间上打通各个学院的教学楼。如今走进校园，可以看到，右边片区的一组教学楼的二楼都有通道，相互连接。下课铃一响，通道上就出现川流不息的学子。通道在空间形式上为学生提供了转换课堂的便利，而其背后更体现出钱伟长引导新一代学子善于交流、勇于跨越的教育理念。

校园里的畔池也是钱伟长提出开挖建设，当时也有人反对，理由是"难以管理"，但是钱校长坚持道，"一所大学没有水，就没有灵气"。如今，鱼、天鹅、野鸭、鸳鸯都在这个湖里嬉戏，给这座菁菁校园增添了生动和灵气。畔池已经成为上大学子的精神栖息地，伴随着一代代学子成长。在旁边读书、休憩的学生总会感激自己的校长，他用一座湖传达出对学生的关爱和希望。

作为教育家的钱校长，出版过50万字的《论教育》。他强调务实，更强调"教育兴国"。1977年以后，他去全国各地做了数百次讲座和报告，提倡科学和教育，宣传现代化。他在办学中实践着自己的教育理念，如学校必须适应社会的变化，为社会服务；要办好工科，必须有坚实的理科做基础；培养的学生应当是全面的人，是爱国者，是有文化艺术修养、道德品质高尚、心灵美好的人……

钱老从1948年开始带研究生，到2005年送走最后一批博士，可谓桃李满天下。关于招研究生的标准，钱老笑着回答："研究生复试，我从来不问科学知识，我只问人生方向，比如我问他们'你觉得读书做什么用''家里支持不支持''自学能力如何'。"……看似简单的问题，钱老是想更多地了解学生读书学习的目的和目标。

"培养的学生首先应该是一个全面的人，是一个爱国者，一个辩证唯物主义者，一个有文化艺术修养、道德品质高尚、心灵美好的人；其次，才是一个拥有学科、专业知识的人，一个未来的工程师、专门家。"这是钱伟长的育人理念。

从担任校长开始，每年参加本科生、研究生的毕业典礼，与毕业生们合拍毕业照，已经成为钱老坚持出席的活动。

"这是校长的职责，校长就应该亲自把自己的学生送走，送到国家的各个岗位上去！"

每年炎热的7月，钱老会顶着烈日，奔波在延长、宝山、嘉定三个校区，每个校区花上两个小时，和每一个班级拍一张毕业照。他坐在第一排的中间，用发自内心的笑容，目送学生。很多毕业生都细心珍藏着与钱校长合拍的毕业照。

钱老的学生感叹说："这就是教育家，心里总装着学生。如今很多年轻的校长都做不到这一点。"

半个多世纪的参政议政生涯

钱老曾任民盟第二届中央委员、第四届中央常委，第五、六、七届中央副主席，第七、八、九届中央名誉主席。他时刻记着自己身上的责任，经常到各省市、自治区，特别是贫困的边远山区参观视察，一直为教育改革、乡镇企业、农村教育、星火计划推广等建言献策。南到西沙群岛，北到漠河，西到新疆大漠，无不留下他奔走的身影和直言的调查报告与建议。

1983年，他和费孝通一行访问了常州、无锡、宜兴等长三角10个县市的乡镇企业，意识到乡镇企业发展中所面临的人才问题。于是，他支持张家港繁荣乡镇企业，兴办沙洲工学院，并兼任名誉院长，为乡镇企业输送人才。此后他还行程几万里，推广张家港农村经济的发展经验。

1986年开始，民盟四川省委组织专家学者，开展了对遂宁的智力咨询服务。钱伟长从1989年"遂宁市经济发展战略研究"课题组成立伊始就亲自指导，历年来多次到四川指导"盟遂合作"工作会议。1990年，他在《求是》杂志上发表了《重视发挥民主党派在地方经济建设中的作用》一文，指出，"盟遂合作"是共产党领导下，多党合作的一次成功和有益的尝试，为全盟提供了值得借鉴的榜样。

1988年，开发大西北问题正式提上民盟中央议事日程。当年，费孝通和钱伟长带队进行了为期一个月的考察，并与甘肃、青海、宁夏、内蒙古两省两自治区的党政领导在充分沟通和协商后达成了共识。7月，黄河上游多民族经济开发区建设研讨会在甘肃兰州召开。会后，费孝通和钱伟长以民盟中央主席、副主席的身份联名上书，向中共中央和国务院提出建议，希望建立黄河上游多民族经济开发区，这项建议很快得到批复和支持。此后，民盟中央成立了名为"区域发展研究委员会"的专门机构，费孝通、钱伟长担任召集人，积极推进这项工作的开展。

1988年，钱伟长率领专家工作组赴贵州毕节进行实地考察，帮助毕节制定试验区规划。1989年，"支援贵州毕节试验区规划实施专家顾问组"正式成立，钱伟长任第一、二、三届组长和第四届总顾问。之后，作为为毕节试验区实现发展目标而设立的智力支持机构，顾问组对毕节地区重大项目的上马、重要行业的发展、支柱产业的培育做了大量具体工作，提出了建设"两烟"、畜牧业、铅锌、煤炭产业群，建立项目储备库、培训项目管理人才等重大建议。钱伟长曾就贵毕公路、洪家渡电站、毕节化肥厂"6改12"等项目，亲自给国家和有关部委领导人写信反映情况、提出建议，对促成这些项目的立项和修建发挥了重要作用。2008年9月，为感谢他们为毕节地区发展做出的贡献，钱伟长和厉以宁等专家被授予"毕节地区荣誉市民"。

此外，他还于1985年至1990年任中华人民共和国香港特别行政区基本法起草委员会委员，1988年任中华人民共和国澳门特别行政区基本法起草委员会副主任委员、中国和平统一促进会会长，为香港、澳门回归和祖国和平统一大业奔走，做了大量细致的工作。

他是一名科学家，被誉为我国"力学之父"，与钱学森、钱三强并称科学界著名的"三钱"。

他是一名社会活动家，曾任全国政协副主席，身体力行推动国家社会发展。

他是一名教育家，一手创办了上海大学，曾是我国在位的最年长的大学校长，并时刻关注民办高校、基础教育的发展。

他就是钱伟长，一位出自书香门第、留学海外、受中西文化熏陶的大家，一生成功扮演了科学家、社会活动家、教育家等多重角色。在他自强不息的一生中，爱国和教育是永不磨灭的主题，相信这仍然会给今天的人们特别是教育工作者更多的启示。

桂林路 *100* 号

上海师范大学第一教学楼

——为教育事业鞠躬尽瘁廖世承

这是二十世纪五十年代新中国成立初期典型的大学校园建筑。这种中西融合的风格，以及部分宽大尺度和空间造型，还渗透着当时苏联式建筑的影响。走近这座大楼，大门上「第一教学楼」的字样赫然显现。

一九五八年七月，第一、第二师范学院合并成立上海师范学院，成为一所以文理为主的综合性师范学院。

上海师范学院

| 建筑外景

这种中西融合的风格，以及部分宽大尺度和空间造型，还渗透着当时苏联式建筑的影响。走近这座大楼，大门上"第一教学楼"的字样赫然显现，而进入建筑内部，从特别的圆拱走廊以及两端的那几个超大号洗手间中，仍能感受到这种前苏联的特别影响。因而，尽管由于室外路面抬高引出防水问题而不得不把这里的底层室内走廊等地面垫高20厘米，让人觉得空间有点低矮，但之前中庭和内廊曾有的高爽气派，还是不难想象的。

第一教学楼

大楼建造于1955年，是校园里历史最长的建筑之一。它由上海市民用建筑设计院设计，上海市第四工程公司承建，砖混结构，是当时位于学校中轴线上的主体建筑和主要教学楼。后来又在它的两端增建了东、西共四个梯形教室，各能容纳200名学生。这座当年新校园里体量最大的建筑，至今仍是这里占地面积最大、最端庄气派的教学楼建筑之一。

这座大楼的年龄，其实要比上海师范大学更大一些。上师大的前身是上海师范专科学校，是解放后上海新建的第一所地方高等师范院校。1954年，为满足上海市中等学校师资培养的需求，市政府决定筹建上海师范专科学校。当年7月5日，上海师范专科学校宣布成立，校址在西体育会路441号的临时校舍。

1955年8月，桂林路新校区建成，学校迁入。迁入新的校园，老师和同学们都感到非常高兴。当时学校周围还是一片农田，绿色的田野上矗立着一片崭新的红墙建筑，特别显眼。其中的主体建筑就是这栋教学楼。当年并不多见的五层大楼，显得尤为巍峨。东西校园的中间，还流淌着一条清清的小河，和学校新栽的绿树一起，给校园带来了无限活力。

1958年7月，第一、第二师范学院合并成立上海师范学院，成为一所以文理为主的综合性师范学院。

在每天欢快地走进教学大楼的大学生们中间，常常可以看见一位面目清癯、身材瘦削、穿着当时流行的中山装的长者，随着学生一起走进教室，不声不响地在后排坐下，听着老师们上课。不论是中文系、历史系，还是教育系的课堂上，都能见到他的身影。

他，就是当时第一师范学院的院长，也是后来第一和第二师范学院合并后的上海师范学院的第一任院长，著名的教育家廖世承先生。

廖世承校长

虽然当时学校的校长办公楼和第一教学楼只有一步之遥，可是廖校长更喜欢巡回在教室里，坐在学生中间随堂听课，而不是坐在办公桌前。而且课后他还每每乐于与学生聊上几句，了解学生对课堂教学的看法。

廖世承先生是我国现代著名的心理学家和教育家。他1892年生于江苏嘉定（今天的上海市嘉定区），字茂如。1909年入南洋公学学习，1912年考入清华学校高等科，1915年毕业于北京清华学校后，赴美

廖世承

国布朗大学学习，获得学士和硕士学位后，又继续攻读博士学位，1919年回国，回国后完成博士论文，寄往布朗大学，于1921年获得博士学位。他是第一个在美国获得博士学位的亚洲人。留学美国时曾得曼宁优奖生（James Manning Scholarship）荣誉，另外他被推荐参加了SigmaXi学会。

1919年回国，任教于南京高等师范学校，即后来的东南大学教育科，担任教授，并兼任东南大学附中主任。

廖先生积极参与以改革学制和课程为主要内容的教育改革运动，力主在全国实行中小学"六三三制"，也就是小学六年，中学分两段，各三年。1922年，廖世承起草完成这项新学制的设计，提交民国政府后被批准施行。从此，当年中国实行的中小学"七四"制变为"六三三"制。我们今天的小学和中学学制，也仍沿用着当年廖先生的设计。

1927年廖世承来到上海，担任光华大学副校长兼附属中学的主任。在光华十年里，他对中等教育的历史、现状，作了比较全面系统的研究。

1937年"八一三"事变后，廖先生到湖南蓝田创办国立师范学校。这是中国第一所独立师范学院。1938年10月国立师范学院正式成立，校名为"国立师范学院"，廖世承担任院长。这是中国历史上第一所国立师范学院，它的正式名称是"国立师范学院"。因为校址设在湖南溆浦县蓝田镇，所以后人称之为蓝田师范学院。

当时的国立师范学院可以说是群英荟萃，汇集了众多知名学者，这主要得益于廖世承校长曾经担任光华大学的副校长，他熟悉江南学界的精英，因此邀请了很多因抗战爆发而流寓各地的著名学者到国立师范学院任教。其中有钱基博、钱锺书、皮名举、孟宪承、陈传璋、高觉敷、储安平、张舜徽等著名学者。

抗日战争胜利后，廖世承回到上海，先后任光华大学副校长兼附中主任、校长。1951年，光华、大夏等高校合并成立华东师范大学，廖世承出任副校长。1956年，廖先生来到新成立的上海第一师范学院出任院长。1958年起任上海师范学院第一任院长。1958年7月，第一师范学院和第二师范学院合并后，廖世承出任合并后的上海师范学院的院长，他的听课范围从西边的校园，跨进了东部校园。

如果仔细观察今天上海师范大学桂林路校区老建筑的布局，就会发现这里其实有两个独立校园的痕迹。西部校园，以第一教学楼为中轴线，向南是学校的主运动场。运动场之南是家属区。向北是一条开阔的大道，当年这条大路直达漕河泾河的河边，那里曾是学校的大门。第一教学楼的右侧，是办公楼，左侧是当年的图书馆。整个建筑群是比较典型的中国传统建筑风格。加上周围高大茂密的绿树茂草、石桌石凳，给人特别幽静的感觉。前几年，红遍全国的电视连续剧《何以笙箫默》即在这里取景拍摄，后来很长一段时间里，这里成了年轻人的打卡热点。走在校园中，常常会碰到外校来的大学生向人询问当时电视剧的拍摄地点。

上海师范学院合并后，廖校长的脚步声也回响在了东部校园的教学楼中。他在不同专业的课堂上听课、交流，为他的教育理念提炼和教育管理实践增添了鲜活的实例，形成了更为完整的教育思想。

| 建筑全景

廖世承教育思想

在长达50余年的教育实践活动中，廖世承对中国师范教育发生和发展的历史作了系统的考察，提出了如何办好师范教育的系统主张。

廖世承说："教育方面最重要的，当然是师范教育。没有良好的师资，各级教育都不会上轨道。"廖世承在国立师范学院任院长期间，就对中国师范教育悉心研究，撰写了《师范教育与抗战建国》《师范学院的使命》《抗战十年来中国的师范教育》等长篇文章。

他在师范教育方面，提出了很多非常有价值的思想。比如，师范应以独立设置为原则，附设于大学利少弊多，取消高等师范教育更是无当，等等。廖校长还曾对师范院校的使命作过阐述，认为它的主要任务是树立普遍的共同的教育理念，培养同情与纯爱，进行专门职业训练，进行学术方面专科训练，还要对社会教育进行指导。

廖世承毕生致力于教育事业，致力于教育科学实验。早在1920年，他就参与创建中国最早的心理实验室之一，即南京高等师范学校心理实验室，并与陈鹤琴一起进行心理测验的实验研究。在实验的基础上，他编著了《智力测验法》一书。1924年，他编撰出版了《教育心理学》，是这门学科中最早的教科书。1925年，他与陈鹤琴合编了《测验概要》一书，对测验的性质、效用、种类，测验所用材料，实施手续，统计方法等，都做了详细叙述，被称为"廖氏之团体测验"。

他的许多主张和研究成果，对今天的教育制度、教育理念和教育研究都发生了深刻的影响，他心灵曾经闪现的微光，仍然照亮着今天我们许多从事教育的人。

他深入课堂，所以在教学方法上，也有着自己独到的见解。他非常重视学生的主动学习、个性化学习和自我发展学习的问题。他提出的这些主张，是在传统私塾以及与现代学校的班级制教育模式来比较分析研究中获得的。班级制教育中蕴含的现代意义上的集体主义和民主精神是显而易见的，但由此带来的弊端，也日益引起有识之士的重视。他的很多看法对发展和完善现代教育制度，都极有启发。

纪念廖世承

廖世承先生1952年加入民盟，先后被选为第二、三届全国人大代表，第一、二、三届上海市各界人民代表会议代表和第一、二、三届上海市人民代表大会代表。1955年起担任上海市第一、二、三届政协常委和第四届市政协委员。他先后担任民盟第二、三届中央委员，第二届市委委员，第四、五、六届市委第一副主任委员，上海师大第一届支部主委。

上师大西部校园操场旁的小湖边，有一座1992年6月15日廖世承先生诞辰一百周年纪念时落成的六角小亭，因为廖校长字茂如，所以名为"茂如亭"，亭匾为原上海市市长汪道涵所书写，当时的国务院副总理姚依林还送来题词，"向为教育事业鞠躬尽瘁的廖世承先生学习"。当然，对于我

| 现第一教学楼内景

们教育人来说，廖世承先生的教育实践，是留给我们的更有价值的宝藏。

上海师范大学从2008年起开始招收免费师范生。2012年起，上海师大将免费师范生全部编入以廖世承名字命名的"世承班"。这是为培养未来卓越教师专门设置的，安排了独立的培养计划。

2012年6月13日，上海师范大学和民盟上海师大委员联合举行了"纪念廖世承先生诞辰120周年座谈会"。会上播放了纪录片《先辈廖世承》。影片对廖世承先生的生平事迹做了详细的介绍，感人至深。

不论在什么样的情况下，廖先生都始终不渝地投身于国家的教育事业，热爱教育，研究教育，实践自己的教育思想，对上海乃至全国的师范教育事业做出了杰出的贡献。

今天我们走在校园里，走进第一教学楼，仿佛仍能看到廖校长的身影；长长的走廊上，仍然回响着他轻轻的脚步声，他的教导还在我们的耳边不断回荡。

中山北路 **3663** 号

华东师范大学文史楼

——"群贤堂"里的民盟先生们

走进华东师范大学中山北路校区的大门，右手侧有一片大草坪，草坪后面是一栋三层小楼，楼门前四根古罗马式建筑风格的门柱格外显眼，这便是校园内历史最悠久的建筑——文史楼。这栋小楼所散发着的悠悠书香和浩然之气，上海民盟的人文精神也处处体现，滋养着我们的精神世界。

文史楼建于1930年，当时叫做"群贤堂"，谈起它的历史，不得不先说大夏大学。

大夏大学创办于1924年，是从厦门大学脱离出来的部分教师、学生在上海发起建立的一所综合性私立大学。其中山北路新校址建于1930年，1月破土动工，8月落成。建有教学大楼一栋，取名群贤堂；左右为男生宿舍，取名群策斋、群力斋；女生宿舍一栋，取名群英斋；教职员工宿舍12幢，以及学生浴室、饭厅等。中山北路基地连同荣宗敬捐赠的丽娃栗妲河（今丽娃河），面积达280亩。①

群贤堂为钢混框架结构，面阔21米，进深6米，建筑面积3643平方米；立面对称，竖五段布局，中间和两边凸出；入口门廊通高两层，以并列四根爱奥尼克柱支撑；方形门窗，窗间墙和转角皆有方形壁柱；平顶设栏杆式女儿墙，檐口有多层线脚；银灰色水泥墙面。楼内共有教室28间，可供2000人同时上课。据蔡光浦先生回忆，当时的布置是："底层是布告栏和报窗，左右两边是教室。走上二楼，是欧元怀校长和王毓祥副校长的两间办公室。欧校长旁边是教务长鲁继曾的办公室。王校长旁边是总务长吴浩然的办公室。东端是训导长苏希轼办公室。西端是教务处。其余几间以及三楼全是教室。群贤堂的对面，跨过林荫道，是图书馆和教职员宿舍。"②

1951年夏，教育部批准以大夏、光华两所私立大学为基础，成立华东师范大学。在并校过程中，大夏的中文系、英文系、历史社会系、数理系、化学系、教育系、教育心理系、社会教育系并入华东师范大学；土

① 袁运开、王铁仙：《华东师范大学校史（1951—2001）》华东师范大学出版社，2001年10月第1版，第351页。
② 蔡光浦：《怀念群贤堂　回忆经济系》，《大夏，大夏——大夏大学建校80周年》，第97页。

木工程系并入同济大学；政治系、法律系、经济系、会计系、银行系、工程管理系大部分并入复旦大学，小部分并入上海财经学院。华东师范大学校址即在大夏大学原址，时校舍总面积已达18019平方米。③大夏大学旧址（文史楼）2004年公布为第一批普陀区登记不可移动文物，大礼堂、东西办公楼作为大夏大学旧址整体的一部分于2009年6月公布为普陀区登记不可移动文物。

大夏大学建校二十七年，培养了一批为国为民的有识之士。儿童文学家陈伯吹、同济大学原校长江景波以及胡和生院士等民盟大家都曾在大夏大学就读。胡和生曾回忆道："在我的脑海中，始终萦回着在大夏求学时的情景。我永远记住那宁静而生气盎然的校园，一条美丽的河流，带来了都市罕见的大自然风光，使人心旷神怡。老师们诲人不倦、关怀学生的言行，对我有很大教育。"④

从大夏大学到华东师范大学，著名历史学家陈旭麓先生可谓见证了全过程。他不但在大夏大学读书、任教，还以筹委会委员身份参与华东师范大学筹建，一生都与华东师大联系在一起。

1938年，陈旭麓入大夏大学文学院就读。在大夏大学的五年中，先生不仅以优异的成绩完成了学业，而且在博览群书的过程中开始对"进步书籍"——诸如《论持久战》《资本论》等著作发生浓厚的兴趣。毕业后，他任大夏大学讲师、副教授兼圣约翰大学教授，并积极投身于爱国民主运动中，支持学生运动。1947年陈旭麓加入中国共产党领导的地下民主组织"大教联"，1949年又与大夏部分教师发起成立"新民主主义

---

③ 袁运开、王铁仙：《华东师范大学校史（1951—2001）》华东师范大学出版社，2001年10月第1版，第354页。
④ 胡和生：《桃李芬芳——回忆大夏大学》，《大夏，大夏——大夏大学建校80周年》，第112页。

教育研究会",在复校工作中起了积极作用。

1951年暑假,华东师范大学筹备委员会成立。作为筹备委员会的十余位筹备委员之一,先生以饱满的热情为大夏大学的改制和华东师范大学的筹建而奔波。他以工会主席的身份,时常奔走于教职员工的宿舍和办公室之间,为学校秩序的再建和凝聚力的增强付出了艰辛的劳动。同年,陈旭麓加入民盟,后任民盟华东师范大学支部委员会副主委,对华东师大民盟组织的发展起了重要作用。

1959年后,陈旭麓先后借调北京、复旦大学参加《新民主主义革命时期通史》《中国近代史丛书》编写工作,1978年回到华东师大,恢复招收研究生,后长期担任历史系副主任、中国近代史教研室主任等职,同时以"近代中国社会的新陈代谢"为学术研究重点,著有《近代史思辨录》《浮想录》《近代中国社会的新陈代谢》等,主编《中国近代史词典》等。他的论著大多融义理、考据、词章于一体,以思辨和文笔

文史楼大堂摆放的华东师范大学首任校长孟宪承雕像

见称学界。

　　"陈老师的讲课地点就在文史楼二楼的第八个房间。听他讲课的人有很多，不只是历史系学生，还有政教系学生和进修教师等。陈老师很宽容，喜欢学生来听他的课。"时隔多年，回忆起自己的导师陈旭麓，华东师范大学历史系教授谢俊美仍记忆犹新。1978年，他跟随陈旭麓读研究生，之后便留校做其学术秘书。"陈老师说话带着湘西土话的口音，不太好懂，我花了一年多才基本上听懂他的话。后来他讲课时，我就在一旁做'翻译'，课后再整理他的讲稿。"据谢俊美回忆，那本著名的《近代中国社会的新陈代谢》，就是根据陈旭麓四次讲课的讲稿整理而成："我认为陈老师最大的特点就是敢于探索和创新。"陈旭麓曾说："什么叫知识分子？应该说，他们是站起来思考着的人。"

　　除陈旭麓外，人文科学的泰斗吕思勉、施蛰存、王元化、许杰、徐中玉、钱谷融等先生都曾在文史楼执教。这里接纳了一大批文人学士，为华东师大的思想修养奠定了基础。

　　如今，走进文史楼，首先映入眼帘的是大堂里华东师大第一任校长——孟宪承先生的胸像雕塑。两边走廊上还挂有胡适、钱锺书、徐志摩、张东荪、潘光旦等人的介绍。

　　"我在这里听老师们讲课，也在这里给学生们上课，转眼已经四十年了。"民盟华东师范大学委员会主委、历史系教授章义和感慨道。他早在1980年9月便进入华东师大历史系学习，1984年7月获历史学学士学位，同年进入中国史学研究所继续学习，并于1987年7月获得历史学硕士学位，之后便一直留在华东师大任教至今。提到文史楼，章义和不禁回忆起了自己的青春时光："我们历史系和中文系都在文史楼上课。当时除了常规的上课、下课，还有无数个早晨，我站在楼里的壁报前，一边啃着包子，一边津津有味地看中文系的同学们贴在上面的最新

| 建筑内景

作品,享受'精神食粮'。你们后来看到的很多名家名作,都是我们先睹为快呢。"

章义和口中的"中文系的同学们",后来有了共同的名字,那便是以沙叶新、戴厚英、王晓玉、赵丽宏、王小鹰、孙颙、陈丹燕、宋琳、格非、李洱等著名作家为代表的"华东师大作家群"。除了作家群,20世纪80年代,华东师大中文系还出了批评家群、出版家群,还有教育家群,可谓星光熠熠,而文史楼就是这些辉煌成绩的发生地。

从华东师大中文系毕业的作家陈丹燕曾回忆说:"上海的各家大学里,当时我的大学风景最好,但我对文史楼印象深刻。有时,已经熄灯的教学楼里,在明亮的月光下,也有学生相对而坐,讨论复习大纲。在希腊柱头上方的大露台里,夏初的风里,有厕所里传来的阿摩尼亚臭气,也有树下树丛里早开的栀子花浓烈的香味。"

华东师大中文系建于1951年,首任系主任是许杰,钱谷融当年便来到了中文系,第二年,徐中玉也来到了华东师大,中文系的师资力量开始充实。

许杰先生是我国当代著名文学家、教育家、文学理论家。1924年开始发表小说并加入文学研究会,1929年后先后任教于中山大学、安徽大学、暨南大学,辗转各地投入到民主革命运动的大潮中。1946年,许杰回到上海,由沈志远介绍加入民盟,同年加入"大教联"。1949年上海解放后,许杰应陈望道之聘,到复旦大学中文系任教授,1951年调入刚刚创办的华东师范大学,任中文系教授兼系主任,并为华东师大民盟负责人。后来，许杰因年事已高，把工作交给了徐中玉。

据徐中玉先生回忆，他早在1950年随沪江大学校委会教授团赴北京考察学习期间，在章伯钧和周新民的介绍下，填写的申请入盟表格。回上海后，办理好入盟手续，他便开始参加民盟上海市委组织的活动，并担任新成立的沪江大学区分部负责人，当时这是上海民盟第一个在大学里成立的民盟区分部。1952年院系调整后，徐中玉到了华东师范大学："华师大建立之初，只有十个系，但民盟盟员总数在全校各民主党派中是最多的，且有九个系的系主任是盟员。"

1978年到1984年，徐中玉继续担任华东师大中文系主任。80年代"群现象"的出现，与当时的招生制度和人才培养制度有关，而当时浓厚的创作风气，也是与系主任徐中玉的鼓励与支持密不可分的。他不仅常在全系大会上热情鼓励学生课余进行文学创作，对在文学创作上取得成绩的学生也常点名表扬，甚至还提出了这些学生可以用文学作品来

｜雪中文史楼外景

替代最后的毕业论文，这几乎是史无前例的。

在这样的创作风气下，文史楼103通宵教室，每到后半夜，就聚集了一大批写小说的人。那时写了作品没有出版物，学生们便自发地在文史楼走廊里办壁报，中文系的壁报，曾是华东师大校园里一道独特的风景，不仅吸引了学生、教师，也引来校外的文学爱好者和报社的记者。

徐中玉一直躬耕于大学语文教育，是我国大学语文课程的创始者之一。1981年，由他主编的全国第一本《大学语文》教材出版。40余年里，仅全日制本科《大学语文》教材，累计发行3000多万册，奠定了数十年来大学语文课程教学研究蓬勃发展的基础，影响了几代学子。他在《我为何倡导"大学语文"》中写道："我与匡亚明、苏步青等人，希望通过这门课程的开设，提升大学生的人文精神和综合素质。三十多年的实践证明，大学语文课程的目标定位是正确的。"2014年，他获得了第六届上海文学艺术奖"终身成就奖"。

曾任民盟上海市委副主委的音韵学专家汪寿明先生1958年秋进入华东师大中文系学习，毕业后便留校任教。回忆起当时中文系老师们讲课的情景，他仍历历在目："徐中玉先生给我们开设的是'中国古代文论选'，在学校文史楼三楼的一间大教室里。先生身板笔挺，脸庞棱角分明，用带有苏南口音的普通话，中气十足地给我们讲《诗经》的'温柔敦厚''兴观群怨''思无邪'，讲刘勰的《文心雕龙》和钟嵘的《诗品》，讲杜甫的《戏为六绝句》，等等。先生讲课极为严谨，'经院'味很浓，经常手持卡片，广征博引。后来得知，先生治学勤于手抄笔录，积下卡片几万张，约计手书逾三千万字！"

还有一位老师让汪寿明印象深刻，那便是文艺理论家钱谷融先生："50年代末60年代初，先生在文史楼给我们上'中国现代文学'课。每次上课，先生总是西装革履，头上戴一顶贝雷帽，外穿一件西装大衣，风度翩翩。讲着讲着，似乎有些热了，于是边讲边把大衣脱下，搁到讲台椅子的背上；讲着讲着，似乎又有些热了，于是再把西服的上装脱下。这样潇洒的镜头就定格在我的脑海里。"

钱谷融先生同样是第六届上海文学艺术奖"终身成就奖"获得者，获奖词评价他作为"现代文学研究领域影响深远的一代大家"，"理论、评论、赏析皆有传世的独特建树。"他在50年代提出"文学是人学"，对当时流行的机械的、教条式的文学观进行了反拨，引发大规模的讨论，成为中国现当代文学最重要的命题之一。

钱谷融在中文系建系之初便来到了华东师大工作，并开设"现代理论文选""现代文学史""现代文学作品选"等课程。他教过千千万万的学生，听50年代毕业的华东师大学生讲起当年的老师，钱先生是他们最欢迎的，原因是课讲得好，受到学生的追捧。⑤钱先生的门下涌现出很多在学界享有盛誉的高足，他在培养人才方面的经验是："很多人并没有意识到自己的天赋，不晓得自己的长处在哪里，我使你们知道自己的长处在哪里，要你们发扬自己的长处，避开你们的短处，我就是做这样的事情，既是帮助你们认识到文学的美，也是帮你们认识到自己的天赋，要你们肯努力，使你们爱好文学。"

与钱先生共事多年的文学理论家、中文系研究员陈子善先生这样回忆："钱先生善于因材施教。我的兴趣不在于文学理论的研讨，而是从事文学史料的发掘工作，钱先生没有勉强我，而是鼓励我去做自己喜欢的工作。"陈子善于1985年加入民盟，他常说："许杰、徐中玉、钱谷融这些先生都是民盟老盟员，我作为后辈，耳濡目染，受到他们的人格和精神的感召。"

---

⑤ 杨扬：《教了一辈子书的人——悼我的老师钱谷融先生》，《传记文学》2017年11期。

让学生们印象深刻的，还有著名翻译家、"翻译文化终身成就奖"获得者王智量先生的课堂。据作家格非回忆："王智量讲授的俄苏文学，一半时间由老师讲授，一半由学生分析文本做课堂报告，让他们在本科阶段就学会了怎样研究小说。"

每当王智量在文史楼开设讲座时，教室里都挤满了校内外慕名而来的学生们。作家陈丹燕也曾在《王智量先生记》中写道："老师有着瘦削的长脸，燃烧的眼神，讲到俄苏文学时，常常大段为我们用俄文背诵韵脚浪漫的旧俄长诗……老师有颗斯拉夫式浪漫和热烈的心，他的心在俄苏文学课上热烈地跳动着。当老师讲到他喜爱并翻译了的屠格涅夫的《贵族之家》，班上许多女生都纯朴地爱上了他。"

如今，作为《叶甫盖尼·奥涅金》第一个诗体译本的中文译者，已年过九旬的王老师拿起这本书，仍会情不自禁地为我们深情朗读最喜欢的章节，就像依然站在文史楼的讲台上……

这些先生们以他们特有的人格魅力影响了一代又一代学子，形成了华东师大学生特有的精神气质。可以说，文史楼是华东师大人文精神的发源地所在。

除了前文中所提到的诸位先生，还有因篇幅所限尚未提及的古文字学、金文学家、历史系教授戴家祥先生；被誉为"文史哲兼擅，诗书画三绝"的历史系教授苏渊雷先生；中国古代文学研究专家、华东师大终身教授陈大康先生……这些在"群贤堂"的讲台上辛勤耕耘数十载的先生们，还有一个共同的身份：民盟盟员。因此，也可以说，这栋楼是上海民盟人文精神的发源地之一，其中所散发着的悠悠书香和浩然之气，时时滋养着我们的精神世界。

岳阳路 *319* 号 *11* 号楼
一脉相承的院士盟员
科学精神永不移

岳阳路三一九号十一号楼，建于一九二八年。这里原是法国领事馆，由法商远东土地信托公司投资建造，属英国乡村别墅式花园楼房。这幢别墅因为与中科院上海分院的渊源而显得更加独特。中科院上海药物所与其盟员科学家嵇汝运院士曾有一段与其「朝夕相处」的温馨时光。

|嵇汝运　　　　　　　　|高怡生

　　上海的英国乡村别墅式花园老宅并不少，但是岳阳路319号11号楼，因为有和中科院上海分院的渊源而显得更加独特。中科院上海药物所盟员科学家嵇汝运院士在这里曾有一段"朝夕相处"的温馨时光。1958年上海药物所整体从武康路迁移到岳阳路园区。这座小洋楼曾经是上海药物所图书馆。据中科院上海药物所图情室戴志强老师回忆，嵇汝运院士对文献资料的收集整理极为重视。他与别人最大的不同就是所有的期刊，不论中文外文都要第一时间看到；书到图书馆还没有上架的时候，就会先看。有关化学和生物专业的大量期刊，他每期都要浏览一遍，并选择有参考价值的文献做好摘要卡片，从不遗漏。无论是到外地出差，还是去国外访问考察，他回来的第一件大事，就是到图书馆阅读补课。图书馆的期刊多，一时看不过来，他就利用每年夏季休假期间，逐一阅读。为使祖国的药学研究赶上国际先进水平，他始终精力旺盛地探索与专业领域相关的前沿研究领域。

　　嵇汝运与上海药物所的结缘，离不开另一位盟员科学家高怡生院士从中牵线搭桥。20世纪40年代，嵇先生从国立中央大学（南京大学前身）化学系毕业后，在成都工作一段时间后赴美国留学工作，1947年从美国前往英国伯明翰大学化学系攻读博士学位，1950年获英国伯明翰大学生物化学博士学位，并转到药理系从事神经药理学博士后研究。在英留学期间和高怡生结下深厚友谊，经高怡生推荐，1953年回国后进入中科院上海药物研究所工作。嵇汝运先生填写的《科学技术干部登记表》中有一栏提及这一点。

高怡生（1910—1992年）是中国科学院上海药物研究所第二任所长。1934年毕业于国立中央大学（南京大学前身）化学系，毕业后被推荐到中央研究院化学研究所任助理研究员，开始有机化学和药物化学的早期研究。1948年赴英国留学，师从诺贝尔奖获得者、著名有机化学家罗宾逊教授，进行精细有机合成研究。1950年获英国牛津大学博士学位。历任中央研究院化学研究所助理研究员，北平研究院药物研究所副研究员，中国科学院上海药物研究所研究员、所长。1956年加入中国民主同盟，并担任上海市政协委员。1980年11月被选为中国科学院学部委员（院士）。

1950年回国后，高怡生结合中国医药工业的实际需要，开展氯霉素合成新工艺及其类似物的研究，并从事从柠檬酸合成异烟肼的工作，在上海药物所内开辟了设计与合成新药的药物化学领域。1958年后，转入抗肿瘤化学治疗药物研究，并倾注了大量心血。抗肿瘤化合物的设计合成是一项艰苦、长期的工作。他在从事这方面的研究时，强调不能囿于传统学术思想的束缚，必须创新，走自己的路。他开辟了肿瘤药物合成和天然产物药物全合成两个领域的研究工作，都取得了显著的成就。在肿瘤药物方面，他创造性地设计、指导和参与合成了数百种化合物。他领导研制的甲氧芳芥等化合物，有些至今仍在临床应用。在天然产物药物研究方面，他积极开展了对天然产物的提取、结构测定到全合成和活性测试等系统性研究工作，在国内起了先驱作用。并先后完成了莲子心降低血压有效成分莲心碱，驱虫中药使君子有效成分使君子氨酸和甘草有效成分甘草查耳酮等几个化合物从分离结晶、结构测定到全合成的系统工作。在20世纪七八十年代，他还指导完成了平喘有效成分蔊菜素，抗疟有效成分仙鹤草素，抗癌天然药物喜树碱、羟喜树碱和美登素等的全合成工作。

嵇汝运先生，没有辜负高怡生先生的推荐和看重，他在新药研究的多个领域指导和组织完成了多个新药的研发工作，在药物化学研究中取得重要成果。在我国率先倡导药物构效关系和计算机辅助药物设计研究，在该领域开展了具有开拓性和系统性的研究工作，是我国创新药物事业的奠基人。1980年嵇汝运先生与高怡生先生同时当选为中国科学院学部委员（院士）。嵇先生和高先生都是1950年毕业于英国知名大学的博士生，他们志同道合，于1950年和1953年相继回国，致力于我国的药物学研究工作，两人于1956年同年加入中国民主同盟。嵇汝运先生曾任民盟中央委员、民盟中央参议委员，上海市政协委员、常委，卫生部药典委员会委员，中国药学会副理事长、上海分会理事长，亚洲药物化学联合会执行委员。

上海药物所图情室，包括岳阳路319号11号楼等小洋楼，留下了嵇汝运先生孜孜以求的身影，成了他回国后汲取前沿知识的海洋。1978年中国刚刚从十年"文革"中走出来，嵇先生担任了上海药物所负责科研的副所长，他立志要为国家"多出新药，快出新药"，也开始为长远的创新药物研发布局——储备人才、搭建平台。

新药研发需要不断推陈出新，需要大量优秀的年轻人才。嵇先生在近半个世纪的科研生涯中非常注重人才的培养，他亲自培养的学生以及学生的学生已有百余人。嵇先生有一句名言广为流传："与其说'名师出高徒'，不如说'高徒出名师'！"这背后有很多打动人心的温暖故事。[①]嵇先生对每一位学生认真"传帮带"，"一步一步引导学生们往前走"，他的学生宗汝实、李英、华家栉、吴吉安、顾坤健、朱维良、沈敬山、陈凯先、蒋

---

① 侍茹：《赤胆忠心写春秋》，《家庭用药》，2018年第4期，第23页。

华良、柳红、杨玉社……都是上海药物所药物化学的研究骨干,在创新药物方面做出了显著成绩。其中,他的博士研究生陈凯先、蒋华良,由于成绩突出,先后当选中国科学院院士。

嵇先生非常注重培养研究生独立思考、独立工作的能力,鼓励学生大胆探索。1992年秋天,他与陈凯先招收了分别来自复旦大学的石根斌和华东师范大学的蒋华良两位博士研究生。开学伊始,他将这两位学生叫到自己的办公室,布置了博士论文题目。前者的题目是"生物大分子溶液构象的多维核磁共振测定及其在药物研究中的应用",后者的题目是"计算机辅助药物设计的方法与策略及其在药物研究中的应用"。这两个课题均属于90年代药物化学和分子生物学研究的前沿学科,两位研究生对于如何开展课题的研究心中没有把握。嵇先生鼓励他们在新的任务面前不要害怕,发挥年轻人容易接受新思想的特点,积极主动地进行课题研究。在他的鼓励下,通过三年的努力,他们都顺利地完成了研究任务。蒋华良发展了基于受体三维结构进行药物设计的方法,并对乙酰胆碱酯酶、凝血酶和青蒿素的作用机制进行了理论研究,取得了突出的成绩,博士论文获1995年度中国科学院院长奖学金优秀奖。[②]

蒋华良忆及当年读博时写英语论文的经验,嵇先生指导学生先多看人家的文章,分析文章的结构、语法、句型和惯用法,然后再落笔自己写。在嵇先生和陈老师的指导下,蒋华良完成了3篇论文,分别发表在《中国药理学报》《中国化学(英文版)》和 *Journal of Medicinal Chemistry*(JMC)上。当时还少有中国学者能在JMC杂志上发表论文。嵇先生的引导作用,对蒋华良产生了较大的影响:"我现在阅读文献时还有分析文章结构和高声朗读的习惯,这一方法也在我的学生中流行。"

---

② 蒋华良,陈凯先:《先生之风,山高水长——记我国著名药学家嵇汝运先生》中国科学(生命科学)[J],2018年:第12期,第1353—1354页。

| 岳阳路319号11号楼科学院

上海药物所盟员科学家敢于探索，不断创新的精神同样在蒋华良身上得到充分体现。博士毕业后留所工作，他意识到，新药研究是一个系统性的科技创新活动，需要化学、生物学、数理科学和计算机科学的交叉融合，这也是学科新生长点的源泉。进入药物所后，他根据需要，应用多种学科交叉的方法和技术，开展药物设计、药物靶标结构-功能关系、药物新靶标发现等研究，取得一系列创新成果。2003年年初，全国上下众志成城，抗击SARS。在危急关头，他带领实验室的研究人员全面投入到寻找抗SARS药物的研究中。在近两个月的时间里，没有睡过一个安稳觉，和团队同事夜以继日进行抗SARS药物研究，曾在实验室连续工作三昼夜。当年，他和团队同事率先在国际上成功表达了SARS重要蛋白，发现了老药肉桂硫胺等一批有效的抗SARS病毒化合物。这些研究成果为2020年抗击新冠肺炎药物的攻关研究奠定了基础。他先后

获得上海市第八届十大科技精英、上海市科技进步一等奖和首批上海市领军人才等奖项。在2007年度国家科学技术奖励大会上，他和所在研究小组获得国家自然科学奖二等奖。

2013年12月，蒋华良担任中国科学院上海药物研究所第七任所长。按照中央提出的要当好全国改革开放排头兵和科学发展先行者的要求，科学院更加奋发有为地推进"四个率先"，上海全面建设"具有国际影响力的科技创新中心"，上海药物所为适应新形势新任务的要求而进入了发展新阶段。研发新药，研制老百姓吃得起的好药，是上海药物所一项紧迫任务。新药研发具有高风险、高收益、长周期的特性，必须促进多学科交叉融合，发展新药研发新理论、新方法和新技术。蒋华良带领的研究团队由计算化学、计算生物学、化学合成、分子生物学和结构生物学研究人员组成，建立了适应现代科技发展新趋势的新药研究模式，还与所内十余个课题组在合作中组成创新团队，开展有关研究。他着手引进领军人才，同时整合所里多个相关课题组投入其中，为人体G蛋白偶联受体(GPCR)的研究搭建起从结构生物学到新药研发的"绿色通道"。很快在这个平台上，一篇篇GPCR研究的高水平论文频频登上《细胞》《自然》《科学》等国际顶尖学术期刊，一个靶向GPCR的抗精神分裂症候选药物已经进入临床研究。2015年，他和同事王明伟课题组等采用计算机模拟等多种技术，对全长GCGR处于不同功能状态下的三维构象开展系统研究。2017年，他又和盟员吴蓓丽及王明伟3个课题组紧密合作，首次测定GCGR全长蛋白的三维结构，并揭示了该受体不同结构域对其活化的调控机制。这项成果有助于为2型糖尿病治疗新药的研发提供新的思路。2017年5月，由上海药物所设计研发的抗阿尔茨海默症1类新药氟诺哌齐获得国家食品药品监督管理总局颁发的临床试验批件。蒋华良通过生物学、化学和计算科学等多学科的交叉，开展原创药物研究新策略与新方法、先导化合物发现和优化、药物靶标调控机制等研究。他发展了一系列靶标发现和药物设计新方法，被国际同行高度重视和应用，推动我国该领域研究水平进入国际前沿。他发展了能预测化合物药效的理论计算方法，解决了药物设计领域的重大难题。2017年蒋华良当选中国科学院院士，成为"药物科学学"这个新兴与交叉学科领域的第一位院士。

如今高怡生、嵇汝运、蒋华良三位盟员科学家院士的这种爱国之情，报国之志，勇攀高峰、敢为人先的创新精神，已经被上海药物所新一代的盟员所传承和发扬，涌现出柳红、宣利江、吴蓓丽、赵强等一批优秀的盟员科学家。在这里，盟员科学家精神一脉相承，生生不息。高怡生院士作为第二任所长，在20世纪50年代引进嵇汝运；蒋华良作为第七任所长，2011年引进吴蓓丽、赵强科研伉俪，2012年吴蓓丽加入民盟，不久赵强也加入民盟，2016年吴蓓丽当选民盟中科院上海分院主委。中科院的新一代盟员们正沿着老一辈盟员科学家的足迹，去探索更加广阔的人类未知世界。

绍兴路 *9* 号

上海昆剧团

—— 栉风沐雨传京昆

绍兴路是上海黄浦区西部的一条道路，东起瑞金二路，西至陕西南路，长约五百米，一九二六年由法租界公董局修筑，原名爱麦虞限路。近代上海法租界里的道路，有不少以古今著名法国人物的名字命名，而第一次世界大战时法国和意大利为同盟国，所以，战后法租界出现了用意大利人名来命名的道路。爱麦虞限路正是来自一九〇〇年继位的意大利国王爱麦虞限三世（Victor Emmanue III）的名字。直到一九四三年租界结束，上海确立许多道路以中国各地地名来命名的原则后，这条路才更名为绍兴路，并被沿用至今。

Foyer de la police municipale.

|旧时建筑内景

与周围繁华的淮海路等几条马路相比，绍兴路安静而有浓厚的人文气息，阳光透过法国梧桐树叶的间隙，把斑驳的光影投射在一栋栋老洋房上。某一座老洋房内或某一套老公寓中，或许就是某一个历史名人的故居，比如：张群、杜月笙、朱经农、朱季琳、蔡廷锴、章荣初、邓演达……慢慢徜徉在绍兴路上，仿佛岁月在这里停滞，这里聚集着众多的出版社（旧址）和上海新闻出版局。整条道路行人不多，有点寂寞，有点沧桑，有点文化气，也有点市井味。

在绍兴路众多的历史保护建筑中，绍兴路9号格外引人注目，它是上海市政府2005年挂牌的第四批优秀历史建筑，也是上海昆剧团的所在地。这里时时传出的昆曲"水磨腔"，流丽悠远，把"百戏之祖"的艺术气息融入了绍兴路的文化氛围之中。昆剧团的外墙有块大理石铭牌，上写："优秀历史建筑：原为爱麦虞限路9号宅，砖混结构，1935年建，外部形态简单，内部装饰具有装饰艺术特征。"

这座建筑曾为法国公董局的军人俱乐部，由警察俱乐部和海军军人俱乐部两部分组成，是为方便当时法租界的警察和军人聚会、观演等娱乐活动而建。这座三层俱乐部建筑内设聚会大厅、180座的表演剧场、酒吧、台球室、吸烟室以及各种辅助功能用房，当时两个部门的使用各自为阵，入口也是一个朝北、一个在西北角分设两处，但内部空间却有机结合。在1937年11月上海沦陷后的"孤岛时期"，这里是法国公董局的警察及其家属，后来又加上军人们来消遣的地方。抗日战争胜利后，这里改为国民党警察博物馆和高级军警俱乐部。解放后，这里便成为上海京剧院所在地，京剧院首任院长、京剧大师周信芳曾在这里工作多年。1961年8月，上海青年京昆剧团（上海昆剧团前身）入驻这里。1978年上海昆剧团正式成立，由京昆艺术大师俞振飞担任首任团长。

绍兴路9号最具特色的是建筑里面两边长长的楼梯。穿过铜质的大门，沿楼梯而上，可见漂亮典雅的吊灯，狭长古旧的彩格窗户，配以墙上叠加螺旋状的石膏装饰，具有一种西方的"皇家气质"。但时光荏苒，因为办公空间面积紧张的缘故，这座建筑不断被分隔改建，建筑内部分原

| 现建筑内景

|现建筑一隅及外景

貌已不复存。同时，整座建筑也因为年久失修，漏水情况比较严重，往往是外面下大雨，里面下小雨。所以，2008年上海市政府对它进行了大规模的修缮，这一修就是四年。

修缮后的绍兴路9号虽然增加了一些附属设施，但建筑不仅原有格局得到妥善保存，而且当年建筑艺术的独特之处也都获得了精彩重现。整幢建筑既为当时流行的装饰艺术风格，却又有明显的与众不同之处，那就是装饰细节既精心设计，又点到为止，显现出简练而不乏典雅的气质。最具特色的是从北立面主入口进入铜质大门里的门厅，通过两侧精美铁艺栏杆的单跑楼梯，抬头可见漂亮典雅的吊灯，上至二楼又可回望北墙上垂直、狭长而古旧的彩格窗，瞥见墙上叠加螺旋状的石膏装饰，如此一连串元素和空间的简练组合，即烘托出这个场所的仪式感和不凡气质。

通过修缮，建筑的各种使用功能也明显得到改善。一楼开辟了会议室和办公区，还特别安排了一个多功能厅和一个展示厅。更值得关注的是二楼昆剧票友们心中的圣地——"兰馨舞台"，那充满了历史感的门厅、彩色水磨石地面、旋转扶梯、线条感十足的洁白墙面和半圆拱形门窗，尽显典雅气质。从声学角度来说，这次改建对整个舞台的听赏效果有了极大提升，其思路就是把观众席设计为"木质乐器"，观众仿佛坐在乐器内欣赏昆剧演出，具有良好的视听共鸣效果。不过，"兰馨舞台"的名字改为了"俞振飞昆剧厅"。一者是为了纪念昆剧团首任团长俞振飞；二者大概是为了和上海另一个著名的演出场所——茂名南路57号的兰心大戏院有所区别吧。

1955年，上海京剧院成立之际，人才荟萃，其中民盟盟员也不在少数。就以旦角为例，当时京剧院有李玉茹、言慧珠和童芷苓三位头牌花旦，她们在解放前就被誉为"海上三明珠"，而三人中言慧珠和童芷苓都是民盟盟员。

言慧珠是京剧四大须生之一言菊朋的女儿，京昆剧表演艺术家，也是梅兰芳最出色的女弟子之一，1956年加入上海京剧院，并参加民盟，1957年调任上海市戏曲学校任副校长，1960年与俞振飞在上海再婚。可以说，在艺术上言慧珠与俞振飞开创了近代昆剧舞台上的生旦最佳组合，合作排演的国庆十周年献礼剧目《墙头马上》堪称经典。

比言慧珠小3岁的童芷苓，在绍兴路9号比言慧珠多待了几年。童芷苓先后受教于荀慧生和梅兰芳，她也是现代京剧样板戏电影《智取威虎山》中杨子荣扮演者童祥苓的四姐。在近代京剧史上，"家族式戏班"是独特的现象，以童芷苓、童祥苓等为代表，由童家兄弟姊妹组成的"童家班"更是梨园界的一朵奇葩。除了京剧，童芷苓还能够"跨界"，涉足过话剧和电影，20世纪四五十年代曾出演过《夜店》《歌衫情丝》等影片。除此之外，她还可以演河北梆子、秦腔、歌曲、舞蹈等，可谓多才多艺。

童芷苓除了传习传统，更喜新作。戏曲作家翁偶虹曾言童芷苓一事：1942年冬，予方坐雪窗写剧本，长女入，告有"蒙古族"姑娘踏雪来访，异而迎之。一俊伟女郎，衣反毛狐裘，戴反毛狐帽，蹬长筒皮靴，红扑扑的脸上，绽笑容如五月榴花。自报家门："我是童芷苓，特意来找翁先生学《鸳鸯泪》。"予喜其诚朴，肃入寒暄，芷苓仍然开门见山："请您说一出《鸳鸯泪》，您要多少钱？"予未及答，她又说："我唱旦角，我弟寿苓唱周仁，只要您肯说，保证砸不了，您谈谈代价吧。"予以其知音之诚，不计酬报，却问她："你是荀派旦角，何必演此苦戏？"芷苓乃倾述其博学广采之思，转益多师之志。予又喜其爽朗有大家气，约日赴其新居，为之执导。

从平平旦角到享誉梨园的"坤伶皇座"，再到经历"文革"炼狱后浴火重生，她把自己的一生与京剧艺术相连。十年浩劫后，她钻研艺术尤为用心和努力，在加工复排的《勘玉钏》《梅龙镇》和创演的《王熙凤大闹宁国府》等剧目中，其表演愈加炉火纯青，在80年代初还带戏班全国巡演，大受欢迎。在经历了人生的起起落落后，她在1987年选择了出国定居，1995年在美国病逝。她的妹妹童葆苓回忆："她生病后我常去看

|现建筑内景

413

她。这时候她还惦记戏，她这一生就是投入在戏里。因为我也老了，唯一还在演出的就是祥苓了。所以她跟我说，祥苓除了排新戏以外，最好还能够恢复一点传统戏。她的意思是，传统戏很有历史意义，好多过去我们演过的戏现在都看不到了，最好能够恢复一些，不过要经过整理和修改。把传统的好剧目，传给下一代，传给年轻人。"

当上海昆剧团在绍兴路9号扎根后，昆曲的传承与创新事业也在上海扎下了根。2018年上海昆剧团40周年庆，正如团长谷好好所说，今天的上海昆剧团迎来了三代五班的美好局面，"我们在今天终于迎来了昆曲最幸福的时刻。昆曲人永远不放弃，永远不停歇，我们在路上，明天一定会更美好。"

所谓五班，就是以上海市戏曲学校第一届昆剧演员班（昆大班）为起点，至"昆五班"。其中，"昆大班"1954年3月入学，1961年8月毕业，京剧为主，昆曲只招了五位。民盟盟员计镇华是"昆大班"的代表人物之一，是国家级非物质文化遗产项目昆曲代表性传承人，享受国务院政府特殊津贴，也曾担任上海市政协第九、十届委员、民盟第八、九届中央委员。在计镇华半个多世纪的演艺生涯中，塑造了众多鲜明感人的舞台形象。俞振飞生前曾撰文："计镇华没有照拾别人牙慧，而是把多种艺术方法熔铸到他自己所具备的戏曲四功五法基础中，这是炉火纯青，是表演艺术从必然王国进入自由王国的表现，也是对于传统戏曲艺术由模仿式的继承发展成为创造的表现。"

民盟前辈风范，后辈自当云集景从。近些年来，从民盟京昆艺术中心支部，到独立成为民盟上海昆剧团支部，昆剧艺术在绍兴路9号蓬勃发展之际，民盟的印痕也越来越深地刻在这里。上海昆剧团导演沈矿、乐队作曲和主鼓李琪、民乐演奏朱铭……这些民盟盟员，在这里大展着才华！

到上海，不妨走一走绍兴路，邂逅街角的咖啡馆，读书、遐想、听音乐。或许，再去看一看那座带有一个小舞台的三层洋房——绍兴路9号，听一听蕴含了整个江南迤逦的声音，所有尘世的纷纷扰扰、焦灼心忧，都会付之岁月的烟云！

|建筑内小院

汾阳路 *150* 号
"白公馆"里的民盟"台柱子"

汾阳路（旧名毕勋路）一五〇号，有一座俗称『白公馆』的花园洋房，作为著名匈牙利籍建筑师邬达克在克利洋行时期的重要作品之一。中华人民共和国成立后住宅为政府所有。一九六〇年，上海越剧院入驻其间，到了二十世纪八十年代，越剧院搬到了淮海路……如今，上海越剧院搬到了复兴西路十弄十六号，白公馆也变成了沪剧艺术传习馆。然而，在这二十多年的历史中，这座小楼里，留下了数位民盟越剧人深深的印迹。

这幢大型花园住宅为近代上海著名匈牙利籍建筑师邬达克 (L.E.Hudec)早年在克利洋行（Rowland A.Curry）时期的重要作品之一，显现出建筑师对古典建筑设计语言的娴熟把握。住宅明显具有法国文艺复兴风格特征，主立面上下、左右均为三段式构图，中间有爱奥尼柱式的二层柱廊和三层弧形阳台，而二层门廊直接通过露台前的大台阶连接大花园，园中还有一椭圆形水池作对景，与建筑相映成趣。三层住宅内，底楼有厨房、配菜间、洗手间、储藏室及佣人起居间和车库等；二楼是大客厅，为椭圆形，东西两侧皆为耳房，做餐厅之用；三楼为主人卧室，外面即弧形阳台。室内还有一最亮丽之处，就是圆弧形大楼梯以及前厅的弧拱形天花，让整个空间尽显高贵之气。平面布置简单明了，立面造型严谨、华丽又活泼，为当时中国花园洋房之佳作。司比尔门住在这里直到租界被日本人侵入，其后别墅几易其手：白崇禧及家人1946年入住，1948年撤离上海时搬走。中华人民共和国成立后，住宅为政府所有；1960年，上海越剧院入驻其间；到了20世纪80年代，越剧院搬到了淮海路，这里成为越剧院开办的"越友酒家"……如今，上海越剧院搬到了复兴西路10弄16号，而修缮后的白公馆也变成了沪剧艺术传习馆。然而，在这二十多年的历史中，这座小楼里，留下了数位民盟越剧人深深的印迹。

| 汾阳路150号室内

"越剧皇帝"尹桂芳

尹桂芳，原名尹喜花，1919年出生于新昌县西门外小龙潭村（今属七星街道坎下村）。越剧小生流派——尹派艺术创始人，被称为"越剧皇帝"，"越剧十姐妹"之一。她出身于清贫家庭，7岁丧父，1929年进入当地醒狮剧艺社学艺，学花旦，后进入嵊县（今嵊州市）华堂镇大华舞台，1933年冬离开科班，与人搭班在奉化、慈溪等地演出，1934年底，沈家门一个戏班邀请并自作主张地将尹桂芳取名为"尹云峰"，挂出了牌子。从此由花旦改演小生，以"尹云峰"名字而成名。

1947年，尹桂芳积极支持袁雪芬倡导的《山河恋》义演活动，1948年先后与傅全香、王文娟搭档，在兰心和新光两家剧院主演《陆文龙》《浪淘沙》《鲁男子》《桃花扇》等新戏，在越剧观众投票选举"越剧皇帝"时以色艺双绝、德艺双馨荣登榜首。1950年任上海芳华越剧团团长，1951年任全国抗美援朝上海越剧分会主席，在大众剧场义演《杏花村》，为抗美援朝捐献"越剧号"飞机做出贡献。

1959年1月，尹桂芳率"芳华越剧团"全体演职员六十三人，登上从上海开往福州的列车，毅然举团迁往福建，到八闽之地继续播撒越剧艺术的种子。芳华越剧团在尹桂芳的领导下，培养出一批"尹派后秀"，在历届省戏剧会演中均有所斩获。

20世纪80年代，尹桂芳开始在电视台录制个人艺术集锦。其中包括尹桂芳在50年代创作的《屈原》片段，在这出戏里，尹桂芳一改以往儒雅俊秀的小生形象，以老生应工饰演大诗人屈原。其中的《天问》，尹桂芳运用绍兴大板、白口和唱腔交叉呈现，慷慨激越，给人以强烈的艺术震撼。然而，一位年轻的乐队成员听后竟说："咦，一点尹派味道都没有嘛。"尹桂芳一愣，继而笑笑说："小鬼，尹桂芳唱的都还不是尹派啊？"正因为有了丰富多彩的流派艺术，中国的戏曲艺术才如此色彩斑斓。然而，流派一旦形成和固定，"懂行"的观众就会以流派特征要求流派传人，甚或像上述那位乐队成员，竟以条条框框约束起流派创始人来。其实，尹桂芳当时跟那位乐队成员还说了一句话："我的唱腔都是根据人物来的，可不能在'屈原'里放何文秀的唱腔。"所以，学流派，切不可拘泥于固定的模式，只求学得像，而要根据人物塑造的实际需求进行运用和突破。

贾宝玉是尹桂芳倾注心血最多的一个人物，也是她塑造的一个光彩照人的形象。她创演的《宝玉哭灵》凄凉幽婉，成了当年电台的热门演播节目。"哭灵"一场，她演宝玉不顾一切地冲到潇湘馆门前，看到黛玉的灵位，倏忽止步，知道黛玉果真死了，不由心如刀绞，颤抖地呼喊"林妹妹"，撕心裂肺地叫道："宝……宝玉来了！"语气咽塞、泣不成声地扑向灵桌，默然跪下，无言叩首。每演至此，全场观众无不为之泪下。令观者感到眼前的人物确是不事雕琢、天然成真的宝玉，确是深知黛玉脾性、温柔纯真的宝玉。

尹桂芳表演深沉委婉，洒脱隽永，流畅舒展，缠绵柔和，韵味醇厚，独标一格。其唱腔艺术，醇厚质朴，跌宕有致，具有"圆、润、糯"三大特点，风靡越剧界，经久不衰。在演唱艺术上，她继承竺素娥等同行的精华，又向京剧小生名家叶盛兰、姜妙香、俞振飞等取经，借鉴其艺术成果，充实、提高自身的表演水准。同时，尹桂芳也从话剧电影中吸取营养，逐步形成自己的风格。这种风格在上海很快走红，对越剧小生行当的成熟起到举足轻重的作用。越剧"三花一娟一桂"的时代开始向"尹桂芳时代"转变。在越剧小生中学尹派的占大多数,有"十生九尹"之称,而万人空巷的"尹桂芳现象",成为越剧最终确立起以小生为台柱的风格特征,成为上海越剧圈中的代表人物。在越剧界,她富有创新精神,是继袁雪芬之后最早投入"新越剧"行列的著名演员,为越剧改革做出巨大贡献。

一代宗师陆锦花

陆锦花,生于1927年2月25日。13岁进越剧四季班学艺,后到金门大戏院唱三肩小生,1942年进袁雪芬领衔的大来剧场唱二肩小生。从艺之初,陆锦花特别钟爱马樟花的小生艺术,多有留心看她的戏,结合自己的嗓音条件,反复学习,久而久之逐渐形成了自己的特色。

陆锦花是越剧改革最早的参加者之一。她在继承马樟花(四工腔)唱腔和唱法的基础上,结合自己的特长加以衍化和发展,使其唱腔逐渐形成自己的风格特点,在越剧小生中独树一帜。进入上海越剧院后,陆锦花悉心专攻儒生、穷生戏,力求同类不同型,一戏一个样。她不以花俏悦人,而以洗练取胜,成功地塑造了方卿《珍珠塔》、刘彦昌《劈山救母》、曾荣《盘夫索夫》等众多艺术形象,从行家到观众都有口皆碑,也开创小生流派"陆派"。

1947年陆锦花与王文娟合作,成立了少壮越剧团,以《礼拜六》为开端,演了不少时装戏。王文娟在其身故后表达了对陆锦花的怀念,她说两人既是合作者,也是姐妹。少壮越剧团的成员程镇华、筱月英也道出了对"团长"的敬佩:"陆老师德艺双馨、高风亮节、思想先进,不仅跨界请名师前来教授，还主动与国际接轨，少壮团在她的领导下发展迅速。"

弟子们谈到陆锦花的为人，用得最多的就是"淡泊名利""与世无争"两个词。在许杰看来，陆老师对自己的要求很高，在业务上站得稳，自然不会在意外在的名利。黄慧也表示，陆老师爱看书，不仅有书卷气，也有文人的傲骨，私底下却最有亲和力，是心中"最美的女神"。更有很多青年演员，尽管没有见过陆老师，但是他们早已从自己的老师口中知晓了陆老师的为人。她是国家一级演员、中国戏剧家协会会员，也是民盟盟员。正是陆老师的为人，感染了很多弟子和传人不断加入民盟。她的嫡传弟子曹银娣很早就加入了民盟，现在的第三代传人中，也有好几位已经申请入盟。

1958年，《情探》拍成电影，"陆派"艺术更为大家熟悉和喜爱。她的演唱擅用中音区，飘逸自如，舒展流畅，显得异常松弛自然；她吐词清晰，咬字准、送音远，讲究"字正腔圆"；她运腔转调，清丽优美，运气润腔，刚柔调和。她的唱腔"在平稳中传情，在平淡中出奇"，字字动听，声声入耳，其中大量精彩唱段至今在海内外传唱不绝。

陆锦花最擅演穷生戏，演"鞋皮生"和"破巾生"堪称一绝。她的唱腔有鲜明特色，但她不是仅仅从形式、技巧上着眼，而是始终把塑造人物放在中心位置，行腔、润腔都是为了深刻揭示人物内心世界。例如《情探》中的王魁是概念定型的反面角色，唯独她赋予王魁特有的血肉灵魂，又别出一番风光，作者田汉观后兴奋地说："你就是我笔下的王魁！"

陆锦花于1983年退休后旅居美国十余年。她经常回国小住，目睹上海万象更新，恋乡之情益浓。在2006年返沪探亲的日子里，她欣然与戏迷们会晤，为刚出版的记叙她艺术人生的新书《海外游子陆锦花》签名，还真切地关注着陆派传人的成长……2018年1月10日晚，陆锦花因病在美国逝世，享年91岁。

"金嗓子"小白玉梅

小白玉梅，浙江省嵊县上里村人，1921年4月8日出生于上海。原名朱巧凤，擅长旦角，中国国家一级演员，中国戏剧家协会会员，为女子越剧早期重要演员，素有"金嗓子"之称。

1921年4月8日，小白玉梅出生于上海，自幼随父学戏。其父白玉梅系越剧早期男班"四大名旦"之一。1933年，其父领衔的男班演于上海天海楼，她首次登台客串，与男班老生童正初合演《武家坡》，一炮而红。继而与男小生高月升合演《关王会》，又大受欢迎。遂于是年8月，随父戏班正式挂牌演出于得意茶楼，声誉日隆。

20世纪30年代后期，女子绍兴文戏兴起，曾与她搭档演出的著名小生有屠杏花、李艳芳、竺素娥等，著名老生有姚月明、张桂凤、徐天红等，经常演出在杭、嘉、湖地区，登台于宁波中山公园，杭州大世界，上海新世界、万国、新都、天香、通商等戏院。

40年代后期，小白玉梅息影舞台。到了1951年秋，她参加越剧界抗美援朝捐献义演。1952年任青山越剧团副团长。1953年参加振奋越剧团担任主要演员和艺委会副主任。1955年起兼任上海市戏曲学校教师，1960年调至上海越剧院学馆任主教老师。1976年退休后继续为新办的上海越剧院学馆和上海市戏曲学校越剧班教课，从事越剧的教育工作，桃李遍布全国。

她戏路宽广，青衣、花旦、正旦、彩旦、老旦皆能当行，且表演不凡。拿手戏有《盘夫索夫》中的严兰贞、《碧玉簪》中的李秀英、《陈三两》中的陈三两、《箍桶记》中的九斤姑娘、《赖婚记》中的陈氏、《断太后》中的李太后等。唱功好，嗓音佳，咬字清楚；尖团音分明，唱快板独步越坛；台步、圆场功力深厚。戏德有口皆碑，肯扶掖后辈，40年代王文娟、戚雅仙在她下面唱二肩时，都曾得到她的帮助。戚派名剧《王千金祭夫》的祭文调是其亲授。张云霞、傅全香的快板演唱，也曾得其指导。在1959年上海市青年汇演中，因教学成绩显著而获得上海市文化局的奖励。1949年后培养的史济华、张国华、姜佩东、金美芳、沈于兰、董觉君、胡敏华、金静、方亚芬、张咏梅等越剧男女演员，均曾受过她的教学。1949年前灌有《盘夫索夫》《王千金祭夫》《李三娘叹五更》等唱片。与傅全香合演的力作《赖婚记》，已拍成电视剧，收入《傅全香艺术专辑》，并于1964年、1982年两次被中国唱片社灌成密纹唱片发行。

"先锋导演"陈鹏

陈鹏，1923年生于上海嘉定，越剧导演，曾用名程鹏。他学生时代爱好话剧与电影。1940年起从事专业话剧演出。1942年投身抗日，奔赴内地，先后在八六剧团、抗建剧团和抗敌演剧十队任主要演员，主演话剧《蜕变》《边城故事》《国家至上》《雾重庆》等。1945年抗战胜利后返回上海。

陈鹏于1946年进雪声剧团任编导。至解放初期，相继在东山越艺社、芳华越剧团和少壮越剧团任职，前后导演了《凤箫相思》《婚变》《倾国倾城》《春梦留痕》《宝玉与晴雯》《林冲》《摄政王之恋》和时装戏《合家欢》《浪荡子》等。

1950年8月，他随东山越艺社到北京演出，与南薇及范瑞娟、傅全香在中南海受到周恩来总理的接见并合影。1953年加入华东戏曲研究院，后转入上海越剧院任导演。导演了（含合作）《劈山救母》《织锦记》《杜十娘》《打金枝》《情探》《十一郎》《西厢记》等一大批剧目，艺术硕果累累。《打金枝》获华东区戏曲观摩演出大会演出奖；《西厢记》获华东区戏曲观摩演出大会导演奖；《情探》成了傅全香最具代表性的剧目，并被拍摄成电影；《十一郎》开了上海越剧男女合演的新生面，获得行家的好评和观众的热烈欢迎，使上海的越剧男女合演，从此打开了局面。该剧不但成为上海越剧院的保留剧目，而且成了越剧男女合演及男主演史济华的代表作。

1970年代后期，陈鹏投入越剧男女合演现代剧的探索。1979年，他参与了编导反映周恩来领导上海工人第三次武装起义的革命现代剧《三月春潮》，该剧参加中央文化部国庆30周年献礼演出，获剧本创作、演出二等奖。1981年由他执导的现代剧《鲁迅在广州》，在首届上海戏剧节中获得多项奖励。

他有丰富的表演、导演经验，在艺术处理上十分注重剧种的风格特点，善于掌握写实与写意、体验与表现的有机结合，体现人物性格和规定情境的戏剧气氛，反对形式主义和卖弄技巧。排戏中善于启发演员的创作意识，尊重音乐、舞美人员的创造积极性，能最大限度地提高整体的艺术水平。

陈鹏的妻子是越剧张派创始人张云霞，两人在圈内是有名的模范夫妻，几十年相濡以沫的感情更是越剧界的一段佳话。张云霞的弟子、越剧张派传人著名影视演员、民盟盟员何赛飞告诉记者："以前我去学戏时就在老师家吃饭，上饭桌时他们两人总要相让一番，他们的相敬如宾对我们的婚姻观产生很大影响。"

张云霞去世后，何赛飞也常去探望陈导，聊完家常后，陈导总不忘关心何赛飞最近在拍什么影视剧，并从导演的角度给予帮助。"平时和陈老师聊天，话题总会绕到影视剧的拍摄或是越剧表演上，而我每每在表演中遇到什么困惑，也总是第一个想到陈鹏老师。"何赛飞说。

2009年，陈鹏因心脏衰竭在沪病逝，享年86岁。一生作风低调的陈鹏导演，临终遗言不举办追悼会，丧事一切从简。

后记

2019年9月，经历了两年半的修缮后的"白公馆"再次回到公众面前。修缮后的汾阳路150号（1号楼）作为沪剧院的交流、办公场所，这座法国文艺复兴风格的小白楼显得熠熠生辉。而业主方在小白楼的一楼开设了展厅，并在国庆前期正式对外开放，让更多本地市民和旅游人士来到这条具有诗意的汾阳路，踏着金秋的落叶，感受那片藏身于浓郁梧桐树后，这幢灰白色小洋楼的魅力，倾听它的前尘往事。而在这些故事中，有那浓墨重彩的一笔，是这些越剧人永不褪色的芳华。

| 汾阳路150号外观

后　记

　　本书从策划到付梓，历时两年多，凝结了大量盟员的心血与努力。2021年正值中国共产党建党100周年和民盟成立80周年，民盟市委早前就为出版《民盟与上海老建筑》一书做了精心筹备。本书旨在以沪上一幢幢著名建筑里的民盟人、民盟事、民盟情为主线，重现民盟的光荣历史和前辈的光辉历程，彰显上海民盟厚重的历史文化底蕴。本书希望从多党合作在上海这片热土上不断传承的角度，为"建筑可阅读"书写一笔。

　　从2019年下半年开始，经过两个多月的资料收集和文献查阅，我们初步罗列了三十多处与民盟相关的上海老建筑，后不断完善至44处。编写阶段，民盟市委召开了多次专家座谈会，进一步论证相关史料，最终确定为41处。卢永毅教授对文稿中建筑描述的真实性和准确性进行了审阅修改。相关史料征求了盟内诸位专家的意见建议。本书经过了多次修订与专家审稿会，最终呈现出了目前的成果，我们也通过编辑这本图书领悟了民盟精神的历久弥新。

　　在此感谢各位专家秉持严谨负责的态度，对本书内容进行把关。感谢民盟黄浦、浦东、静安、徐汇、宝山、普陀、金山区委员会，民盟复旦大学委员会、同济大学委员会、华东师范大学委员会、上海师范大学委员会、东华大学委员会、民盟上海社会科学院委员会、中科院上海分院委员会、上海世纪出版(集团)有限公司委员会、上海市文化传媒委员会、新阶层(综合)委员会的部分盟员以及民盟市委机关部分青年干部为我们撰稿。感谢陈淑珉、周琳、王斯博头顶烈日,不顾酷暑,来回奔走于街弄里巷,为本书拍摄了部分照片。感谢景智宇、马建萍、成钊、陈毅华、郭新洋以及上海明悦建筑设计事务所和复旦大学新闻中心等提供相关照片资料。感谢陶杏声先生为本书提供了封面用图。感谢戴鞍钢教授对本书提出的宝贵意见。感谢民盟中央和中共上海市委统战部对本书的关心、指导和帮助。上海文化出版社以精湛专业的精神和精益求精的态度让与民盟相关的建筑和历史通过大量图片鲜活地跃然纸上。从资料收集到审阅定稿,本书得到了许多人的支持、帮助、协作与指导,在此一并表示衷心感谢。本书难免存在疏漏和不足,诚望批评指正。

《民盟与上海老建筑》编写组

2021年夏

图书在版编目（CIP）数据

梧桐树下的历史足音：民盟与上海老建筑／中国民
主同盟上海市委员会主编 . -- 上海：上海文化出版社，
2022.7
ISBN 978-7-5535-2549-5

Ⅰ . ①梧… Ⅱ . ①中… Ⅲ . ①中国民主同盟－史料－
上海②古建筑－介绍－上海 Ⅳ . ① D665.2 ② K928.71

中国版本图书馆 CIP 数据核字 (2022) 第 106462 号

出 版 人　姜逸青
责任编辑　罗 英 张 彦
审　　校　戴鞍钢 卢永毅 王海波
摄　　影　陈淑珉 周 琳 王斯博
封面绘图　陶杏声
手绘地图　沈 铟
装帧设计　汤 靖
资料及照片提供　景智宇 黄浦区档案馆
　　　　　　　　马建萍 上海历史博物馆
　　　　　　　　成 钊 复旦大学
　　　　　　　　陈毅华 华东师范大学
　　　　　　　　上海明悦建筑设计事务所
　　　　　　　　复旦大学新闻中心

书　名　梧桐树下的历史足音——民盟与上海老建筑
作　者　中国民主同盟上海市委员会
出　版　上海世纪出版集团 上海文化出版社
地　址　上海市闵行区号景路 159 弄 A 座 3 楼 201101
发　行　上海文艺出版社发行中心
　　　　上海市闵行区号景路 159 弄 A 座 2 楼 201101 www.ewen.co
印　刷　上海雅昌艺术印刷有限公司
开　本　889×1194 1/16
印　张　27.5
印　次　2022 年 9 月第一版 2022 年 9 月第一次印刷
书　号　ISBN 978-7-5535-2549-5/K.286
定　价　128.00 元
告 读 者　如发现本书有质量问题请与印刷厂质量科联系（T：021-68798999）